Петр Крыжановский

ВОСХОЖДЕНИЕ

Рабочая дорожная карта к идеальной
версии счастливого и успешного себя

yakaboo publishing

Киев · 2021

УДК 159.923.2
К82

Крыжановский, Петр

К82   Восхождение. Рабочая дорожная карта
к идеальной версии счастливого и успешного себя /
Петр Крыжановский. — Киев: Yakaboo Publishing,
2021. — 324 с.

ISBN 978-617-7544-84-4

Слово *Асентия* происходит от латинского слова *Ascensio* — восхождение. Каждый человек, без единого исключения, где-то глубоко в душе, в мыслях, сознании, таит в себе фантазию или даже мечту о себе самом. О том, каким он или она могли бы быть, счастливые, успешные, гармоничные, совсем близкие к пониманию собственного идеала. Такое представление о себе самом есть у каждого человека на земле. Часто это представление крайне сильно отличается от реальности, в которой мы становимся не теми, кем хотели бы быть. О да, мир совсем не прост... Но ответ на главный вопрос жизни, заключенный в книге «Восхождение», в учении под названием «Асентия», способен все изменить для каждого человека. И главное, помочь человеку совершить восхождение к желаемой вершине и желаемому результату, на его собственных условиях. Каждый из нас к этому стремится. С Асентией теперь это возможно...

УДК 159.923.2

Зміст

Вступление

Каждая идея, каждое учение, каждая философия и даже религия — абсолютно все инструкции, сопровождающие нашу жизнь, важны лишь тем, на какие вопросы они отвечают. Насколько предоставленные и раскрытые ответы обширны, универсальны и совершенны. Насколько они точны для каждого человека в отдельности и для всех людей в общем. Стремительный рост информации, связанной с человеческой психологией, эмоциями и первопричиной принятия решений, попытки сделать каждого из нас счастливым и успешным, благодаря как мейнстримовой науке, так и эзотерике, связаны именно с тем, что подавляющему количеству людей кажется, что система дает сбой и она несправедлива. А ведь каждый из нас убежден, что он заслуживает пусть не самого большого, но своего, очень важного и долгожданного кусочка счастья, успеха, любви, благосостояния и ощущения долгожданной безопасности в таком жестоком мире. Спрос рождает предложение: мы ищем ответы, и именно благодаря поискам правды информация множится.

Каждый автор, гуру, проповедник, психолог, аферист или, напротив, дипломированный профессионал, исходя из приобретенных знаний и личного опыта, пытается дать всем тем, кто ищет долгожданные, вожделенные ответы, универсальные вводные, способные пролить свет на причины, почему в этом мире при одинаковых затратах сил и действий у разных людей разный результат. Один человек относится к жизни легко и даже цинично, трудится мало, делает все играючи — и у него есть все, о чем мечтает каждый из нас. Другой же, напротив, идет к целям через тернии, раня себя, попутно изучая всю возможную информацию, которая должна ему помочь, но, несмотря на то что он чист душой и добр сердцем, Вселенная, казалось бы, обязанная способствовать в достижении желаемого, игнорирует его.

Несмотря на все старания и надежды, всего у пяти процентов, а то и у меньшего числа людей получается максимально эффективно достичь поставленных целей. Это странно и непонятно... Иногда кажется, что этим пяти процентам просто-таки сопутствует какая-то мистическая удача и провидение. Наверное, это можно назвать судьбой... Но разве честным и справедливым является понятие «судьба», если каждый из нас желает быть счастливым и, главное, готов для этого работать и стараться, но достичь успеха удается далеко не всем. Разве правильно создавать равные условия для всех биологических организмов, и в частности для человека, в плане среды обитания, а именно воздух, солнце, еда, вода, возможность свободно перемещаться по планете в поисках всего этого — и в то же время в остальных вопросах разделить людей на тех, у кого будет счастливая и удачливая судьба, даже если он бездельник, и тех, у кого, наоборот, несчастная и полная разочарований, хотя носитель такого жизненного плана прекрасный человек, талантливый и трудолюбивый. О нет, мои друзья, это очень несправедливо и неправильно. Так быть не должно. И более того, я должен вам раскрыть карты в самом начале книги: на самом деле, так и не происходит. Если не говорить о тяжелых патологиях и органических повреждениях человеческого тела, мозга и в общем здоровья, условия для всех Вселенная и наша чудесная матушка-земля сделали одинаковыми. И каждый, кто осведомлен о правилах игры, о ее сути и принципах, может ее использовать так, как пожелает. Несмотря на то что основное, подавляющее количество людей несчастливо и не реализовано в личном, профессиональном и прочих жизненных планах, реальность более благосклонна к нам, чем многим кажется. Реальность при всей своей безмолвности, я бы даже сказал, усиленно борется за нас с вами. Насколько? Настолько, что даже предусмотрела способ, некий секретный код, для всех тех, кто не родится в семье миллионеров или родовых саудовских аристократов. Так же как и для героя сложной и практически безнадежной компьютерной игры, у которого поначалу ничего нет и который не знает, как справиться с будущими препятствиями, жизнь припасла для вас несколько важнейших хитростей, благодаря которым вы можете преодолевать свой путь к цели и ответам на вопросы более просто, при этом не лишаясь самого главного... Интереса к игре.

НЕВЕЖЕСТВО И ГЛУПОСТЬ — САМЫЕ СТРАШНЫЕ СПУТНИКИ ЧЕЛОВЕЧЕСТВА НА ПРОТЯЖЕНИИ ВСЕГО ЕГО СУЩЕСТВОВАНИЯ.

Одни умники, якобы знающие ответы на все вопросы, обучают широкие массы людей пониманию и принятию неизбежности того, что победит сильнейший. И не имеет значения, будет ли таким человек в физическом или интеллектуальном плане. Важен лишь принцип пирамиды, где на пике хватит места только одному из нас. А значит, нужно быть максимально сильным во всех отношениях, чтобы забраться на вершину горы, состоящей из людей, их надежд и судеб. Реальность — это конкуренция. Делай все, чтоб побеждать и быть номером один. Такой принцип я бы назвал дикарско-капиталистическим. Его можно свести к очень четкому и простому сравнению. Если у тебя самая большая дубина, значит, ты главный, самый богатый, самый красивый, самый-самый-самый, а кто не согласен, получит этой дубиной по голове.

Другие люди, тоже знающие все на свете, напротив, предлагают тебе расслабиться. Они твердят, что Вселенная лишь ждет запроса на исполнение твоих желаний. Они говорят, что необходимо очень четко формулировать просьбы для космоса, а еще можно создать доску визуализации или вести дневник желаний. Занимайся аффирмациями, визуализируй, молись, проси, жди...

Но окружающий мир остается, не обращая внимания на эти две группы крайне странных и местами упрямых людей, очень хладнокровным и настойчивым в своих смыслах и назидании. Количество людей, которые реализуют поставленные перед собой задачи, остается одинаковым. Количество тех, кто считает себя счастливым, такое же или даже сокращается. И это касается обеих групп — как верящих в дубину, так и фантазирующих об исполнении желаний.

Есть исследование, согласно которому немцы после Второй мировой войны стали в несколько сот раз богаче — и в несколько десятков раз несчастнее. В скором времени 50 % всех случаев потери работоспособности в мире будет связано с депрессией. В США количество детей, принимающих антидепрессанты в возрасте до пяти лет, исчисляется миллионами.

Пойми, человек, несмотря на то что мы получаем каждый год, нет, каждый день все больше ответов на вопрос о том, кто мы такие, мы становимся все более несчастными и одинокими. Мир со страшной силой захлестывает всепожирающая и всепроникающая эпидемия общего и, что самое важное, персонального несчастья и одиночества. И это самая страшная эпидемия, ведь она порождает попытку найти выход из нее через додумывание. Весь окружающий хаос, растерянность и незнание, что делать — всем вместе и каждому в отдельности, — порождены этим додумыванием. Так быть не должно... ИБО НА ВСЕ ВОПРОСЫ ЕСТЬ ОТВЕТЫ. И кстати, не такие уж они и сложные. Они, безусловно, не на виду, в глубине, но они просты. И применимы для всех, для каждого участника этой увлекательной игры под названием «Жизнь-реальность».

Удивительно, меня окружает много достаточно близких людей, у которых есть все: вещи, деньги, даже самолеты, любовницы и любовники... И они несчастливы. Они стараются черпать счастье и эмоции из красивых дорогих вещей, о которых забывают через неделю после приобретения, и из событий, тоже долго не держащихся в их памяти. Когда наступает пустота и тишина, приходит время еще одной вещи или путешествия. Но ничто не помогает...

Есть в моем окружении и люди с претензией на понимание истинной сути вещей. Я таких называю НАМА-СТЕ-специалисты. Однако счастливых среди них тоже мало. Думаю, суть их неудовлетворенности и несчастья — в невежестве и непонимании, что счастье человеку может подарить лишь человек. Эти люди не осознают, что удовлетворенность и полноценность — это обязательные условия, которые нужно соблюсти. Без этого невозможно утолить ни одну жажду, и без этого ничто не будет работать, ни одна молитва и ни одна аффирмация, ни одна доска визуализации и ни один аутотренинг. Без соблюдения этих законов и правил ни одна дубина и ни одна даже самая дорогая вещь не принесет счастья.

Здесь наступает закономерный и правильный момент, когда у автора, пишущего эти строки, надо спросить: «Петр, а вы счастливы? Вы создали труд, который будет отвечать на вопросы людей, финальной целью которых, конечно, является некий абсолют, состоящий из счастья, внутренней и внешней, физической, интеллектуальной гармонии, а также гармонии сознания. Вы, автор, счастливы?».

Чудесный вопрос. И вообще, возьмите себе за правило задавать самые сложные адресные вопросы всем тем, кто стремится сделать вас счастливее, богаче, успешнее, умнее, просветленнее. Спрашивайте их, достигли ли эти люди сами всего того, чего, по их мнению, должен достичь тот, кто прочитает их книги. Уже сама реакция на вопрос расскажет вам много о том, кому вы его зададите.

Моя позиция, как жизненная, так и касающаяся того, что я говорю и несу людям, — абсолютная честность, откровенность и искренность. На лжи ничего хорошего и достойного не создашь. Рано или поздно любой карточный домик, возведенный с помощью обмана и глупости, развалится. Именно поэтому я не боюсь никаких вопросов и смело на них отвечаю. И в частности, ответ на прозвучавший выше вопрос о том, счастлив ли я благодаря созданному мной учению и тому, что мне удалось обнаружить в процессе поиска ответов, таков... Я лекарь... А настоящий лекарь никогда не будет счастлив, пока есть хоть один больной. В остальном учение, именуемое Асентией, суть которого заключена в данной книге, — дорожная карта, призванная предоставить человеку возможность достичь желаемых целей, — дало и продолжает давать мне все, чего я хочу. И следует сказать, достижение целей, реализация собственного потенциала, по собственным правилам, в дорожной карте, которой вы пройдете, — это самая рутинная часть моей работы, самая простая. Мастера мало интересует материальное вознаграждение в контексте окружения себя комфортом и дорогими вещами. Единственный его интерес к материальному касается возможности использовать ресурсы для создания все новых и новых продуктов, нового контента. Так поступаю и я... И это, как ни странно, делает меня счастливым в те моменты, когда я не задумываюсь о времени — самом дорогом на земле ресурсе, и о том, что, считаясь с ним, нужно делать как можно больше, чтобы помочь максимальному количеству людей...

ИТАК, ПО СУЩЕСТВУ.

В руках, мои чудесные гости, вы держите книгу, содержащую ответы на вопросы, которые давно не давали вам покоя, долго вели вас сотнями дорог и привели сюда. В это мгновение, в этот момент, в эту секунду. В руках вы держите ключ от замка, который все это время запирал от реальности и окружающего мира вас самих. Ключ под названием «Асентия» способен наконец-то отпереть этот замок — и распахнется дверь, за которой скрывались вы, идеальные, здоровые, благополучные, успешные, просветленные... И суть не в том, каким мы видим себя, суть в том, что Асентия освобождает. То есть, отперев замок, вы становитесь свободными, способными стать такими, какими захотите, и при этом будете пребывать в максимальной гармонии с собой и окружающим миром. А что такое счастье и какими вы будете, вы сами для себя определите. Самое важное, у вас это получится.

После того как ключ отопрет замок, вас уже нельзя будет остановить. Благодаря знанию. Знанию, после которого все становится понятным. После которого разрушается любое невежество и приобретается сила и понимание того, как все работает. Никакой философии. Ну, может быть, совсем чуть-чуть. Минимум субъективизма и додумывания. Только конкретные факты, случаи и рабочие схемы. Учение Асентия существует не для того, чтобы тысячи людей, прочитавших эту книгу, до хрипоты обсуждали ее и разбирались, что они делают не так и почему у них не получилось. Оно нацелено на то, чтобы миллионы достигали конкретного результата. Именно конкретный результат для нас с вами задача номер один. Наверное, в теории есть много хорошего, дающего пищу для ума и размышлений. Но в практике хорошего больше. Именно к ней мы и стремимся. Пусть наше учение растет, развивается — и становится частью мировоззрения свободных людей по всему миру, не за счет навязчивого промывания мозгов, а благодаря успеху и достижению потрясающих результатов у всех тех, кто воспользуется данной дорожной картой, конкретно отвечающей на конкретные вопросы.

Безусловно, пытливому уму, в частности моему, всегда интересно знать, а что же там дальше, а что тут, а что вот тут.

Хороший фильм, литература, в том числе учение, после ознакомления с ними порождают еще большее количество вопросов. И это, наверное, хорошо. Однако я как автор настаиваю, что цель этого труда — освобождать, а не привязывать. Меня зовут Петр, и я даю вам ключ... Ключ от замка, заключенного в крепких дверях, за которыми царит не только знание, но и мир, о котором вы мечтали, который так долго искали. В этом мире в ближайшем будущем, меру приближения которого вы определите сами, живете вы, вы, которого или которую видели в своих мечтах и фантазиях, снах, где все хорошо, где вы счастливы. Мне бы очень хотелось, чтобы там, в этом будущем, вы были не одни, чтобы там с вами жили ваши близкие, любимые и друзья. Мне нравится определение «единомышленники». Ключ — это, безусловно, метафора, но, на мой взгляд, очень удачная, как и секретный код, позволяющий сделать жизнь героя компьютерной игры немного, а порой и значительно легче.

В современном общемировом информационном пространстве достаточно тяжело или даже, скорее, совершенно невозможно понять, где правда, а где ложь. Где достойный и наполненный полезной информацией продукт, а где на тебе просто пытаются срубить денег за счет громкого названия и удачной рекламы. ГДЕ АВТОР ЛЮБИТ СЕБЯ В ИСКУССТВЕ, А ГДЕ ОН ЛЮБИТ ИСКУССТВО В СЕБЕ. И это важнейший, определяющий фактор в понимании качества информационного продукта, помните это всю жизнь, друзья мои. Наверное, неправильно и некорректно начинать столь серьезный труд с критики тех, кто неудачно пытался и пытается пройти путем, на протяжении которого человек может найти ответы на самые важные фундаментальные вопросы, способные изменить его жизнь к лучшему. Каждый из нас имеет право на ошибку, и, может быть, даже не на одну. Никто не достигает цели сразу, а если и достигает, значит, цель была не слишком значительной и судьбоносной. Ошибки — часть, быть может важнейшая, процесса достижения цели. И если человек не глуп, ошибки закаляют его и делают сильнее. Однако плохо, когда человек, не создавший философского камня, собирает учеников и за определенную плату обучает их теории, тому, как же создается тот самый философский камень. Это ужасно, я бы даже сказал, преступно.

Все вы, конечно же, слышали о законе притяжения, об аффирмациях, о досках визуализации и о том, что у некоторых это все работает. Мы с детства знаем о волшебстве, о том, что Санта-Клаус, золотая рыбка или контракт с дьяволом помогут исполнить любые желания. Чем дальше мы от древних времен, тем, казалось бы, веры в это должно быть меньше. Однако в последние лет 10–15 ситуация кардинально изменилась: огромное количество людей, выпускающих книги, документальные фильмы, выступающих за огромные деньги перед не менее огромными аудиториями, вдруг вернули понятие исполнения желаний в повестку дня. Но, судя по статистике, единственные, у кого в результате исполнятся желания, это только те, кто выпускает книги, документальные фильмы и выступает перед людьми с лекциями на эти темы. И получается это отнюдь не благодаря аффирмациям и молитвам, а благодаря тяжелому каждодневному труду. Кто бы мог подумать, какая ирония! Кто же тогда эти люди, занятые в индустрии личностного роста? Когда я впервые услышал этот термин, мне захотелось плеваться. Это уже целая индустрия, ИНДУСТРИЯ ЛИЧНОСТНОГО РОСТА. Что она изготовляет?! Волшебные бобы, эликсиры вечной молодости и многое другое, что в итоге порождает в 99 % столкнувшихся с этим разочарование и уныние.

Все, на этом моя критика продавцов неправды, желающих научить юных мечтателей создавать философский камень, самих не умеющих это делать, практически окончена.

Но есть ли дым без огня? Есть ли дым без хотя бы микроскопических процессов горения, которые не видны невооруженным человеческим глазом?

Уверенный и твердый ответ... НЕТ!

Ну что, ПОЖЕСТИМ, дорогие мои?! Сейчас будет очень интересно...

Творение, входящее в десятку самых продаваемых книг в истории, сделавшее своего автора, Наполеона Хилла, баснословно богатым, называется «Думай и богатей». Оно было написано в 1937 году. Со дня первой публикации книги прошло уже, внимание, 84 года. Следовательно, различного рода идеи о законе притяжения, об исполнении желаний через визуализацию и, мягко скажем, хотение, откровенно говоря, отнюдь не современны. То есть желанию человека исполнить свои мечты без особых эмоциональных и физических затрат уже без малого тысяча лет, и сейчас, как и сотни лет назад, предприимчивые люди, владеющие словом, паразитируют на этом.

А ведь всего лишь надо было копнуть немного глубже, потратить на изучение и поиски ответов внутри предмета чуть больше времени, испытать все на себе — и ответ был бы найден. Но говорить и учить чему-то, наверное, легче, чем учиться и применять сказанное в реальности. От этого ложь не становится меньшей ложью, а профан от умения красиво говорить или писать не становится умнее и правдивее. Все заключено в первопричине.

Если творца ведет стремление знать правду, обрести истину, он никогда не соврет. Напротив, если спикер хочет только денег, популярности и преклонения, он скажет слушателю и напишет читателю все, что тот захочет, лишь бы достичь своего. Но, мне кажется, лекарство и действие, которое оно оказывает на человека, важнее личности того, кто его изобрел. А значит, информация важнее, чем тот, кто ее поведал людям. И каждый достойный мастер знает об этом...

Вы должны понять: дыма без огня никогда не бывает и миллиарды людей по всему миру в молитвах просят своих богов исполнить их желания не просто так. И у детей исполняются желания лучше, чем у взрослых, не просто так. И вера в чудеса у человека есть в душе и в генетической памяти не просто так. И существует определенный процент, пускай даже небольшой, людей, чьи желания сбываются, тоже не просто так. Чем ближе мы подбираемся к 21-му веку, тем чудес и исполнения желаний становится меньше. Предприимчивые аферисты говорят, нет, выдают за огромные деньги тонны информации, которая не работает и не помогает. Все, что они могут сказать по поводу легкого исполнения желаний, — это сказки и выдумки. В итоге страдает простой человек, пытающийся найти новые рабочие пути с целью изменить свою жизнь.

Видимо, не хватает какого-то важного элемента, быть может, даже не одного, а нескольких, которые могли бы окончательно поставить все на свои места в столь увлекательном и сложном вопросе. ИМЕННО ЭТОМУ ЭЛЕМЕНТУ И, в частности, ЕГО СПУТНИКАМ ПОСВЯЩЕНА КНИГА, которую вы держите в руках. Самое интригующее — это не столько эзотерика и мистика, сколько наука. Вполне передовая, самая современная и доказательная наука. Все, что необходимо было сделать каждому Мастеру, чтобы рассказать людям правду, — не полениться и посвятить этому вопросу не один десяток лет. Именно столько времени я уделил изучению, поискам первопричин и сути взаимодействий человеческого разума, мозга, тела и окружающей реальности, часть которой не всегда видна человеческому глазу.

Ознакомившись с учением Асентия, обладая знанием, которое и является тем самым ключом к цели, ключом к миру, где возможно все, по желанию вы измените вашу жизнь к лучшему. Главное, вы будете сами себе хозяином, как и обстоятельствам вокруг вас.

Наверное, есть люди и силы (нет, не наверное, точно есть), которые хотели бы скрыть в глобальном смысле от вас информацию, а главное — доказательства, которые я приведу далее, о возможностях человеческого разума, мозга и тела в вопросах взаимодействия людей с окружающей реальностью. Причина тому человек свободный, думающий, знающий правду, понимающий суть взаимодействий и ритма всего вокруг. А ведь мы с вами часть этой системы, а значит, мы не можем смотреть на жизнь без понимания окружающего мира. Нельзя в вопросах нашей судьбы, пути, счастья и достижения целей отделить человека от среды обитания. Нельзя отделить сознание от мозга, нельзя отделить сознание и мозг от физиологии тела в общем. Это как пытаться отделить картинки в художественном фильме от рассказанной истории, оператора от камеры или сценарий от того, на чем он пишется. Именно так и происходит сейчас, если взглянуть на общую картину со стороны. Материалисты говорят о теле, эзотерики — о душе (сознании). Необходимо же разобрать вопрос и получить долгожданный ответ, внеся в уравнение все недостающие элементы. Тогда наконец-то и появится та самая формула или, скажем так, дорожная карта, которую каждый человек сможет применить одинаково эффективно. Именно так родилась и была написана книга, которую вы сейчас читаете. Асентия — это ваше восхождение... И вершину, качество и суть итоговой цели в этом восхождении вы определите для себя сами. Я лишь говорю, что теперь все станет возможным и все, что не работало, наполнится нужными недостающими деталями. Теперь то, чего не хватало, чтобы «чудеса» случались, вновь окажется у вас в руках и все будет зависеть лишь от вас. Мера успеха, счастье, судьба, степень просветленности и судьбоносных откровений. Если вы захотите, тайн больше не останется, так как на любой, даже самый страшный вопрос есть ответ. Когда есть ключ, лишь вставьте его в замок, отройте дверь, сделайте шаг — и получите то, что искали.

В заключение вступления необходимо сказать, что частые упоминания о философском камне неслучайны. У них есть смысл, как и у каждой строки в этой книге. Дело в том, что для алхимика главной целью в жизни является создание философского камня. Так это вещество называлось по той причине, что оно превращало все несовершенные материи в совершенные. А совершенный металл — это золото. Процесс создания философского камня называется великим деланием и порой длится не просто годы, а десятилетия. В алхимии есть понятие «сухой путь» и «влажный». Одним из них идет алхимик к своей цели. Влажный путь — это путь проб и ошибок, испытаний, поисков и постоянных срывов процесса великого делания. Шагая этим путем, алхимик получает философский камень в глубокой старости, когда ему он уже совсем не нужен. Сухой путь — это путь, состоящий из судьбы и удачи, когда вся реальность вокруг помогает мастеру достичь цели и получить философский камень как можно раньше.

Мой дорогой гость, сейчас ты держишь в руках карту сухого пути, нацеленную на создание философского камня, который позволит тебе сделать все, что ты пожелаешь, совершенным, в том числе и себя. Начнем мы именно с тебя и разберем, кто ты. Кто ты внутри и снаружи. Мы не можем отправиться в интересное новое путешествие со многими неизвестными вводными элементами, не зная, что собой представляет машина, на которой мы будем ехать, как она работает, на что она способна и вообще, для чего создана реальностью. Чтобы чувствовать себя максимально уверенно в пути, спокойно пробираясь по карте на вершину, мы должны знать самые важные базовые принципы и суть функционирования машины, которой руководит сознание. С этого мы и начнем наше восхождение. В путь... Теперь все изменится...

СТУПЕНЬ 1

Люди, задумывающиеся над тайной происхождения человека, делятся на две основные, самые массовые группы. Первых целиком и полностью устраивает то, что говорят о появлении гомо сапиенс академическая наука, многочисленные учебники по биологии и теория эволюции. Вторые верят во все то, что вещают о появлении человека религии, различные эзотерические учения и теория креационизма, согласно которой человек существует благодаря тому, что был создан кем-то или чем-то, искусственно и благодаря разумной воле. Мне кажется интересным тот факт, что, если углубиться в обе эти теории, они друг другу не противоречат и не являются взаимоисключающими, хотя бы по той причине, что эволюция отнюдь не бездумна и не случайна.

Эволюция жизни на планете, а также развитие человеческого организма, как внутри, так и снаружи, имеет вполне конкретные цели и задачи. Можем заметить, что человек в биологическом и интеллектуальном плане беспрерывно развивается, так, будто движется в соответствии с каким-то планом от точки А к точке Б. И отрицать некую разумность и закономерность в этом движении, будь то возможно благодаря некоему персонифицированному высшему разуму либо законам физики, действующим во всей Вселенной, было бы глупо и, я бы даже сказал, невежественно.

Все без исключения живые организмы и существа, обитающие на планете Земля, симбионты*. И человек, безусловно, тоже. Мы существуем, все без исключения, рядом друг с другом и за счет друг друга. Ставить человека на верхушку пищевой цепи весьма глупо, ведь есть огромное количество органических видов, организмов, бактерий и т. д., существующих за счет нас после того, как мы умираем и тело обретает покой в земле. Даже огромный и потрясающий в своем разнообразии мир флоры, несмотря на свою безобидность, существует лишь благодаря потреблению других видов, населяющих Землю. Это нормально, не нужно этого стесняться и пугаться. Там, где кто-то, возможно, видит беспрерывную смертельную мясорубку, я вижу дополняющий и порождающий многообразие жизни водоворот. Человек — часть этой великой экосистемы, а значит, его существование имеет смысл, суть и предназначение. Существование человека необходимо для того, чтобы картина реальности была максимально полной и гармоничной.

Вселенная, планета Земля, время и, конечно же, источник реальности создавали нас, подходя к этой задаче максимально ответственно. Оглянитесь вокруг, поднимите поздней ночью ваш взор к звездам — и вы вдруг обнаружите, что то, что создано реальностью и временем, практически совершенно и почти всегда радует наш глаз. То, что еще несовершенно, каким-то потрясающим образом продолжает свой каждодневный путь, порой длиной в миллионы лет, в стремлении к идеалу. Каждый человек — такое же создание для Вселенной, как и муравей или какая-то сверхмассивная галактика. Для реальности мы совершенны такие, какие мы есть, и мы состоим из конкретных функций и задач. И тут начинается самое интересное.

---

* Симбионт — организм, участвующий в симбиозе (сожительстве двух организмов разных видов, приносящем им взаимную пользу).

В эзотерике, в различных течениях нью-эйдж*, а также в оккультизме, часто упоминают принцип *что вверху, то и внизу* или *маленькое в большом, большое в маленьком*, еще употребляются термины *микрокосм* и *макрокосм*. В эпоху доморощенных экспертов, черпающих знания из интернета, подобные понятия и термины трактуются как попало и кем попало. Сегодня я открою секрет и суть вышеуказанного принципа непосвященным людям.

Реальность — это микровселенная, квантовая вселенная, вселенная субатомных частиц, и макровселенная, состоящая из галактик, туманностей и пустот. И как планеты вращаются вокруг звезды, так и электрон вращается вокруг атома. Вот вам расшифровка принципа *маленькое в большом, большое в маленьком*, а также *что вверху, то и внизу*.

Человек, его тело, безусловно, по своей сложности, по своему внутреннему функционалу и разнообразию, тоже целая вселенная, наполненная миллиардами галактик, существующая по определенным правилам. Самое важное: у вашей внутренней вселенной, как и у всего внутри и снаружи вас, есть задачи и цели.

Так часто бывает, что человек просто живет, но не функционирует. То есть мы с вами осознаем себя здесь и сейчас, в большинстве своем нам комфортно и спокойно. Работа нашего тела в основном проходит мимо нас фоном, и лишь сознание сосредоточено на восприятии нынешнего момента, которому придают оттенки наши эмоции. Нарушение целостности тела всегда воспринимается мозгом как угроза, даже если мы делаем это в образовательных целях. Когда мы смотрим на то, что у человека внутри, мозг начинает паниковать: «Что это вдруг так вскрыло этого бедолагу, лежащего на операционном столе в учеб-

---

* Нью-эйдж — общее название совокупности различных мистических течений и движений, в основном оккультного, эзотерического и синкретического характера.

ной аудитории? А ну-ка, оглянись по сторонам, нам ничто не угрожает? И вообще, давай-ка свалим отсюда, от греха подальше».

Спасая человека от опасности, организм даст ему адреналин — гормон страха, норадреналин — гормон злости и, конечно же, кортизол — гормон стресса. Несмотря на все рассказы о любви к экстриму, организм не любит эти гормоны, ведь они сигнализируют о необходимости выжить. Именно поэтому мы не очень любим заглядывать внутрь человека и смотреть, как оно там все работает в полной кромешной темноте. Работает, следует сказать, без перерыва — и днем и ночью. А ведь в истории человечества не было создано пока ни одного прибора, двигателя или даже атомного реактора, который трудился бы сутки напролет без единой остановки на протяжении 80–100 лет. А ваше сердце, мозг, легкие и другие органы именно так беспрерывно трудятся. Если бы вид внутренних органов не вызывал некой неприязни или легкой тревоги, если бы можно было спокойно окунуться в понимание работы этого уникального, мощного и практически совершенного созданного реальностью механизма, человек увидел бы там полную галактик прекрасную вселенную, не менее красивую и четко работающую, чем та, которую можно созерцать на снимках звездного неба, сделанных телескопом «Хаббл». Неправильно, что человек не знает себя. Не осознает, какой он внутри. Неправильно, что он не знает, из чего состоит и на что способен. И главное — для чего был создан среди миллионов других биологических видов. Знай многие люди, что они есть по сути, на уровне тела и на уровне сознания, они могли бы не просто изменить свою жизнь, они бы открыли в себе столь огромные силы, о которых просто не догадывались.

Например, знай подросток парень, что за словосочетаниями «половое созревание», «ломка голоса» и «переходной период» скрываются лошадиные дозы тестостерона, которые вырабатывает его организм, и что такого периода больше не будет в его жизни, он бы больше уделял внимания физическим нагрузкам и спорту. Ведь, упустив этот волшебный момент, изменить свое тело в будущем будет значительно сложнее, а после определенного возраста — сверхсложно. Или, например, знай невысокие люди, что, пока они еще юны и пока зоны роста не закрыты, благодаря игре в баскетбол и не только они могут вырасти за лето до 20 сантиметров, невысоких людей, комплексующих относительно небольшого роста, просто не было бы. Есть еще много секретов, касающихся вашего тела, мозга и разума, о которых люди не знают, однако при правильном использовании обретенных знаний мы могли бы становиться всесильными. Как жаль, что когда-то все это мне было неизвестно, а рассказать об этом мне было некому. Но жгучее, почти маниакальное, желание знать правду привело к тому, что я стал изучать и во многом на очень хорошем уровне познал человеческое тело и то, как оно функционирует.

Запомни, человек... Если при рождении у тебя нет тяжелых генетических или органических патологий и повреждений, ты совершенная пустая оболочка, сосуд для сознания. Твое сознание, твое «я» — это пилот идеального корабля, сотканного из органики, которую возможно прокачивать, менять, совершенствовать как силой твоей воли и разума, так и благодаря физиологическому воздействию. И даже разумному воздействию извне. Изначально в теле заложен потенциал дать тебе все, что ты пожелаешь, через возможность сделать весь организм готовым это все получить в мире, где никто ничего не приносит на блюдечке. Как у рыб в процессе эволюции появляются жабры, чтобы они дышали под водой, так и у человека должна быть возможность полностью реализовать свой интеллектуальный и духовный потенциал, потенциал сознания, в краткосрочном отрезке времени, на протяжении одной жизни. Точка... Только так и никак иначе. И возможна эта реализация лишь через настройку внутренней вселенной и галактик под названием тело. Мозг человека — это операционный центр, в котором фиксируются и закрепляются все без исключения базовые настройки его корабля, его сознание — это воля для изменения и задавания параметров этим настройкам, тело человека — это функционал реализации этих команд.

А ТЕПЕРЬ ШОК!

Еще в утробе матери наш мозг начинает формировать первые нейронные связи*, считывая окружающую информацию, обрабатывая ее, делая выводы. Именно по тому, что испытывает мама, вынашивая нас, мы понимаем, какая среда снаружи и к чему должен готовиться организм и его носитель после рождения.

По тому, как относятся к нам наши родители, мы понимаем, что есть реальность.

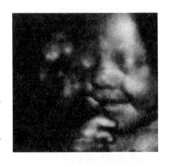

Держи, мой дрогой гость или гостья, любуйся... Это ты — маленький, счастливый, любящий и любимый в животе своей матери. Ты улыбаешься.

Ты еще не видел этого мира, но каким-то мистическим образом ты уже знаешь, что такое любовь, счастье, покой и мир.

Услышьте меня, основное количество сложнейших разнообразнейших настроек, будто для персонажа компьютерной роле-

---

* Создание нейронных связей — результат взаимодействия нейронов — главных единиц нервной системы, ответственных за процессы, происходящие в мозге.

вой игры, в человеке формируется до трех лет. Что это значит? Это значит, что в основном окружающий мир создаст уже полноценную личность к трем годам, с пониманием, что есть что. То, насколько человек будет успешен, уравновешен, его отношения с другими людьми, понимание поощрения и наказания — все это в нем практически полностью сформируется благодаря нейронным путям до трех лет. Именно поэтому люди, потерявшие зрение после достижения этого возраста, видят сны, а те, кто до этого, — нет. Все это благодаря нейронным связям. Главному элементу настройки вашего мозга, вашего «я». Поместите здорового ребенка, мальчика или девочку, с рождения до трех лет в комнату без света — и после этого, несмотря на здоровый мозг и сформировавшиеся нервные ткани, он будет до конца дней видеть перед собой только тьму. Это значит, что правильному отношению к ребенку должны учиться как родители, так и в целом общество, уже тогда, когда ребенок находится в утробе матери.

Нейронным связям, их функциям и вообще тому, что это такое и для чего нужно, мы уделим внимание немного позже. А пока следует сказать, что с возрастом менять настройки, которые максимально легко формируются в детстве, становится все сложнее и сложнее. Но это возможно, это один из аспектов, которому посвящена книга, та, которую ты держишь в своих руках, читаешь или слушаешь. Ничто в тебе не существует просто так, человек, и ты не существуешь просто так.

Считаю очень пагубным или даже, можно сказать, страшным злом, когда человеческое «я», эмоции, ваше сознание, вашу психологию отделяют от вашего тела. Одни говорят: «Верьте в себя, будьте сильными или принимайте себя такими, как есть. Сосредоточьтесь на цели и идите к ней. Мечтайте, визуализируйте и вообще соберитесь, в конце концов». И ни один гуру, коуч и даже многие психологи не говорят, что для того, чтобы мечтать, нужен гормон-нейромедиатор* ацетилхолин. А ведь с возрастом всех гормонов становится меньше, не так ли? Значит, собраться с силами или сосредоточиться для человека, когда ему 18 и когда 38, — это совершенно разные вещи. Другие выписывают человеку таблетки и отправляют восвояси. То есть одни лечат психику, ничего не зная о теле, другие лечат тело, забыв о психике.

Ну что я вам скажу по этому поводу: давайте будем собираться в поездку, беспокоясь о заполнении бака бензином, не обращая внимания, что все четыре колеса украли еще год назад. И ты хоть облей всю машину горючим, она никуда не поедет.

Да невозможно решить вопрос или задачу, не разрешая их комплексно. И рассмотрение одного без другого — самая большая стратегическая ошибка, которая и приводит к тому, что ни одна книга, спикер, учение или психолог никогда никому не помогут. Именно потому, что все обладают лишь частью знаний, иногда поверхностно, иногда знаниями непроверенными или попросту выдуманными, огромному количеству людей ничто не поможет с точки зрения обучения исполнению желаний, достижению цели, счастья и совершенной гармонии, а также абсолютной просветленности. Организм придется настраивать в комплексе, лишь зная ключевой элемент, к которому мы будем пробираться почти через всю книгу. Без него ничего не будет...

Природа, эволюция, реальность, Вселенная, источник жизни — называйте это как хотите — при рождении предоставляет нам базовую совершенную и очень сложную машину, а именно организм для использования и прокачки. Зная принципы этой прокачки, способы, с помо-

---

* Нейромедиа́торы — биологически активные химические вещества, посредством которых осуществляется передача электрохимического импульса от нервной клетки через синаптическое пространство между нейронами.

щью которых эти изменения становятся реальными, ты сможешь довести себя и свои способности практически до совершенства. Главное — помни: ты не верхушка пищевой цепи. Никакой верхушки пищевой цепи вообще не существует. Вся реальность, все ее элементы — симбионты. Мы существуем рядом друг с другом и за счет друг друга.

Даже черные дыры поглощают огромные звезды и планеты. И это взаимодействие нас друг с другом, нас со всей Вселенной — это ритм. Ритм, в котором существуют все без исключения элементы, формирующие реальность. Человек может подчиниться или, скажем так, стать частью этого ритма, ведущего к красоте, совершенству, процветанию и гармонии. Или может пытаться выбиться и идти против этого ритма, быть вне его. И тогда он стопроцентно обрекает себя на несчастье. Тогда он обречен искать ответ. Ответ на вопрос, в чем смысл жизни, для чего он живет и вообще для чего все это. Странно, но у 7 500 000 биологических видов, населяющих Землю, таких вопросов не возникает. Таких вопросов нет в растительном мире. Их нет и для миллиардов галактик и триллионов звезд.

Мы видим четыре времени года: весна, лето, осень, зима. Четыре времени суток: утро, день, вечер, ночь. Четыре периода жизни человека: детство, юность, зрелость, старость. Весна — утро — детство... Время цветения и красоты. Лето — день — юность. Момент, когда вся органика дает плоды. Осень — время посадки новых семян. Зима — ночь — старость, седина, белый снег, смерть... А за ней — рождение. ЭТО РИТМ! И ЭТО ОЧЕВИДНО! ЭТО ПЕРВАЯ И САМАЯ ПОНЯТНАЯ КОНСТИТУЦИЯ И ЗАКОН, ОТКРЫВАЮЩИЕСЯ ВСЕМУ ЖИВОМУ НА ЗЕМЛЕ.

Лишь человек пытается найти способ противиться этому ритму, и это его запутывает, делает несчастным. Человеческий организм — это не нечто призванное максимально продлить вашу жизнь, это прежде всего функции. А функции — это процесс. Мозг создан, чтобы мыслить и управлять всем телом, яичники у женщин и семенные железы у мужчин участвуют в процессе размножения. Сердце качает кровь, и благодаря этому органы питаются кислородом и прочими не менее важными элементами. Ноги созданы для перемещения, руки — для созидания. Если существует нечто, что необходимо использовать, используйте это. Нет ничего более циничного и чудовищного, чем не применять работающий совершенный, полезный прибор или приспособление.

В чем смысл жизни?! Люди часто задавались и задаются этим вопросом, совершенно не зная, кто они есть, не понимая своего предназначения. Вот ты смотришь любимому человеку в глаза — и твои вены заливает окситоцин, гормон любви и глубокой привязанности, нежности, верности. Когда это происходит с тобой, не возникает вопроса, в чем же смысл жизни. На него просто нет времени. В эти волшебные мгновения смысл жизни вполне понятен.

Вы пробовали задать подобный вопрос веселому удачливому человеку с высоким уровнем серотонина — гормона счастья и мотивации? Его ответом наверняка будет улыбка. Я могу приводить подобные примеры много часов, и все-равно останутся те, о которых я забуду. Человек пытается найти ответы на очевидное и создать никому не нужное колесо лишь по той причине, что он вдруг решил отделить свое «я», свою психику, свое сознание от собственного тела, от его смыслов, от того, чем оно наполняется и что это наполнение дает. Вспомните себя, бегающего по площадке, маленького и вспотевшего, грязного, взъерошенного, стремящегося с хохотом догнать своего друга или подругу. Тогда на такие примитивные вопросы вы не могли себе позволить потратить ни одной секунды. Вы тогда все прекрасно знали о себе, и, быть может, тогда вы были куда ближе к истине и сути вещей, чем сейчас. И это правда. Все уже есть внутри вас, все, что вам нужно, все, что делает вас счастливыми, придает смысл вашей жизни и всему существующему в видимой и невидимой вселенных. Есть серотонин в организме? Значит, ваш смысл быть радостным и счастливым. Есть тестостерон и эстроген — вы все обязаны дать потомство, быть сильными, привлекательными, чтобы осуществить предназначение данных функций. Есть окситоцин? Значит, все мы должны познать трепетную, жертвенную любовь, направленную не только на наших спутников жизни, но и на детей, родителей, друзей и даже домашних животных. Все это придает смысл нашей жизни, делая ее порой фантастической. Все, что нужно, — не отделять ваше «я» от вашего тела и его функций. Танки созданы для войны, самолеты — чтобы летать, деревья дают плоды для питания органических видов, чтобы те, в свою очередь, умирали в старости и могли сделать почву более плодородной. ТАК РАБОТАЕТ ВСЯ ВСЕЛЕННАЯ! Как только гомо сапиенс пытается противиться этому ритму, изменить его, начинает придумывать всякую чушь, рассказывая, что нет никакого ритма, и заменяет правила ритма с созидания лишь на потребление, все ломается. ВСЕ!

Немцы после Второй мировой войны стали в несколько сот раз богаче и в несколько десятков раз несчастнее. Да неужто?.. Что насчет племен, живущих в джунглях Амазонки, как у них обстоят дела с уровнем счастья и ответом на вопрос о смысле жизни?! Мы с вами знаем ответ. У них все отлично, до того момента, пока к ним не приезжают «просветленные» образованные люди... вырубать тропические леса. Я отнюдь не сторонник возвращения к истокам в контексте отрицания прогресса. Мне нравится прогресс, я с удовольствием пользуюсь его плодами, и мне хочется, чтобы мы все дружно шли вперед, открывая новое, делая жизнь дольше, безопаснее, здоровее, качественнее и гармоничнее. Мне противно то, что в какой-то момент человек престал быть частью природы и вдруг стал ее хозяином. Он престал быть симбионтом, существующим вместе с другими и за счет них, превратившись в потребителя. У которого тело — это не инструмент для выполнения определенных функций, как у миллионов других видов, знающих, что с этим делать, а некий персональный девайс, который он использует не по прямому назначению. Безусловно, это происходит из-за того, что человек не знает своей внутренней вселенной и галактик, расположенных в ней. Все процессы, происходящие там, как бы отделены от нашего «я», пока мы что-то делаем. Так быть не должно. И когда мы полностью синхронизируемся с внутренней и внешней вселенной, мы обретем именно то, чего хотели, потому как наш организм после рождения на это и рассчитан изначально — на правильную эффективную настройку. Если мы с вами не успели сделать это в детстве и молодости, не беда. У вас в руках книга «Асентия», и чем выше мы будем подниматься по ступеням, тем больше будем узнавать, как максимально эффективно упорядочить нашу жизнь. Как все изменить в персонаже компьютерной игры, у которого, казалось бы, все настройки, отвечающие за неудачи и проблемы, впаяны в программу, в само тело игры. Это не так. Игра очень увлекательна... И самая интересная ее часть, где вы получите массу удовольствия и узнаете ответы на вопросы, у вас еще впереди. Главное — начать с понимания того, кто ты внутри и снаружи, в чем суть твоего существования и мира вокруг тебя.

Сама жизнь как явление — смысл. Созидание — смысл. Совершенство форм, чувств и эмоций, творимых реальностью и вселенной, и есть смысл. И ты — важнейшая часть системы мироздания. Независимо от того, создал ли человека бог, эволюция или какой-либо другой источник жизни, и от того, разумная ли это задумка, чей-то план или совершенная случайность. Твое тело состоит из элементов, из микроскопических субатомных частиц, которые мы обнаруживаем в самой ткани того, из чего состоит реальность. Мы обнаруживаем эти частицы в материале, из которого состоят звезды и огромные газовые облака между галактиками. Мы находим их в недрах нашей планеты и в органике, которой питаемся. Поэтому нам ни в коем случае нельзя отделять себя от окружающей реальности, а нашу волю, наше «я» — от тела. Даже если нам кажется, что оно работает себе фоном — и пусть работает, а что творится там, внутри, не имеет значения, как говорится, лишь бы здоровенькие были. Но если долгое время не обращать внимания на нашу внутреннюю вселенную и галактики, не заниматься ими, часто происходит наоборот — со временем нам все-таки приходится заняться ими — и своим здоровьем — вне нашей воли. Если этого не сделать, то последствия могут быть очень плохими, в том числе и фатальными.

Странно, насколько человек, будто страус, скорее предпочтет засунуть голову в песок, нежели заглянуть внутрь и заняться собой. Люди, конечно, существа мнительные, но если ничто нигде сильно не болит, то можно на тело вовсе не обращать внимания. Спокойствие — это огромное счастье и во многом самообман, к которому многие из нас стремятся. Чего только стоит изречение: «Счастье — это когда ничего нигде не болит». И во многом это правда. Говорю вам это как человек, проходивший через сильную физическую боль.

Безусловно, все мы с вами машины, или, скорее, механизмы, сделанные разными компаниями, мы ездили по разным дорогам, нас заправляли разным горючим, и вообще у нас разное предназначение и разные мощности. К нам всем противопоказан одинаковый подход и попытка выжать из нас одинаковый результат. Но мы с вами не только пилоты, мы еще и инженеры. Каждый из нас не раз наблюдал, как в умелых руках специалиста какой-то невзрачный аппарат становится интереснее, как снаружи, так и внутри. Тюнинг от хорошего мастера сделает любой драндулет красивым, а механик улучшит быстроту и выносливость машины. Увы, в современном информационном пространстве, особенно что касается темы личностного эмоционального, интеллектуального и жизненного роста, вся информация субъективна. Она подходит в качестве руководства и помощи лишь рассказчику или слишком усреднена и не включает в себя персональные психоэмоциональные и биологические факторы, являющиеся самыми важными деталями в личности и в необходимых изменениях. Это значит лишь одно: никто, кроме вас самих, вас максимально эффективно не подготовит и не прокачает для достижения поставленных целей и желаемого результата. Все, что нужно знать, — это техника и конкретные способы осуществления изменений. Отказаться от самосовершенствования и делегировать это кому-то другому, тому, кто никогда не сможет залезть внутрь вас и понять, что такое быть вами, что значит жить вашей жизнью — это значит отказаться от возможности настроить инструмент идеально. Настроить вашу внутреннюю вселенную для выдачи нужного результата совершенно. Такое решение ошибочно.

Итак, друг мой, запомни... Ты, твой разум, твое тело — часть вселенской и, в частности, земной экосистемы. Ты не можешь и не должен существовать вне ее, ведь это сделает тебя неполноценным и несчастным. Ты ценный пазл в общей картине гармонии, и без тебя эта картина будет уродливой. Вселенная существует и пульсирует в определенном постоянном, бесконечно продолжающемся ритме. Синхронизация с этим ритмом придает существованию человека смысл, дает возможность быть выполненными функциям организма, что имеет важнейшее значение для достижения счастья и гармонии каждого из людей. Наш организм — идеальный инструмент для сознания, поддающийся прокачке и изменению в целях достижения конкретных замыслов и выполнения конкретных задач.

Тело и разум обладают большим количеством скрытых способностей и секретов, при знании и правильном использовании которых мы и окружающая реальность способны превратиться в пластилин или, если хотите, в мелкие детали конструктора. С их помощью вы можете создать все, что хотите, менять многое под себя, привлекать то, что вам нужно.

Взойдя к истине, мы узнаем, как это делать. Убедимся, что человек — творец, способный творить так же, как творит каждый день и каждое мгновение Вселенная. Все, что нужно для этого, — главный ингредиент. Скоро он будет вами обнаружен.

Ступень 2

Вторая ступень, безусловно, не менее важная, чем предыдущая и все последующие, будет посвящена поискам себя. Поискам своего пути и предназначения. Некоего ремесла, некоего природного таланта, некой собственной жизненной сути, которая делает человека самим собой, все упрощая. Долгие годы мне было очень тяжело понять людей молодых и не очень, всех тех, кто задавался вопросом, кто они, чем должны заниматься и каков их личный путь к счастью, через какое конкретное дело или ремесло. А таких людей, оказывается, очень много. Я бы даже сказал — катастрофически много.

Меня часто спрашивают, как найти себя, определить свой талант и предназначение. Среди тех, кто мне пишет, есть и взрослые люди, которым за 50 и которые, казалось бы, должны в таком возрасте знать, кто они. У них есть путь, судьба, которую обязательно нужно прожить, или же они могут существовать будто растения, работая попеременно на множестве нелюбимых работ, а потом их ждет пенсия и смерть. Наверное, в данном случае сравнение с растениями очень некорректно, потому как, например, яблоня дает всю свою жизнь лишь яблоки и ничего другого. То есть у нее очень конкретное предназначение и задачи. И дает она всего один-единственный продукт. И так все плодоносные деревья. Они не многостаночники. Они будто четко понимают с рождения, что делать.

С самого раннего детства, мне кажется, я определенно знал (это было будто вшито в мою ДНК), кем я хочу быть. Я очень четко помню, как в совсем раннем возрасте по возвращении домой из садика по многу часов размышлял о том, что все неправильно. Все не так, как должно было бы быть. Это ощущение было настолько сильным, что с годами оно стало перерастать в предназначение и судьбу. Мысль... что нужно попытаться все изменить. И я готов быть частью этого процесса. Я хочу быть частью этого процесса. А значит, я должен понять, что есть реальность, и, самое главное, осознать, что есть человек и почему он выбирает мир такой, какой его окружает, и покоряется ему, надеясь выхватить из мутной воды жизни для себя хотя бы небольшую рыбешку. Вместо того чтобы сделать мир чудесным, добрым и светлым. Таким, где у каждого есть возможность реализовать свой потенциал и обрести счастье. Ох уж эта детская наивность и вера в утопичный прекрасный мир!

Кого я обманываю?! Но эта вера по-прежнему во мне живет...

В предыдущей главе я описал базовые принципы того, для чего существует человек и от чего он не должен ни в коем случае отказываться, ибо это лишит его огромного, быть может, даже самого большого куска счастья. Но призывать вас следовать всем описанным в первой главе принципам и ориентирам — это примерно то же самое, что уговаривать не отказываться от воздуха или воды, потому как это просто убьет человека. Настолько это основополагающие принципы. Но человеческая реальность, помимо того что имеет массу объективных базисных вводных элементов, обладает еще и огромной в количественном эквиваленте субъективностью. И субъектов, то есть нас с вами, по самым свежим данным, около 7 миллиардов 800 миллионов человек. В этой книге я постоянно упоминаю о том, что люди — это часть животного мира. При этом я вынужден согласиться, что гомо сапиенс имеет много преимуществ в физиологическом и интеллектуальном плане, позволяющих нам производить продукт, с созданием которого вряд ли справятся дельфины, шимпанзе или чайки. Каждый человек — это личность, и невозможно в современных реалиях быть полноценным и счастливым, следуя лишь на поводу у природных ритмов, гласящих: родись, расти, размножайся, воспитывай потомков, расслабься, умри. Человеку хочется чего-то большего, и это не просто нормально, это правильно. Благодаря этому желанию мы, безусловно, имеем много негатива. Однако в большинстве своем стремление к прогрессу и комфорту, помогающее нам жить во всех сферах, — это попытка человека получить ответ на вопрос: «Что еще я могу и на что способен, кроме как плодиться и размножаться?»

В окружающем нас мире не все могут быть президентами, миллионерами, моделями, шагающими по подиуму в Милане и Париже, космонавтами, спортсменами мировой величины и т. д. При этом никто не рождается с ощущением того, что его судьба стать дворником. Для современного человека успешность и счастье — это вполне конкретные навязанные картинки и стереотипы. Не найдя себя в них, оказавшись за бортом того, что эти картинки собой представляют, многие из нас теряются, не понимая, кем же им надо стать, что сделать, чтобы получить то, что так приятно манит яркими цветами с экрана смартфона или со страниц глянцевых журналов. Все хотят «лухари» (luxury) в этом мире. А те, кто говорят, что не хотят, скорее всего, лукавят. Я на вас посмотрю тогда, когда ваш доход станет выше $10 000 в месяц. Вы даже не заметите перехода, когда вдруг продукты, одежда, отдых и медицина в вашей жизни станут качественнее, ведь вы сможете себе это позволить. Огромное количество коучей, гуру, инфоцыган, всяких липовых тренеров личностного роста и даже психологов мечтают за небольшое финансовое вознаграждение раскрыть ваш потенциал и мотивировать на новые свершения. Иногда эта эндорфино-допамино-серотониновая атака помогает, на день или два. После этого все проходит — и нужно вновь идти за советом в школу лидеров имени какой-нибудь Айседоры Кузякиной, после окончания которой вы наверняка получите высосанный из пальца сертификат, стоящий меньше, чем бумага, на которой он был напечатан.

Все просто: плясать, радоваться, аплодировать самому себе и быть мотивированным не то же самое, что обрести предназначение, понять, кто ты и каков твой кратчайший путь к успеху и счастью. А ведь это вполне конкретные вопросы. КАК МНЕ НАЙТИ СЕБЯ? КТО Я? КАКОВ МОЙ ТАЛАНТ? ПОСРЕДСТВОМ ЧЕГО Я ДОСТИГНУ СВОИХ ЦЕЛЕЙ? Эти вопросы подразумевают вполне конкретные ответы. Эти ответы очень нужны огромному количеству людей. Многие из них вынуждены, не найдя ответа, влачить несчастливую судьбу. Кому-то повезет оказаться в нужное время в нужном месте, и он находит работу, не любимую, но хорошо оплачиваемую. Но подавляющему большинству, увы, такой шанс не выпадет. В любом случае даже многие из тех, кто сумел разбогатеть, часто после 40, 50 лет, сталкиваясь с кризисом среднего возраста, вдруг все продают и уматывают жить на Бали, Гоа и прочие экзотические острова лишь с одной целью — найти себя. В основном попытки достичь этого происходят через поиски просветления, различные эзотерические практики или общение с неким гуру, у которого есть ответы на все вопросы. Однажды я видел, как всемирно известный духовный наставник уровня покойного Ошо пытался, сидя на сцене пред огромной аудиторией, дать ответ на вопрос молодого парня, как тому найти предназначение и свой особый путь к счастью. Как вы думаете, каков был ответ на этот очень конкретный вопрос? Конечно же, это была пустая философская тирада о том, как общество душит в детях их возможности. Жаль, молодой человек не обладал настойчивостью и, боготворя псевдогуру, удовлетворившись ответом, в котором не было никакого ответа, сел на место с чувством благоговения. Будь я на его месте, я просто уничтожал бы спикера вопросами до того момента, пока тот не дал бы мне ответ: «Не знаю. Не знаю, молодой человек... Это очень сложный и персональный вопрос, как конкретному человеку найти предназначение. Это настоящий доктор лечит каждого больного лично, а я аферист, все мои ответы общие и не имеют никакого смысла, кроме создания кратковременного эмоционального бессодержательного фона».

После этого я назвал бы спикера мерзавцем и покинул аудиторию. Скорее всего, под свист и возгласы осуждения. Почему? Потому что я человек результата и конкретики. Все остальное меня не интересует. Пришел человек, задал вопрос — отвечай. Не знаешь, скажи: «Я не знаю». Но не ври. Ведь перед тобой судьба, история, жизнь, огромное количество надежд на то, что именно ты поможешь. Будь я на месте пустомельных гуру и коучей, я бы сошел с ума от угрызений совести и понимания, что не помог многим конкретным людям в их совершенно конкретных проблемах.

Ну что же... Никто меня за язык не тянул. И по всей видимости, здесь, во второй главе, на второй ступени необходимо дать конкретный ответ на вопрос, как в столь сложном и разнообразном мире человеку найти себя. Его конкретный путь к счастью через реализацию персонального, данного реальностью потенциала.

Во Вселенной нет ничего лишнего. Источник бытия не создавал ничего, что не должно существовать и чему нет применения. Все находится на своих местах, и у каждого есть талант, судьба и предназначение. Его личный путь, шагая по которому, каждый достигнет успеха, счастья и полной жизненной реализации, степень которой человек отмеряет себе сам.

Итак, сейчас я вам расскажу о четырех работающих инструментах, конкретных, позволяющих каждому человеку раскрыть секрет его судьбоносного ремесла.

1. Твои желания

Как много у меня было различных желаний! Материальных и нематериальных. На протяжении жизни эти желания менялись. Однако среди них были безумно жгучие, не оставляющие меня долгие годы и даже десятилетия. А разве ваши желания, все те, что вы хотите реализовать, не ваше предназначение?

Возьмем самые примитивные стремления, но вполне закономерные, их не нужно стыдиться. Хочу быть богатым. Хочу, чтобы у меня все было. Хочу много власти и подчинения. Хочу много секса...

Удивительно, но кажется, что люди с подобными базисными желаниями не знают ничего об инструментах, с помощью которых можно всего этого достичь. Или делают вид, что не знают.

Хочешь власти? Избирайся. Начинай с самого низа. Особого труда не стоит стать депутатом какого-то сельского совета. Хочешь сразу больших масштабов? Становись членом большой партии власти, плати членские взносы, выступай на съездах партии, вноси предложения.

Хочешь много денег? Продавай квартиру, неси все деньги в казино, ставь на черное или красное. Вероятность успеха — 50 %, совсем неплохо. Страшно? Не хочешь рисковать? Определяй сегмент, где самый высокий спрос на конкретное знание и конкретную профессию, осваивай ее и получай большую зарплату. Сотни тысяч мальчишек и девчонок, задействованных в сфере IT, ненавидя эту сферу деятельности, так и поступили. Желая жить хорошо, желая работать дома, они держат нос по ветру. Понимая и зная, что сейчас нужно.

Хочешь много женщин или мужчин в сексуальном плане? Становись порноактером или актрисой. Или купи объект сексуального желания, сейчас все продается, даже люди, увы. Нужны для этого деньги и власть? Читай текст в начале пункта один. Определяешь спрос, даешь то, на что есть спрос. Все просто до безобразия.

Конечно, бывает, что лень... Ну, так это уже не ко мне. Если лень, то так тебе и надо.

Желания — это и есть цели, это и есть ты. Это так, если определенные желания не покидают человека и напоминают постоянно о себе, шагая через всю его жизнь.

Если речь не идет о том, когда человек становится мастером или творцом, если говорить о нашем непростом мире, где в бесконечной гонке на выживание просто хочется хорошо пожить и иногда неплохо отдохнуть, то ничего более простого нет. Спрос рождает предложение. Придется потратить время, чтобы предоставить покупателю и потребителю преимущество настолько высокое, насколько высокого ты желаешь вознаграждения. Чем ниже конкурентное преимущество, тем ниже спрос. И я понимаю, что все мы гениальны и знаем цену своему творению. Если такие есть, то пусть у себя свой продукт и покупают. Лишь рынок определит, насколько предоставляемый товар, контент и услуга интересны, важны и сколько они стоят. Это справедливо.

У меня есть друг, зовут его Женя. Однажды Женя, оставаясь долго без работы, но не предпринимая никаких попыток найти ее, лишь испытывая желание хорошо жить, сказал мне в личной беседе:

— Я был бы отличным директором престижного популярного ресторана.

Дело в том, что, видимо, для Жени быть директором ресторана — это быть кем-то, кем являлся персонаж великого комедийного актера Луи Де Фюнеса в фильме «Ресторан господина Септима». Ходи ругай официантов, следи за чистотой, здоровайся с гостями, пробуй блюда — и всего делов.

Но это не так. Быть директором ресторана — тяжелый труд. Закупки, бухгалтеры, санитарно-эпидемиологическая служба, пожарные, взятки, лицензии на алкоголь, техническая часть кухни, документооборот, воровство и многое другое.

Но разве в случае Жени речь о желании работать в ресторанном бизнесе? Нет. Суть в желании хорошо жить в картинке себя, такого, какого он видит со стороны. Но это желание пустое, ведь живется Жене хорошо: его долгие годы обеспечивали старший брат и мама. Было бы жгучим стремление Жени стать кем-то, он поступил бы в соответствующий вуз и получил бы профессию или пошел бы на работу официантом в какую-то крупную сеть ресторанов. После чего, возможно, дорос бы до управляющего. Несколько таких человек я знаю лично, из официантов они стали директорами, так как успешно работали в этой сфере.

Друг мой... Ты — это твои желания. И схем, как реализоваться и достичь того, чего ты бесконечно сильно желаешь, в этом мире очень много. Думай, чего ты хочешь больше всего, составляй схему, как в современных реальных условиях при этой социально-экономической и политической ситуации достичь ее — и достигай. Чем выше качество того, что ты делаешь, тем выше вознаграждение. А если не по душе такой вариант? Не нравится, как все устроено, неправильно, несправедливо?! Делай мировую революцию, достигай власти над человеческими умами, меняй все. Я именно так и поступаю.

2. Твое детство и юность. Ты уже однажды говорил, кем хочешь быть

Дорогой друг, пункт номер 2, то, что я расскажу тебе сейчас, лично мне кажется одним из наиболее странных и мистических моментов. С другой стороны, он целиком и полностью доказывает то, что я хочу тебе сказать на протяжении всей книги. Для того чтобы достичь поставленных целей и научиться исполнять по-настоящему свои желания, нам необходимо несколько важнейших составляющих, которые уже есть в тебе. Без этого ничего не будет работать и ни один путь к вершинам, о которых ты мечтал или мечтала, нельзя будет осилить. Все эти элементы необходимо объединить в себе, и тогда все тайны будут открыты, а все преграды — преодолены. Позже мы обязательно откроем все эти тайны и получим ответы на все вопросы. А пока...

Совсем недавно, буквально несколько месяцев назад, я был шокирован признанием, которое сделала моя суперстарая знакомая, чьи имя и внешность я забыл. Стыдно сказать, мы общаемся в фейсбуке очень приветливо и по-дружески, а я совершенно не помню, что мы отдыхали с ней вместе в Чехии в лагере, когда нам было по 14 лет. Но это правда. Есть фото, где мы, подростки, все вместе на дискотеке, устроенной вожатыми в столовой, вкушаем все прелести первых романтических чувств и танцев в обнимку.

Наталья, та самая, которая шокировала меня рассказом обо мне прошлом, написала мне внезапно после того, как мы 25 лет не общались. Сейчас она проживает в Англии и, как она сама сказала, просто решила набрать в поисковой строке имя и фамилию Крыжановский Петр. Поскольку некоторые мои работы уже достаточно популярны, найти их автора не составило труда. Вот что примерно она написала после моего обнаружения:

— Боже, Петр, как же я рада, что нашла тебя, и как же я рада, что ты сделал то, что планировал.

Должен вам сказать, что ничего я не планировал. Я просто этого делать не мог. Мне было 14, я впервые оказался без родителей, за границей, меня интересовали только девочки и желание первый раз попробовать алкоголь. Но оказалось, что тогда, в разговоре с окружающими меня мальчишками и девчонками, я сказал, что в будущем стану писателем. Повторюсь, мне тогда было всего 14 лет. Первую книгу я начал писать в 24 и писал ее много лет. Эта книга пока не издана. Первый же изданный труд случился в моей жизни, когда вашему покорному слуге стукнуло 36. Никто не может в 14 знать, что станет писателем, которого еще к тому же будут читать многие. Более того, я не только не помню таких слов, я не припоминаю в себе такого желания. Никогда его не возникало до 24 лет. Да, я всегда умел и любил рассказывать истории. Но ни о каких конкретных профессиях речи не было. Видимо, я просто забыл о том, что тогда говорил в лагере своим друзьям.

Почему этот случай так важен и интересен? Потому что пару лет назад мне довелось выступать в большом зале с мастер-классом о предназначении, где я упоминал об этом инструменте как об одном из способов понять, кто ты есть, каков твой путь. Воспоминания из детства и юности. Я рассказал об этом инструменте людям, приводя чужие яркие примеры из жизни, которым я был свидетелем. Но как оказалось, я и сам попадаю лучше остальных под эту закономерность, на которую важно вовремя обратить внимание.

У меня был друг, звали его Стас. Вполне себе нормальный подросток с крепким характером и высоким уровнем тестостерона. Однажды он пришел с компанией парней ко мне домой и рассказал историю о том, как знакомые затянули его на нудистский пляж, чтобы поглазеть на голых женщин. Мой друг с неохотой согласился, посмеявшись над подглядывающими. Спустя 15 лет Стас стал членом общины нудистов, почти секты. Со встречами, застольями, праздниками, друзьями. Это стало его жизнью. Это стало его предназначением. Он там был очень счастлив. Как говорят, нашел своих и успокоился. Между тем моментом, когда он рассказал о походе со знакомыми на нудистский пляж, и тем, когда он попал в это комьюнити, прошло 15 лет! А все эти годы, я ведь его знаю, он ни словом не обмолвился об интересе к этой теме или людям, исповедующим подобный образ жизни.

Однажды 20 лет назад моя бывшая одногруппница и не менее бывшая девушка Лена, учившаяся по специальности «международная экономика» в престижнейшем университете страны, сказала, что хочет пойти на курсы, где обучают экзотическим танцам, в частности танцу живота. Я, молодой, глупый, ревнивый, неопытный, ответил отказом. Приличные девушки, мол, танец живота не танцуют.

Кто она сейчас? После многих лет работы в крупных компаниях по профессии, приобретенной в университете... тренер танцев на пилоне, то есть на шесте! И она счастлива. Что-то предвещало такой выбор профессии и жизненного пути? Нет, и близко. Но свою истинную дорогу не скрыть, не сдержать. Она рвется наружу, желая наконец сделать вас самими собой. И самое главное, мы с вами когда-то в какой-то ситуации вскользь упоминаем об этом. Вспоминайте... Или попросите старых знакомых, друзей, близких и родных напомнить, быть может, когда-то в детстве или юности вы объявили всему миру, кто вы и каким путем будете идти к цели. Вдруг вы обнаружите, что нечто в вас уже говорило и рвалось наружу, намекая на судьбу.

Я мог бы вам и дальше рассказывать об этом странном феномене, который совсем не странный, и далее вы поймете почему. Но, думаю, это будет лишним. Дело в том, что смерть и трагическая судьба тоже порой являются предназначением, которое рвется из человека и напоминает или, скорее, предупреждает о том, что ждет впереди. Я знаю двоих таких людей. Есть очень известный человек, не буду называть его имя. Песни его были о смерти и лихой жизни уличного гангстера. Когда люди заходили на его сайт, автоматически запускалась аудиозапись, на первых секундах которой звучали выстрелы. Он даже выкупил официальное право на исполнение песен Виктора Цоя у его отца. Как закончил Цой? Так же в автокатастрофе трагически погиб

Сергей. И самое важное, он постоянно говорил об этом, будто к чему-то готовился. «Может случиться все что угодно», — говорил он мне. Я отвечал: «Нет, не может».

Его судьба победила. Как и во всех остальных случаях, включая мой личный опыт, что-то внутри нас пытается нам подсказать наше будущее и наши поступки. Мы постоянно крутимся вокруг судьбы, нашего предназначения. И указываем на него даже вербально в какой-то момент детства или юности. Иногда это указание настолько точное, что это шокирует, как, например, в моем случае. Так что, друзья мои, вспоминайте и не бойтесь, если вдруг вы почувствуете или вспомните, что, быть может, на вашем пути существует нечто тревожащее. Ведь судьбу можно изменить и даже избежать смерти. Мне довелось быть свидетелем этого. Далее, на определенных ступенях, я вам обязательно расскажу о том, как ломать время, судьбу и реальность.

3. Твоя фамилия. Генетика. Родословная

Знаете ли вы, какие качества характера человека благодаря генетике передаются от предков? Да-да, вы не ослышались, я говорю о чертах характера, а не о биологии. Удивительно, но, если вы углубитесь в эту тему, будете шокированы тем, что узнаете. Склонность к депрессии, к экономии, чувство юмора, склонность к нарциссизму и многое другое. Но постойте, как так получается, что ДНК передает нам от предков то, что, казалось бы, не органически развивается в нас с годами. Вроде как наследственными должны быть лишь биологические параметры: цвет глаз, строение тела, предрасположенность к некоторым болезням. Как оказывается, нет, и это говорю вам не я, так твердит наука. Порой этому есть суперкрасноречивые подтверждения, которые видны каждому невооруженным глазом. Миронова и Менакер талантливы? Да, конечно. А кто это? Вот-вот. Родители своему таланливому сыну Андрею Миронову не годятся даже на подтанцовку. Что насчет кого-то более современного и всемирно известного? Отец и дед Дональда Трампа, Фридрих и Фрэд, таланливы, предприимчивы, жестки. Президенты Америки? Нет... Сын все взял от предков и превзошел их. Этот список можно продолжать бесконечно и находить множество подтверждений данному факту. Однако лучше всего о человеке говорит фамилия, в которой иногда скрыт талант личности, его склонности, его судьба, его путь. Не верите?

ЧИКАТИЛО — украинская фамилия. Разделите ее на две части и получите «чикать тіло». Или на русском — «чикать тело». Этим всю жизнь монстр и занимался, и, следует сказать, весьма успешно. Его долго не могли найти и поймать. Затем эту жуткую фамилию узнала вся страна. Такая фамилия у человека неспроста. Она указывает носителю на склонности и судьбу, которая его ожидает, и предупреждает, чего конкретно нужно избегать. Но он не избежал. Невежество и нежелание искать ответ на вопрос «Кто ты?» — страшный бич, погубивший немало судеб.

Поехали дальше.

Крупнейший российский миллиардер Виктор Вексельберг. Вексель — ценная бумага, «берг» — в переводе с немецкого «гора». То есть фамилия одного из богатейших людей России означает «гора ценных бумаг». Совпадение? Хм... Вы знаете ответ.

Что насчет меня... Моя фамилия Крыжановский, это польская фамилия и на польском она выглядит вот так: Krzyżanowski. Что означает на польском Krzyż? «Крест». Два моих прадеда — священники. И вся моя жизнь крутится вокруг людей и моего желания помочь людям, создав новое учение. Нет, ребята. От судьбы, заложенной в фамилии, нам не уйти.

Мой знакомый вырос без отца. Фамилия его Тесленко. «Тесля» в переводе с украинского — плотник. Сейчас этот человек возглавляет крупную строительную компанию.

У него все есть. Он просто не противился и пошел по стопам смысла, вложенного в его фамилию. Родового пути, таланта, склонности, генетически передающейся от родителей ребенку. Вы не согласны? Расскажите это династии всемирно известных нейрофизиологов Бехтеревых... Некоторым из них не помешали стать великими учеными даже детдом, война, нищета и потеря родительских богатств.

Да, безусловно, наши родители оставляют нам не только биологическое наследство, но и, конечно же, психоэмоциональное. Они передают нам черты характера и реакции на внешний мир, то, как мы будем принимать решения. Они порой передают нам нашу судьбу, которая ведет нас до конца наших дней. Удивительно, как иногда дети повторяют жизнь родителей, с браками, разводами, с выбором партнеров, количеством детей и т. д.

Вследствие всего вышеперечисленного возникает вопрос: а что делать тем, у кого незаурядная фамилия, например Горбатко, а предки отнюдь не предприниматели-сахарозаводчики и далеко не Шереметьевы? Неужели простому человеку остается лишь покориться судьбе и молча горбатиться, безропотно принимая все удары, не пытаясь сопротивляться. Конечно же, нет. Но когда против тебя генетическое древо и судьба, которую оно передает, остается лишь одно: подчинить себе свою внутреннюю вселенную и галактики. Поменять. Переделать по своему желанию, задействуя единственные работающие способы, которым это под силу. Это непросто, но это возможно. При определенной затрате сил и умений люди могут изменить траекторию и орбиту даже очень большого космического объекта. Человек способен поменять, если ему это необходимо, русло реки, а также ему под силу создать целое море. И такие случаи известны. Точно так же при определенных манипуляциях можно и даже нужно изменить судьбу, если она вас не устраивает. Можно изменить генетику и ваш характер. Очень не люблю изречение «люди не меняются». Это неправда. И так часто бывает, что жесткие обстоятельства из царя делают раба, и наоборот. Наш мозг, тело и разум очень эластичны. Даже возраст не помеха тому, чтобы делать перенастройку абсолютно всего во внутренней вселенной, а также тому, чтобы добиться изменений и внести исправления во внешнюю вселенную. Мы скоро научимся это делать.

4. То самое знание. Тот самый элемент

Когда дети или молодые люди внезапно говорят, что в будущем они кем-то будут, и потом, как мы видим из примеров, это осуществляется, на то есть конкретная причина. В возрасте от 15 до 19 лет я часто попадал в сонные параличи. Иногда это было совсем не страшно и не угрожающе, а наоборот, очень интересно и интригующе. Вот я лежу в кровати парализованный, и лишь веки, дыхание и процесс мышления мне подвластны. Как и многие другие люди, в состоянии сонного паралича я наблюдаю видения, которые наука называет галлюцинациями. Я смотрю на беспорядочно висящие надо мной полупрозрачные буквы, расположенные без какого-либо смысла, рядами. И вот усилием воли я начинаю перемещать эти буквы, создавая из них слова и предложения. Когда я начинал это делать, вдруг забывал о тревоге относительно тяжелого обездвиженного тела, так как созидание новых слов приносило мне колоссальное эмоциональное удовольствие. Я как будто делал нечто очень правильное, что я умею делать лучше других. Таких видений в сонном параличе было очень много в определенный период жизни. Были они за 6–7 лет до того, как я решил попробовать написать первую полноценную книгу. Удивительно, но у подобных подсказок тоже есть причина.

Великий Френсис Крик увидел спираль ДНК, за открытие которой он и получил Нобелевскую премию, после приема ЛСД. И у этого тоже есть причина. Менделеев очень не любил, когда ему говорили, что он открыл свою периодическую таблицу химических элементов, увидев ее во сне. Но из песни слов не выкинешь. Ученый рассказал своему другу-художнику, что таблица приснилась ему во сне. После того как тот рассказывал об этом людям, Менделеев возмущался:

— Я всю жизнь на это потратил. А вы про сон.

Эрнест Хемингуэй говорил: «Пиши пьяным, редактируй трезвым». Как писатель, говорю вам, это очень правильное утверждение еще одного нобелевского лауреата в области литературы.

У всех перечисленных примеров есть один-единственный корень. О нет, я не собираюсь ничего говорить о психоделиках* и о якобы просветлении, которое они дарят. Мы углубимся в бездонные и такие манящие тайны мозга. Получим ответ или, скорее, возможные ответы на все вопросы. Возможности менять всю свою жизнь под себя и совершать чудеса кроются в мозге и спинномозговой жидкости. Да, я не ошибся. Все правильно написано. Ваше тело полно мистики. Реальной, той, которую можно пощупать — и удивиться тому факту, что она существует. С каждым новым шагом, с каждой новой главой-ступенью я буду подводить вас к ответу. В чем же все-таки дело и чего не хватает каждому из нас для того, чтобы чудеса случились и мы смогли все изменить.

Должен заверить, что всех вышеперечисленных инструментов: твоих желаний, воспоминаний твоего детства и юности, когда ты наверняка упомянул, кем будешь в будущем, твоей фамилии и родословной — вполне достаточно, чтобы полностью отыскать себя в себе и осознать, каким

---

* Психоделики — класс психоактивных веществ, изменяющих восприятие и влияющих на эмоциональное состояние и многие психические процессы.

конкретно путем нужно идти. Сосредоточься, посиди подумай, возьми ручку и листочек, проанализируй то, что я тебе сказал, и — о чудо! — ты найдешь и очень четко определишь тот путь, который приведет тебя к успеху, счастью и гармонии. К полному жизненному просветлению и возможности манипулировать жизнью. Если тебе не понравится то, что ты нашел, и тебе хочется чего-то другого и особенного, ну что же, это твои желания, вернись к пункту номер один и к схеме, описанной там.

Однажды мне на глаза попалась любопытная и милая картинка. На ней был изображен прямо стоящий и танцующий олень на двух ногах, на которых надеты пуанты. Внизу была надпись на английском: «Пошли все на... Никто не имеет права указывать мне, кем быть». Если олень хочет быть балериной, то пусть будет. Таков смысл этой картинки. Я считаю, что все быть звездами, миллионерами, футболистами, моделями и президентами не должны. Но все просто обязаны быть счастливыми и заниматься тем, что они искренне любят и что приносит пользу и людям, и мастеру, творцу. Именно поэтому, даже если судьба неблагосклонна к человеку, даже если у него фамилия Раб, как и у всех его предков, даже если все против него — он может все изменить. И поможет нам в этом мозг и спинномозговая жидкость. Мы будем менять судьбу и окружающий мир. Мы заставим их работать на нас и помогать нам с помощью того, что нам подарено источником реальности. Все необходимое для этого уже есть внутри каждого человека. Оно лишь ждет, когда вы этим воспользуетесь.

СТУПЕНЬ 3

Конечно же, несмотря на то что человек симбионт и является неотъемлемой частью вселенской экосистемы, мы при всей своей дружелюбности и развитой эмпатии, если кому-то с этим повезло, являемся очень ярко ощутимым, отдельным от всего «я». Как бы мы ни растворялись в окружающем мире, как бы мы его ни чувствовали, даже если это происходит благодаря глубочайшей медитации или огромным дозам психоделиков, полностью размывающих личность, «я» это «я». Именно я ощущаю единение с окружающей живой реальностью.

Люди, испытавшие сильнейший психоделический опыт, будь то благодаря приему химических веществ или неким жизненным потрясениям, утверждают, что в этом состоянии прежде всего страдает ваше эго. Оно размывается или же теряет контроль над вашим сознанием. Просветленные люди утверждают, что все проблемы в нашей жизни как раз из-за этого эго, за которым мы не видим правды, того, как дела обстоят на самом деле, в том числе и с нами самими. Будто изначально, без эго, мы совсем другие. Мы настоящие, значительно лучше, умнее, мудрее, спокойнее, сильнее. Ничего не боимся, и мы решительны.

Что же это за эго такое и почему оно нам мешает жить и добиваться успеха и поставленных целей? Хотя, если вспомнить о понятии «эго» в контексте многих авторитарных лидеров, то выходит как раз совсем наоборот. Их эго помогало достигать власти, и именно оно позволяло им забраться на вершину пирамиды, состоящей из человеческих надежд, судеб и тел. Но никто из них не был счастлив. Никто... А если человек несчастлив, негармоничен и неудовлетворен, то он, конечно же, не может считаться успешным и реализованным.

Для того чтобы отыскать ключ от всех дверей, ко всем возможностям и к преодолению любых препятствий, чтобы заполучить долгожданную возможность исполнять все желания, необходимо понять, как же все-таки ваш разум взаимодействует с мозгом, как мозг взаимодействует с телом и как все это в комплексе взаимодействует с окружающим миром. Вся ваша жизнь, то, к чему вы стремитесь, что вы любите и чего не любите, — все это следствие взаимодействия с окружающей реальностью. Значит, достижение поставленных нами перед самими собой целей без понимания этих взаимодействий невозможно. Именно структуре этих связей будет посвящена третья ступень нашего восхождения. Ты и все вокруг. Как происходит связь и обмен.

Следует, конечно, начать с сознания, с самой загадочной, непонятной и интересной субстанции, над разгадкой и над сутью которой люди, включая самых умных представителей нашего вида, бьются уже тысячи лет. Тайна и понимание, что есть сознание, или, скажем иначе, душа, мейнстримовой наукой не раскрыты. Есть лишь теории, некоторые из них весьма любопытны, однако это все же только теории. У эзотерики, метафизики, религии и прочих нью-эйдж-учений, а также у каждого их проповедника и гуру с этим вопросом все значительно проще. Им уже все понятно, и что есть душа или сознание, они прекрасно знают. Здесь преобладает принцип: «что хочу, то и ворочу». Фантазировать можно на ходу, доказательств никаких не нужно. Важно, чтобы была максимально интересная тема, а еще очень важно спикеру говорить о своих или чьих-то выдумках с максимально уверенным лицом. То есть в этот момент главное — самому не заржать, и тогда, как говорится, СХАВАЮТ!

Самый важный вопрос, на который люди хотят знать ответ, — тождественно ли сознание-душа мозгу и его работе. Наука говорит: да, тождественно. Но так говорит не вся наука, а отнюдь не передовая ее часть.

Эзотерика, метафизика и религия утверждают, что нет, мозг и сознание не одно и то же, это две разные субстанции. Можно быть в этом вопросе на стороне одних или других, но факт остается фактом: при вскрытии человека, заглядывая в органы, ткани, клетки и даже глубже, мы никаких мистических субстанций не находим. А тот факт, что при смерти человек сразу теряет в весе 21 грамм, ровным счетом ни о чем не свидетельствует.

Значит ли вышесказанное, что души-сознания, отдельной от тела и мозга человека, не существует? Нет, не значит. И вот что очень интересно: чем серьезнее человек, ученый занимается изучением нейрофизиологии и человеческого сознания, чем большая он величина в этом вопросе, тем его предположения, теории и мнение о сознании радикальнее, смелее и необычнее.

Сверхвеличина в области психиатрии Карл Густав Юнг не сомневался в существовании души, сознания, функционирующего вне мозга. Он даже был одним из создателей понятий «бессознательное» и «коллективное бессознательное», подразумевая под этим как раз душу вне тела, а также коллективное «я» вне телесного бытия.

Увы, все-таки многие научные факты упрямо говорят об обратном. Да и наркоз очень красноречивое доказательство, свидетельствующее в пользу научных скептиков. Ведь многие могут сказать; «Когда я под наркозом, нет снов, нет темноты, меня просто не существует, и все». Тогда что же такое сознание? Просто работа мозга и передача сигналов между нейронами, клетками мозга?

Ну что же, пожестим, будем немного смелее в своих высказываниях.

При всем высоком уровне медицины и науки, несмотря на то что мы уже научились творить во многих аспектах просто-таки чудеса, человеческий мозг имеет еще очень много тайн и загадок. Самые интересные из них не лежат на поверхности, они в глубине. О них вам не расскажут ни ученые, ни эзотерики. О них очень мало информации. А именно в этих секретах и кроется ответ на вопрос, что же такое сознание и душа.

В нашем мозге есть совсем небольшая и очень загадочная структура, о ней практически ничего не известно. Называется она буквально «ограда мозга», или изначально на латыни *Claustrum*. Эта структура очень тонкая, практически незаметная, в среднем толщиной всего 2 миллиметра. Удивительно, ведь эта самая ограда мозга подключена и имеет отношение к большому количеству структур мозга. Официальная наука ничего не знает об этом отделе мозга. Гуглите, проверяйте, это именно так. Есть предположение, что *Claustrum* играет важную роль как раз в вопросе сознания человека. Такой вывод был сделан по той причине, что электростимуляция этой структуры приводит к включению и выключению сознания. Вот человек есть, он здоров, он мыслит, он себя осознает. Вот мы переключили тумблер с названием «ограда мозга» — и человека нет, а тело его продолжает функционировать благодаря вегетативным настройкам, сердцебиению, дыханию и т. д. Эти эффекты по-прежнему изучаются, но почему-то не слишком активно. Интересно, правда? Незадолго до смерти гениальный Френсис Крик, о котором я уже упоминал, человек, открывший ДНК благодаря тяжелому труду и психоделическому трипу, заявил, что секрет сознания человека наверняка заключен в *Claustrum*, в ограде мозга.

Знаете, как переводится слово *Claustrum* с латыни? «Защелка», «засов», «замок»! Не торопитесь, друзья мои.

Мы на все вопросы ответим, я неторопливо подвожу к этому. Недаром я написал несколько раз, что Асентия — это ключ, отпирающий все двери. Недаром на обложке книги изображен ключ. И недаром у Петра ключи от рая. Все взаимосвязано. Потерпите, идем по порядку, чтобы все было понятно.

Татьяна Черниговская — советский и российский ученый, доктор биологических наук — однажды заявила, что мозг — это некий приемник, улавливающий информацию, разлитую во Вселенной.

А вот вам прямая цитата великого и могучего Николы Теслы: «Мой мозг — это всего лишь приемное устройство».

Надеюсь, никто не заподозрит людей, признанных в научном сообществе, сделавших реальные открытия, изучавших сознание и, в частности, нейрофизиологию, вскрывая мозг, в том, что они сговорились с целью распространять дезинформацию? Расслабьтесь, скептики, и не краснейте от злости. Подотрите пену и работайте не с целью опровергнуть, а с целью узнать правду. Быть Черниговскими и Теслами — это не значит писать язвительные комментарии в интернете, это значит трудиться много лет в желании отыскать истину.

Вселенная и есть сознание. Все, что ее наполняет, все из чего она состоит, — это сознание. Мозг — приемник, улавливающий сознание, как радио, он находит нужную радиостанцию и волну. Место, где сознание и мозг «сшиваются», становятся единым целым, называется *Claustrum* — «замок», «защелка». Чем дальше передовая нейрофизиология будет продвигаться в этом вопросе, тем больше она будет находить подтверждений этому. Я даже предполагаю открытие структур в мозге или рецепторов, столь чувствительных, что они способны улавливать радиосигналы определенной частоты, которые и являются сознанием, пронизывающим реальность.

Души и сознания в теле нет. Как нет играющего в компьютерную игру внутри виртуальной реальности. Сознание лишь подключается к мозгу и нервной системе, именно так мы с вами становимся самими собой. Сознание, ваше непосредственное «я», контролирует мозги и нервную систему благодаря электрическим, то есть энергетическим импульсам, которыми обмениваются между собой нейроны. Именно так сознание воздействует на мозг. Вы — не ваше эго. А вот ваш мозг и то, как он был прокачан и сформирован за долгие годы, это, друзья мои, и есть эго. Увы, реальность, окружающая нас, при недостатке знаний и при дремучем невежестве прокачивает наше эго очень неправильно, оттуда и все проблемы.

Теперь мы переходим к вопросу, как же ваш мозг и ваше тело взаимодействуют и почему они так часто не ладят.

Наталья Бехтерева, великий ученый-нейрофизиолог, внучка самой большой величины в психиатрии и нейрофизиологии, человека, создавшего рефлексологию, Владимира Бехтерева, утверждала, что мозг будто некое отдельное разумное существо живет в черепной коробке человека и действует по отдельным неизвестным никому законам.

Система контроля человеческого тела, а именно мозг, спинной мозг и нервная система, не обязана делать вашу жизнь идеальной и счастливой. Она у вас в подчинении, у вашего сознания. Все, что в ее интересах, — это желание выполнить базовые предназначения, заложенные в нас внутренней и внешней вселенной. Все нити должны сомкнуться без никаких противоречий, ведь система идеальна. Именно поэтому мы с вами будем постоянно, пускай даже и самую малость, возвращаться к принципам и смыслам, описанным на предыдущих ступенях нашего восхождения.

Возьмем, например, нервную систему, которую я, безусловно, считаю частью мозга, у меня нет в этом сомнений. Давайте обсудим вегетативную нервную систему. Вот что говорит о ней наука: вегетативная нервная система — отдел нервной системы, регулирующий деятельность внутренних органов, желез внутренней и внешней секреции, кровеносных и лимфатических сосудов. Играет ведущую роль в поддержании постоянства внутренней среды организма и в приспособительных реакциях всех позвоночных.

То есть вам никто не доверяет. Даже ваш мозг и вегетативная нервная система. Они знают, что вы настолько будете заняты собой, эмоциями, достижениями целей, любовью к себе, самобичеванием или, наоборот, самовосхвалением, что вам просто нельзя доверить базовые смыслы и взаимодействия. А именно дыхание, сердцебиение, всю возможную биологическую ритмику и размножение. Вы слишком самостоятельны, а мозг и базовые водные источники жизни — нет. Когда мы идем против этого, как я уже говорил, человек обречен на несчастье. И, открою вам первую тайну, — на болезни. Не может быть Тянитолкай. Не может сознание говорить одно, мозг другое, а тело — третье. При такой разбалансировке все портится, ни жизни, ни успеха, ни здоровья не будет. Я уже говорил о синхронизации, о ритме. Поверьте, у каждого слова и строки есть доказательства, иначе я бы не писал их.

Нервная система и мозг заинтересованы лишь в выполнении базовых вводных принципов, которые есть у всего живого во Вселенной. Им надо выполнить программу, расписанную в ДНК, выжить, дать потомство и воспитать его. Остальные ваши философия и мировоззрение их не заботят. Им даже неинтересно, счастливы вы или нет, здоровы ли. Есть миссия, ее нужно выполнить. Все остальное неинтересно.

Вы никогда не задумывались, почему женщины и мужчины, у которых нет детей, часто выглядят значительно моложе своих лет? И здоровье их лучше. Это связано с тем, что мозг и нервная система, не выполнив своих базовых целей, держат тело в тонусе, чтобы выполнить свое предназначение. Родил детей? Все, нечего размножаться и быть красивым, воспитывай потомство. Вот вам и снижение эстрогена и тестостерона в организме с возрастом.

А без них, и не только без них, мы теряем свою молодость и здоровье.

Часто так бывает, что наш мозг и нервная система хотят одного, а мы — совсем другого. Мозг эластичен, и спустя годы он обтесывается будто камень. Причем эту огранку он бы лучше направил в одну сторону, но мы его ведем совсем в другую. В итоге у нас получается на выходе черт-те что.

Представьте молодого парня или девушку, которые только вступили в период романтических и сексуальных отношений. Мозг вам говорит: айда искать красавицу или красавца, ведь красота — это физическое и генетическое здоровье, и будем с ней или с ним размножаться. Парень или девушка предпринимают попытку познакомиться — и им отказывают. Происходит сильнейшая эмоциональная травма, которая приводит к выбросу гормонов стресса, всегда указывающих на опасность жизни и здоровью. Мозг понимает, что что-то не то, и воспринимает противоположный пол и взаимоотношения с ним с опаской, вместо того чтобы заняться собой, исправить эту ситуацию и забыть о досадном инциденте. Включается человеческое эго, мозг. Человек постоянно начинает думать об этом. Перемывать себе кости: что, почему, за что. Я некрасивый, я неудачница.

Помните, я говорил вам, что мозг эластичен. Из-за того, что человек не может остановить самокопание своего эго, возникает нейронная связь, отвечающая за осознание, что ты неудачник или неудачница, что ты урод или уродка. Даже если это неправда, спустя годы образуется нейронный путь толщиной в канат, отвечающий за убежденность в собственной ущербности. В итоге человек воспринимает себя только таким. Это касается всех жизненных вопросов: работа, успешность, любовь, секс, общение с людьми, самоконтроль, воля, юмор — да все на свете, поймите.

Но мы не можем постоянно страдать, нам нужно облегчение. Заполняя пустоту, стараясь обмануть наш мозг и нервную систему, мы начинаем есть всякую гадость, получая от этого дофаминовое вознаграждение. Дофамин тем временем фактически становится для нас натуральным опиатом. Мы переходим на мастурбацию, то есть даем мозгу заменители натурального счастья и реального выполнения наших базовых настроек, лишь бы он от нас отстал с навязчивым эго и его мыслями. Эластичный мозг привыкает ко всем заменителям, слабеет, принимает факт, что, чтобы получить удовольствие, стараться не нужно, и наше сознание, не способное контролировать неправильно прокачанный и сформированный мозг, сдается. Так приходит в жизнь лень, нежелание бороться за себя, следить за своим внешним видом, и, как следствие, отсутствие личной жизни, счастья, любви и самореализации. Именно так мы превращаемся в свой самый страшный кошмар. Ужасно, но с каждым годом становится все тяжелее что-либо изменить и из этого вырваться, ведь мозг привык, выточен как камень. Он капитально застрял и приклеился к старым настройкам, гласящим: «Жив — ну и ладно. Сейчас поем, выпью, посмотрю что-то интересное в ютубе, займусь самоудовлетворением — и отлично. Больше ничего не надо. Какой ужас, а ведь я видел тебя в будущем. Ты был так счастлив. Если бы ты будущий себя увидел сейчас, ты бы себе никогда этого не простил».

Нет, так не будет, мы тут главные. Твое сознание, тело и нервная система, несмотря на все проблемы, несмотря на то, что обтесан камень чудовищно неправильно, будут подчиняться тебе и слушаться именно тебя. Твое сознание, а не забитое мусором, неправильными решениями и мыслями эго. Ты тут главный. Просто нужно немного поднять уровень знаний и профессионализма огранщику. Он должен знать, как между собой все взаимодействует и как вообще делается огранка.

Итак, вот тебе две самые важные цифры в твоей жизни. Первая: всего 5 из 100 % людей, которым в голову пришла какая-то идея или мысль, возможные для реализации и способные улучшить жизнь, предпримут попытку воспользоваться ими. Всего 5 человек из 100 среди тех, кто задумал совершенствовать свое тело, пойдут в спортзал. Всего 5 человек из 100 попробуют изучить какой-то иностранный язык, решив сделать это. Всего 5 человек из 100 предпримут попытку устроиться на конкретную престижную работу, среди тех, кто захотел работать в этом месте. А сколько из тех, кто сделал первый шаг, будут достаточно настойчивы, чтобы добиться какого-то результата? Единицы среди миллионов. Вот вам и 5 % людей на Земле, у кого сосредоточено 90 % богатств и 90 % всей власти. Ты можешь в итоге не достичь того, чего хочешь, но даже сама попытка это сделать поднимет твои шансы на успех на 95 % и отсечет 95 конкурентов из ста.

Цифра номер два. Самая важная в твоей жизни. От всего, о чем ты мечтаешь, тебя отделяет 40–66 дней. И это лучший дар от Вселенной, который есть у нас. Именно столько нужно человеку, чтобы посеять достаточно глубоко зерно, которое начнет прорастать. И если ты будешь регулярно хотя бы немного его поливать, тебя и его уже ничто не остановит — и появится дерево, дающее плоды. Плоды, о которых ты мечтал. Изначально в этом тебе поможет сознание, не загрязненное шумом плохо прокачанного и неправильно настроенного эго. Дальше это эго, а именно твой новый перезагруженный мозг и нервная система, заставят подчиняться и тело. Затем мы наполним все это ключевыми базовыми ингредиентами и элементами, и вот они уже позволят нам достигать целей безоговорочно. Они заставят реальность идти нам навстречу — и начнут происходить настоящие чудеса. Я говорю это вполне серьезно, и я не сумасшедший, не аферист и не обманщик. Я лекарь, и для меня важен лишь результат. Кто захочет, получит мистические откровения, правду и истинное просветление. Другие, если захотят, — любовь, счастье, карьеру, деньги, исполнение иных желаний, умение воздействовать на людей, чтобы те принимали решения, которые вам нужны. Кто-то сейчас подумает, что речь идет об НЛП — теории нейролингвистического пограммирования. Нет, я не могу себе позволить рассказывать всякую чушь, так как несу ответственность перед людьми и могу говорить лишь о проверенных научных фактах.

Находясь на третьей ступени, мы с вами выяснили и поняли в общих чертах, как сознание контролирует мозг, а также как мозг контролирует тело и для чего. Теперь нам нужно понять, как же все-таки ваше «я» взаимодействует с окружающим миром. Ведь, как и было написано в начале главы, все, чего мы желаем и к чему стремимся, — это окружающий мир, люди в нем и чувства, те, которые мы черпаем.

Есть чудесный фильм «Доктор Стрейнджлав, или Как я перестал бояться и полюбил бомбу». Это творение культового Стенли Кубрика, очень интересное и известное, всем рекомендую к просмотру. В истории, показанной на экране, фигурирует персонаж, безумный военный, выдвигающий странную теорию о том, что женщины высасывают из мужчин все их чудесные и вообще святые жидкости, отбирая таким образом силы и жизненную энергию. Этот персонаж безусловно дурак. Но не во всех отношениях. В человеке очень много интересных веществ, представленных в виде жидкостей, которые влияют на его взаимодействие с окружающим миром. Без них это взаимодействие просто невозможно. Все функционирование человека в окружающей среде происходит лишь благодаря неким посредникам, вырабатываемым нашей биологией для упрощения взаимодействий. Давайте мы назовем этих посредников горючим. Ведь, чтобы что-то работало, нужно горючее, то есть энергия. Итак, доказательства.

Человеку нужно поесть, чтобы не умереть от голода. Это, безусловно, требует взаимодействия с окружающим миром, так как еда поступает извне. Для того чтобы организм правильно усвоил все необходимые элементы, вырабатывается инсулин. Без него никак. Без него человек болен. Без него человек умрет. Это горючее. Посредник между нами и внешним миром. Между радиацией, конечно же, поступающей извне, и мной есть защитник, смягчающий удар. Щитовидная железа, а точнее гормоны, горючее, которое она вырабатывает.

Хочешь соблазнить мужчину и вступить с ним в половой контакт? Без эстрогена, женского полового гормона, горючего, ничего не получится. Хочешь знаний из внешнего мира? Никакой учебы без нейромедиатора ацетилхолина. Счастье, подаренное людьми, не ощутишь без серотонина. Ты даже жир в теле не наберешь без шести гормонов, за это отвечающих. Горючее...

Сейчас копнем глубже. Даже несчастье от пережитого во внешнем мире ты не ощутишь без кинуренина, гормона, отвечающего за такую эмоцию. Да, такой тоже есть. Без него твоя жизнь была бы неполна. Плохо только, когда его слишком много. Ведь он, как и многие другие гормоны, может накапливаться. Видишь, без посредников и горючего твоих эмоций и прочего взаимодействия с окружающим миром не существует. Изучив этот вопрос, мы поймем, что человек не может ничего принять, получить или каким-то иным образом взаимодействовать с окружающей реальностью без подобных посредников, которых я называю горючим.

Хм... И вот странно... Реальность, эволюция, источник жизни, вселенная, бог, высший разум, называйте это как хотите, снабдили нас всем необходимым, чтобы нам было комфортно взаимодействовать с окружающим миром. Нас даже от радиации решили защитить, хотя, кроме космической радиации, никаких других ядерных бомбардировок вроде бы в прошлом не было. Это при том, что во времена появления гомо сапиенс речь ни о какой космической радиации идти не могла. Ведь уже существовала хорошо сформированная атмосфера, защищающая от многого — и от космической радиации, и от гуляющего по галактике мусора. Однако горючее для взаимодействия с подобными внешними раздражителями все равно есть.

Постойте, а как же наши надежды, желания, вера, стремления? Неужели огромная могущественная Вселенная создала все необходимое для всего живого, чтобы оно стало полноценной частью реальности, а для исполнений желаний и реализации стремлений создать посредника забыла?! Как-то получается глупо и, я бы даже сказал, жестоко по отношению к человеку. А ведь у каждого из нас должны быть равные возможности реализовать врожденный и приобретенный потенциал. Вселенная, в которой нет такой системы ценностей, несправедлива и не нужна. Это очень глупая и злая Вселенная, обрекающая большинство на неудовлетворенность и страдания. Именно поэтому такого положения дел и не существует. Выход есть, и он, среди прочих важных, решающих инструментов, меняющих жизнь к лучшему, дающих ответы на вопросы, заключается в том, что бежит по вашим венам и распространяется по вашей нервной системе. Я говорю о тех самых святых жидкостях и их функциях.

В вашем организме существуют среди прочих гормоны, которые называются нейромедиаторы. От других гормонов они отличаются тем, что распространяются не только через кровеносную систему, но и через нервную. То есть, помимо взаимодействия с каким-то органом или рядом органов, они еще и влияют на нервную систему в общем. Как это происходит, объясню очень легко и понятно. Нейромедиатор — это биологически активное химическое вещество, которое оказывается между нейронами, клетками мозга, в момент, когда они обмениваются электрическими импульсами. Так у этого электрического импульса благодаря разным молекулам появляются оттенки. Так рождаются ваши разные эмоции и, соответственно, разное настроение. Страх, смелость, злость, любовь, ненависть, счастье, сексуальное возбуждение, сосредоточенность, мотивированность, лень и т. д. — к созданию всего этого причастны загадочные нейромедиаторы. Их новые виды продолжают находить в человеческом теле, а многие функции тех, что уже найдены, до конца неизвестны. Например — нейромедиатор окситоцин оказался не только гормоном любви, нежности и объятий, но и гормоном, отвечающим за верность. То есть мужчина или женщина изменяют не только потому, что они похотливые животные, но еще и потому, что в их организме нет окситоцина. Он не вырабатывается у них при взгляде на партнера, с которым они уже давно рядом. А ведь окситоцин = та самая красивая и окрыляющая любовь, которую многие из нас ищут. Вот вам и ответ: нет любви — нет верности. Все взаимосвязано.

Вот еще один пример. Мелатонин, гормон циркадных ритмов, отвечающий за сон и сновидения. Он говорит нам: «Темнота, ночь — спи, светло, день — бодрствуй». Однако с ним все куда сложнее. Нейромедиатор мелатонин оказался гормоном, отвечающим вообще за все биологические ритмы человека, от рождения до смерти. Когда спать, когда бодрствовать, когда размножаться, когда стареть, когда умирать — все это регулирует мелатонин. Нет практически ни одного процесса и ни одного решения на протяжении всей вашей жизни, которое бы приняло ваше сознание, без фильтра в виде эго, которое опирается на нейромедиаторы, пропускающие энергетические импульсы по вашей нервной системе и мозгу. Человек, все, что ты есть, — это энергия и ее оттенки.

Как я уже писал, нет грустного и депрессивного человека, желающего покончить с собой, при высоком уровне нейромедиатора серотонина, нет человека, у которого не получается учиться, с высоким уровнем ацетилхолина, нет мужчины, который не хотел бы работать, добиваться успеха и любить женщин, при высоком уровне нейромедиатора тестостерона.

Вся реальность и мы в ней — это те самые святые жидкости и энергия, которые пронизывают нашу нервную систему. Возникает вопрос, можем ли мы уверенно утверждать, что есть человек, как он мыслит, как воспринимает реальность и воздействует на нее, если мы по-прежнему продолжаем обнаруживать нейромедиаторы и узнавать об их новых функциях? Конечно же нет.

Вы замечали, что иногда, когда мы просыпаемся с утра благодаря будильнику, установленному на нашем телефоне, мелодия играет будто быстрее? Или любимый трек, который мы включили сразу по пробуждении. После того как мы вынырнули из сна, он тоже, кажется, звучит быстрее. Когда мы дети, время бежит медленнее, а с возрастом оно ускоряется. Все мы знаем и даже говорим фразу: «Вот это да, так давно... а как будто было вчера».

Постойте, как это так?! Что это за машина времени такая? Неужели мы, наш мозг, можем воздействовать на время, на то, как оно бежит вокруг нас, на то, как мы его воспринимаем, и на то, с какой скоростью происходят изменения в нашем организме? Разве это возможно?! Ведь реальность, время, пространство вокруг, каждодневное существование — это константа. Выгляните за окно, там все то же самое: те же звезды, те же здания, те же деревья. Если ничего не делать, ничто не меняется. Очевидно, наш мозг, когда мы читаем эти слова, скептично и снисходительно «улыбается», пряча свои тайны. Тайны, заключенные в нейронах и нейромедиаторах.

Давайте вновь вернемся к психоактивным веществам психоделикам и к тому, какое влияние они оказывают на человеческий организм. Все без исключения люди, прошедшие через психоделический опыт, в котором они использовали псилоцибин, псилоцин, диметилтриптамин и прочие вещества, основой которых является базовая аминокислота триптофан, утверждают, что, оказавшись в незримом мире, они почувствовали, что время остановилось. Или еще лучше — что времени вообще нет. Вернувшись оттуда, психонавты говорят, что в реальном мире все движется очень быстро, всюду суета. А теперь давайте взглянем, как выглядит молекула мелатонина, а также молекула диметилтриптамина и псилоцибина. Они почти идентичны.

Как оказалось, самое сильное психоделическое вещество диметилтриптамин тоже вырабатывается в вашем теле, и в том числе в небольших количествах, когда вы спите. То есть ваш сон — это своеобразный психоделический опыт, происходящий благодаря веществам, практически полностью повторяющим те, которые запрещены наркоконтролем. Ваше сознание благодаря эндогенным* психоделикам, вырабатываемым вашим мозгом, отключается от тела и отправляется в мир, где нет времени. Возвращаясь, сознание постепенно адаптируется ко времени и биологическим часам организма, именно поэтому поутру музыка будильника на телефоне как-будто звучит быстрее. Сознание-душа разливается после пробуждения по нервной системе, как кровь, бегущая по венам.

Время от времени на протяжении жизни мне, как и всем остальным, снились кошмары. Но у меня есть чудесная способность просыпаться, когда я захочу, выскакивая из тревожного видения, благодаря усилию воли. То есть я пробуждаюсь не тогда, когда это решил сделать мозг, а тогда, когда пожелало мое сознание. Внезапно. Уверен, многие из тех, кто читает эту книгу, тоже ощущали, как по их телу разливается энергия, делающая тело окончательно твоим. Ощущение необычное.

---

* Эндогенный — возникающий, действующий внутри чего-либо, вызываемый внутренними причинами (противоп. экзоге́нный).

В детстве нейромедиатора мелатонина в организме больше, так как пинеальная железа, отвечающая за его выработку, трудится на всю катушку. Именно большое содержание мелатонина, так похожего на психоделики, отвечает за то, как чудесно мы спим в детстве, и за яркие сновидения в тот период. Конечно же, ведь он действует почти как галлюциногенный псилоцибиновый гриб.

По мере взросления, так как человеку нужно искать вторую половинку и создавать семью, думать о рождении детей, некоторые функции пинеальной железы слабеют, и мелатонина становится меньше. Мы начинаем хуже спать, уровень половых гормонов повышается, и мы думаем лишь об одном. О противоположном поле. Лично я, будучи подростком, думал только об этом.

Мне еще нужно отвечать на вопрос, почему в детстве время идет медленнее? Нет, вы все молодцы и все поняли. Дети благодаря нейромедиаторам и пинеальной железе почти все время находятся как будто не здесь, а в мире, куда стремятся молящиеся, медитирующие, спящие, мечтающие, визуализирующие, а также те, кто принимает психоделики. Именно поэтому, если детский организм не полон гормона страха, стресса, несчастья и тревоги, детство так чудесно. Именно поэтому с детьми происходят чудеса, порой просто невероятные. Со временем эта способность жить в мире чудес угасает.

ТЫ — ЭТО НЕ ТОЛЬКО ТВОЕ СОЗНАНИЕ, НО И ТВОЯ БИОЛОГИЯ. РЕАЛЬНОСТЬ, РЕАЛИЗАЦИЯ ЖЕЛАНИЙ, СУДЬБА, ЧУДЕСА, ТВОЙ ПУТЬ — ЭТО НЕ ТОЛЬКО ТВОЕ СОЗНАНИЕ, НО И ТВОЯ БИОЛОГИЯ. СМИРИСЬ С ЭТИМ ИЛИ БЛУЖДАЙ В НЕВЕЖЕСТВЕ. Тот, кто утверждает обратное, — обманщик, мерзавец и глупец, уводящий людей от правды о них самих.

Самое прекрасное в том пути, который я вам осветил и по которому вы пройдете сами, тот факт, что это не догмы, не имеющие обратной силы. Все можно изменить, прокачать и настроить.

«То есть вы говорите, Петр, что при правильной работе с телом, мозгом и сознанием можно не только вернуть себе ощущение счастья, но и изменить восприятие времени? И таким образом, находясь в теле, которое будет пригодно к жизни, если повезет, 80–85 лет, прожить сознательно дольше, ведь человек вновь благодаря правильной настройке эго-мозга будет воспринимать время иначе?» — спросите вы.

Черт возьми, ДА! Именно это я и говорю!

Разум может воздействовать на время — это факт, скрывающийся в нашем теле и мозге. Но может ли разум и мозг воздействовать и на другие важные и определяющие факторы реальности? Материю, удачу, судьбу, людей, обстоятельства и т. д.?

Если бы вы знали, что происходит в моей голове, в моей фантазии, когда я сижу теплой августовской ночью у себя дома и пишу эти строки. Мои пальцы не поспевают за мыслью, и, стуча по клавиатуре, я совершаю много ошибок. Ведь в своей фантазии я выступаю перед огромным залом и рассказываю все это, демонстрируя слайды, шутя с вами, делая многозначительные паузы там, где это необходимо. Мне так хочется сразу и с ходу ответить на все вопросы. Но книги так не пишутся, и хорошие истории так не рассказываются. Для меня творить и рассказывать что-либо — это как заниматься любовью с любимым человеком. Это должно быть медитативно, с трепетом, страстью, долго и с бурным мощнейшим одновременным взрывом удовольствия в конце истории. Поэтому мы с вами не торопимся, а постепенно на каждой ступени отвечаем понемногу на все вопросы.

Пинеальная железа, молекулы нейромедиаторов, мозг, спинной мозг, тело, ваше сознание — все это сложнейший механизм, обладающий способностью воздействовать на окружающий мир. И в том числе на материю, на время, на судьбу, людей, на ваш путь, на успешность, да на все. И вначале мы все это настроим, а затем дополним тем элементом, который так много лет скрыт от людей. Знание о нем пыталась выжечь инквизиция, исказить профаны, которых ведет в науке не истина, а эмоция личного превосходства. Его пыталась скрыть, и успешно, современная медицина. Не самая, кстати, передовая. Авангард мировой медицины не просто идет к элементу, о котором я расскажу, а просто-таки рвется к нему, разрушая все преграды. Но главное — это суета, каждодневная рутина человека в мире, где ему надо выживать. Когда жизнь тяжела, а жизнь тяжела для 90 % населения Земли, не до каких-то там элементов. Вот какая ужасная ирония. Но без этого знания и элемента мало что получится у человека, решившего все кардинально изменить.

Просто задумайтесь, почему существует исследование, согласно которому медитирующие люди успешнее и счастливее остальных. Почему Тимоти Феррисс, автор мировых бестселлеров, известный оратор и инвестор, в интервью CNN заявил, что все миллиардеры из Силиконовой долины, которых он знает, принимают психоделики. Почему Френсис Крик увидел спираль ДНК под воздействием ЛСД. И наконец, почему в детстве мы совсем другие, иначе воспринимаем время и наши желания порой столь удивительным образом исполняются даже тогда, когда мы ничего не говорим о них родителям. Все это взаимосвязано.

Однако крайне неразумно принимать вещества извне, в то время как самый мощный психоделик диметилтриптамин вырабатывается вашим организмом естественным путем. Человек, принимающий без надобности инсулин, заболевает диабетом, ведь его поджелудочная железа умирает. Спортсмен, постоянно колющий себе тестостерон, становится импотентом, ведь его семенные железы не нужны телу для выработки этого гормона-нейромедиатора. С психоделиками так же. Лишь глупец пойдет легким путем, не понимая, что так он не достигнет поистине сильных результатов. Все есть в вас, извне ничего не нужно. Дорожная карта Асентия расскажет вам об этом все, что необходимо знать.

СТУПЕНЬ 4

Сейчас я расскажу вам всего о трех шокирующих случаях того, как в моей жизни не за счет удачи, а именно мистическим образом исполнялись желания. Нет-нет, это стало возможным не благодаря труду или упорству, это именно случаи неких сверхспособностей и чудесной реализации задуманного.

Дело в том, что я человек, не особо верящий в чудеса, так как мне необходимо все пощупать, рассмотреть изнутри и понять, как это работает. Постичь суть взаимодействия. Причину и следствие. Именно поэтому если я признаю мистику или чудо в своей жизни, говоря максимально просто и понятно, то это должно быть действительно что-то необыкновенное и совершенно небанальное. Поднявшись на четвертую ступень нашего восхождения под названием «Асентия», вы узнаете, как и почему происходит некий процесс, из-за которого в жизни человека происходит то, что можно считать чудом и мистикой. То, благодаря чему исполняются желания, появляется удача, человек обретает нужную информацию, будто из ниоткуда, меняется судьба и т. д.

Достаточно странно, что об этом будет рассказывать такой человек, как я, много работающий, не слушающий непостоянное вдохновение, верящий лишь в свои силы. При большом желании и тщательном разборе моих действий и полученных результатов можно установить четкую связь упорного труда, вложенных сил — и эквивалент материальной и нематериальной прибыли после этого. Скептик всегда может сказать: «Никаких чудес, Петр, вы просто много работаете и делаете рыночный продукт». Это будет во многом правда. Однако я собираюсь сейчас поведать о трех случаях, объяснение которым появляется лишь благодаря изучению предмета физики и метафизики на протяжении многих лет.

Увы, сейчас я расскажу лишь о трех случаях, дабы чрезмерно не шокировать остальными фактами. Всему свое время...

Я должен признаться тебе, дорогой читатель, что я, Крыжановский Петр, тотальный двоечник. Я был тотальным двоечником в школе, а также в университете. Это не помешало мне и первое, и второе учебное заведение окончить самостоятельно без взяток и протекции. Но все же это не меняет того факта, что учился я неважно и оценки были у меня очень плохие, чтобы не сказать катастрофические. А еще... я очень этим горжусь. Да, это правда. Наверное, это естественный момент, когда я чувствую настоящую гордость, от которой у меня немного задирается нос. Дело в том, что в детском саду я не на голову, а, так сказать, на десять был выше своих сверстников, но меня это не заботило, ведь малышня, окружающая меня, была моими друзьями. Все, что меня волновало, — это игра в квача, войнушки, желание покопаться в земле на площадке и обсудить с мальчишками все детали супердоброго фантастического фильма «Враг мой», который тогда регулярно крутили во всех советских кинотеатрах. Воспитатели же, не говоря ничего мне, хвалили меня моим папе и маме, утверждая, что их сын просто-таки гений и его ждет великое будущее. По меньшей мере после садика меня следовало отправить в школу с углубленным изучением математики или физики.

И вот 1 Сентября, первый класс — и такой невероятный провал. Я был самым плохим школьником и студентом по оценкам и успеваемости. Почему? Да потому что мне было до лампочки все, что мне рассказывали преподаватели.

...За окном моего класса, расположенного на третьем этаже средней школы номер 27 города Киева, стоят высоченные клены, покрытые зеленой листвой. Их колышет неспешный майский ветер, сквозь крону прорывается солнечный свет, покрывающий бело-золотыми пятнами деревья, землю и крыши пятиэтажек, стоящих вдалеке. В классе тишина, все школьники склонили головы над партами и тетрадями, отвечая на вопросы после диктанта. Только я смотрю по сторонам, порой застывая, сосредотачиваясь на деталях. Я вижу, как на бордовый, вымазанный мастикой, пол класса падают солнечные лучи, и в них кружатся тысячи крошечных частичек пыли. Я растворяюсь в тишине и окружающем спокойствии, желая понять, почему все именно так, а не иначе. Какая математика? Какой русский язык и литература? Какая история? Да идите вы к черту со всем этим! Я нахожусь в глубочайшей и мощнейшей медитации. И поскольку я еще совсем ребенок, мой организм полон элемента, меняющего реальность. Я един со зримым и незримым мирами, и они в то мгновение важнее всего, что мне может рассказать учитель. Реальность в то мгновение мой учитель. Она молчаливо мне шепчет на ухо о том, как обстоят дела на самом деле. Как оказалось впоследствии, все, рассказанное мне реальностью, правда. На какой бы работе после окончания университета ни работал, я всюду был успешен и хорошо зарабатывал. Мне ничего не понадобилось из того, что было рассказано в учебных заведениях. Ровным счетом ноль. А вот школа реальности мне помогла, и ее заветы стали сверхэффективными в вопросах достижения целей. Именно поэтому я так горд тем фактом, что был двоечником везде, где учился, и нынешними результатами. Моя система самообучения, во многом подсознательная, оказалась в разы эффективнее. И обучение еще продолжается. Мне нравится это...

Увы, общество иначе представляет себе процесс обучения, успеваемости и вообще ритм жизни школьника. Мне не очень сильно, но иногда доставалось словесно за плохие оценки. Меньше всего я получал от мамы: я для нее всегда был и остаюсь гением, и пусть весь мир подстроится под меня, а не я под него. Больше всего доставалось от отца, так и слышу, как он мне, маленькому, устало повторяет: «Пиши, Петя, пиши...» Я ненавидел писать — теперь я писатель. Класс.

Совсем чуть-чуть за неуспеваемость мне доставалось от отчима, который подначивал меня по поводу того, что я ничего не знаю из школьной академической программы. Я врал, что знаю. А он говорил, что я не понимаю даже элементарной таблицы умножения.

Это правда, я ее не знал. Да елки-палки, я ее и сейчас не знаю. Спроси меня, сколько будет семь умножить на восемь, я вначале прибавлю семь и семь, а затем 14 помножу на 4 и все. Но с ходу цифру не скажу.

Мой ответ отчиму, который меня задел, был следующим. Я сказал, что знаю всю таблицу умножения. И тут он решил меня завалить. Он спросил, сколько будет семь умножить на четыре. После такого удара надо было держать марку и продолжать смело врать. Но я был озадачен, и мне необходимо было выбраться из положения, в которое сам себя загнал.

Стоя на крошечной кухне нашей однокомнатной хрущевки темным зимним вечером, я посмотрел на яркую луну, выглядывающую сквозь редкие, быстро несущиеся по темному небосводу тучи. Все, что я пишу дальше, 100 % правда. В написанном нет ни капли обмана.

Будучи маленьким ребенком, учащимся в первом классе, я про себя произнес: «Все силы, те, что невидимы и не известно, существуют или нет, помогите мне. Дайте ответ на вопрос, сколько будет семь на четыре». И вот, не открывая глаз, в темноте я вижу две белые цифры. Четкие и различимые так, будто я смотрю на них, стоя в метре от темной поверхности, на которую их нанесли белой краской художники, рисующие плакаты. Две огромные прекрасно различимые цифры: 2 и 8. Появились в темноте и исчезли. Поймите, я увидел их как реальный объект. Это вам не мигающая неразличимая мазня перед сном, а нечто очевидное и реальное.

У этой истории был бы идеальный конец, если бы я сказал, что сообщил этот ответ отчиму и таким образом умыл его. Но это неправда. Я обещал, что никогда не буду вам врать, не стану этого делать и сейчас. Во мне включился простой человек, который одолеваем сомнениями и неуверенностью почти во всем, что он делает. Вот я и произнес просто первую попавшуюся цифру, пришедшую мне в голову, так как непонятно, что за цифры мне тут, видите ли, показывают, и вообще неизвестно, кто мне их показывает, может, они сами не знают правильного ответа. Если не ошибаюсь, я сказал 25 или 26. Отчим холодно ухмыльнулся и произнес: «Нет, Петя, ответ 28». То есть у меня был шанс победить в этом споре, нужно было лишь довериться тем, кто решил мне помочь и, следует сказать, дал правильный ответ. Но, как и миллионы людей, пойдя на поводу у сомнений, я подвел сам себя.

Мне часто приходится повторять слова о том, что порой правильно задать вопрос значительно важнее, чем получить на него ответ. Причина в том, что в правильном вопросе уже таится огромное количество важнейших ответов. Практика — одна из самых главных областей применения в нашей жизни. Мистика, философия, чудеса — это хорошо, но важен лишь прикладной результат, который может помочь или конкретному человеку, или в общем всем людям.

А что, если бы я тогда, когда посмотрел на луну и закрыл глаза, обратившись к незримым силам, попросил поведать мне выигрышные цифры ближайшей лотереи с большим джекпотом. Или код от сейфа, где деньги лежат. Или результат футбольного матча, благодаря которому мои родители могли бы сорвать куш и улучшить свое положение, поставив деньги. Если бы я попросил меня выручить с этим, мне бы пошли навстречу? Чудесный вопрос. Эзотерические нытики скажут: «Нет, это работает только для важных духовных нематериальных вещей». Бред! Или система и механизм работают для всего, или ни для чего. И жизнь в будущем доказала мне это, долбанув веслом по голове, вновь решив проверить меня на смелость. Однако и последующих два невероятных случая меня ничему не научили, так как мне ничего не было нужно долгое время. В детстве у меня мало что было, но я не знал об этом и был счастлив. Когда я стал уже молодым парнем, я тоже довольствовался малым. Неплохая работа, любимая девушка, квартира, близкие друзья. Что еще необходимо для счастья? Самое важное уже есть.

Итак, мне немногим больше 25. В Украине, и в частности в Киеве, игорный бизнес тогда запрещен не был, и всюду процветали казино и залы с игровыми автоматами. Одни игорные заведения создавались для очень обеспеченных людей, другие обирали не очень умных работяг, расположившись недалеко от рынков и выходов из метро. Как-то вечером мы с моим близким приятелем ожидали наших девушек, которые должны были скоро освободиться после работы. Нам нечем было заняться, и мы искали какой-то незамысловатый досуг, вот и зашли убить время в казино среднего уровня, расположенное в центре Киева. Оказавшись в пустом заведении с претензией на гламур, решили, что можно выделить на все это мигающее многообразие сумму, которую не жалко потратить. Всяко лучше, чем сидеть без дела.

Итак, друзья, это чудо техники называется электронная пневматическая рулетка. Вперед, можете гуглить и рассматривать. Это такая же полноценная рулетка, как и та, что находится в казино, которой руководит крупье, только здесь все происходит автоматически и руководится компьютерной программой. Единственная свободная часть этой рулетки — это шарик, прыгающий по полноценному колесу, вращающемуся под стеклянным прозрачным куполом. Игроки сидят вокруг, делают ставки с помощью чувствительных к прикосновению мониторов. В столе находится приемник наличных денег, жадно глотающий купюры игроков. Каждый новый розыгрыш автоматическая пневматическая система срабатывает, колесо раскручивается и движется по инерции, после чего выплевывается шарик. Вот такое незамысловатое изобретение, позволяющее рубить бабло на дураках и не платить зарплату крупье. Именно за подобным столом с электронной пневматической рулеткой мы с Дмитрием решили убить время. Вяло, делая небольшие ставки, мы проигрывали запланированную сумму, которой было не жалко. Когда лимит почти закончился, я решил ставить большие остатки суммы, ведь было чертовски скучно и хотелось поменять рулетку на игровые автоматы а-ля однорукий бандит. Делая одну из последних бездумных ставок, сосредоточившись на вращающемся сверкающем хромированном колесе, я вдруг что-то почувствовал. Не сдержавшись, я посмотрел с улыбкой на попивающего виски Диму и сказал:

— Сейчас выпадет зеро.

Клянусь, друзья, он посмотрел в ответ на меня как на дурака и ответил, что не будет. Но, немного попрыгав, белый шарик упал на зеленую ячейку, где красовалась цифра ноль, то есть зеро. У зеро, если говорить о рулетке, самый высокий коэффициент выигрыша, один к тридцати шести. Ставишь один доллар, выигрываешь тридцать шесть. Ставишь тысячу долларов, выигрываешь тридцать шесть тысяч долларов. Думаю, арифметика понятна. Жалел ли я о том, что опять не послушался чего-то очень конкретного внутри и не поставил на зеро в тот момент свою квартиру, все имеющиеся деньги, еще и не взял в долг для этих целей? Конечно, жалел, но я человек, а каждому из нас свойственно бояться и сомневаться. Классная история, правда? Скептики скажут, мол, совпадение, и я не против этого, а только за. Меня все устраивает. Но я ведь ни слова не написал о том, что мы ушли из казино, которое на тот момент зарабатывало лишь на нас двоих. Деньги оставались, и чтобы не вытягивать при помощи кассира эту мелочь из автомата, необходимо было ее просадить. Спустя несколько ходов на последней моей ставке, когда я уже ее сделал, смотря на только что запущенный шарик, я снова сказал Диме:

— Старик, сейчас снова будет зеро.

Тот ответил:

— Так не бывает. Два раза за вечер один человек не угадывает зеро.

Но в этот раз я себя не подвел. Сняв все деньги с той цифры, на которую я ставил в первый раз, поставил все деньги на зеро. И что вы думаете? Выпадает опять зеро. Кто-то скажет, что так не бывает. Я скажу — бывает. И это произошло по той же схеме, как и в детстве с моим отчимом в примере о таблице умножения. Спустя десятки лет долгих научных и не только исследований я наконец-то знаю, почему так происходит. Мне удалось обнаружить философский камень. Эта книга — путь к нему. Я отдаю его вам.

Конечно же, тогда, в казино, мы сорвали куш. Мне вернули все потраченные в тот вечер деньги и немного добавили сверху. Так как я совсем не азартный человек, я попросил недовольного кассира, смотрящего на меня как на какого-то афериста, рассчитать меня и покинул это место со своим приятелем, который не мог поверить в то, что произошло.

Молодость удивительна. Меня вообще не увлекло то, что тогда случилось. Я стремился к своей тогдашней девушке и друзьям, желая рассказать такую необычную и суперинтересную историю. Никак не могу понять, почему тогда я не стал копаться и изучать подобные факты из моей жизни. Не могу ответить себе на этот вопрос. Это странно.

Поверьте, я помню свое ощущение, я знал, знал дважды, что на рулетке выпадет зеро. Это не было совпадение, так как оно выпало не просто при мне, а именно после того, как я сказал, что оно выпадет. Это категорически разные вещи. Я знал номер, знал время, знал место. Необычное ощущение, оно отличается от моего повседневного состояния. И не могу сказать, что я специалист по вхождению в него. Лишь утверждаю, что теперь знаю причину и следствие. Вертящаяся вечно на сковородке, во всем сомневающаяся, скептичная публика скажет так: «А почему вы, Петр, не отправитесь в казино снова, не провернете опять подобное и не станете миллиардером?» Ответ простой: я трус. Я человек, мне свойственно сомневаться и опасаться. А еще, так как в Украине долгое время игорный бизнес был запрещен, я просто не мог этого сделать. Сейчас, в 2021 году, все изменилось: казино для супербогатых людей вновь разрешили, и только одна лицензия на него стоит несколько миллионов долларов. Первое из них уже открыли, и что вы думаете? (Коварно улыбаюсь.) Мое любопытство сильнее опасения потерять просто так крупную сумму денег. Я планирую рискнуть. О результатах этого риска я сообщу вам обязательно и честно.

Может ли быть все вышеописанное галлюцинацией или совпадением? Нет... Третий, самый шокирующий пример это подтвердит. Он безумно интригует и пугает одновременно.

Это случилось до того, как мне удалось в один вечер дважды предсказать зеро в казино. Боюсь ошибиться, однако мне, кажется, тогда было 22–23 года. Не знаю, как у вас, а у меня в том возрасте был лишь ветер в голове, и я не вижу в этом ничего плохого. Отличное было время, как и период жизни.

Оказавшись дома один, во все той же любимой и драгоценной небольшой однокомнатной хрущевке, я днем лег на диван, уперев затылок в стенку шкафа, и, закинув ногу на ногу, стал смотреть свой моноблок. Ну, знаете, такое странное чудо техники, где телевизор был соединен с видеомагнитофоном в одном корпусе. На экране возник Олег Филимонов, который в то время вел на «Интере» комедийное «Джентльмен-шоу». Ведущий взял в руку письмо от телезрителя и начал его читать. И вот я отвлекся от шума эго, заполоняющего мой мозг, и сказал себе: «Давай, попробуй». Я как будто замедлился, успокоился, подавил в себе все эмоции и очистил голову и мысли от белого непрекращающегося шума. Потом я стал тихо произносить слова. Одно за другим стали возникать предложения. Четко помню, как, напуганный, боялся сбиться и отвлечься. Почему? Да потому, что забавный и талантливый Олег Филимонов... повторял текст письма за мной, а не я за ним. Не было ни одной ошибки, ни одного различия в словах. Я даже имя написавшей письмо назвал правильно и имя того, кому передавали привет и пожелание. Страшно сказать, но продолжалось это около полутора минут, ведущий вслед за моей тихой речью сказал сотни слов. Это не был повтор, да и я не настолько гениален, чтобы после просмотра программы запомнить сотни слов ненужного мне текста, забыть об этом, а потом вспомнить, когда увидел тот же выпуск «Джентльмен-шоу» вновь. Да я таблицу умножения не помню, что уж тут говорить об остальном.

Больше всего удивляет то, что, несмотря на страх и тревогу, которую я испытывал беспрерывно, опасаясь, что совершу ошибку и чудо закончится, чудо не заканчивалось. Оно продолжалось. Я, просто не веря самому себе и тому, что происходит, остановился. Мысленно сказав «ОГО», желая найти кого-то близкого, чтобы поделиться пережитой необыкновенной историей.

Могу вас заверить, все три случая по технике и схеме действия того, как это на самом деле работает, связаны. Сейчас я это точно знаю. К совпадению или мистике они не имеют никакого отношения. Конечно же, подобное могу делать не только я один. Такое предположение абсурдно. Если мы дышим одним воздухом, едим одинаковую еду, у нас одинаковый мозг без патологий, у нас одинаковые реакции на внешние раздражители и одинаковые наборы гормонов и нейромедиаторов, значит, подобное доступно всем в одинаковой степени, если немного поработать над собой. Я не пытаюсь вас научить угадывать номера на рулетке или предсказывать результаты футбольных матчей. Нет. Я хочу передать вам знание, благодаря которому вы обретете силу, с помощью которой будете влиять на окружающий мир и свою реальность. Ваше счастье, ваш путь, судьбу, вашу любовь. Хотите мистических и духовных откровений — пожалуйста, хотите, как Френсис Крик, увидеть что-то типа спирали ДНК и сделать открытие — извольте, хотите угадать результат футбольного матча — да без проблем! Сами решайте, что будете делать. Не делайте только плохого. Ведь я знаю всемирно известного человека, который утратил такую силу и такую власть, такую возможность сделать для людей хорошее, которой ни у кого не было давно. О нем и о том, как это происходит, — немного позже на одной из ступеней нашего восхождения.

Если анализировать те случаи, о которых я вам поведал, можно сделать вывод, что телекинезом я не обладаю. И не он послужил причиной того, что некими, пока не открытыми физикой и биологией, силами мне удалось повлиять на шарик и переместить его каким-то бессознательным способом в нужную мне ячейку в крутящейся рулетке. Не знаю, существует телекинез — возможность передвигать предметы усилием воли — или нет, скажу лишь то, что я такими способностями не обладаю, пока. Какое оптимистическое «пока».

Такой вывод мне приходится делать, исходя из того факта, что, когда я смотрел «Джентльмен-шоу», я сумел благодаря ингредиенту и настройкам мозга, которым посвящена Асентия, о которых вы узнаете в дальнейшем здесь на страницах, настроиться на некие волны, которыми пронизана Вселенная, зримый и незримый мир, на частоты, откуда черпал информацию, которая уже была озвучена. То есть я говорю о будущем. Сам не верю, что пишу эти слова. Знать о том, что дважды в одну ночь в казино будет зеро, и сказать текст ведущего из шоу, которое шло в записи и прошло через монтаж, я мог, только получив информацию, очень точную и достоверную, с места, где все эти события уже произошли и слова были сказаны. О телепатии речи быть не может так как электронная пневматическая рулетка не думает, а «Джентльмен-шоу» идет в записи, а не в прямом эфире. Единственное логичное объяснение — существует некое пространство, где события уже свершились, открытия уже сделаны, и оттуда при определенном состоянии и настройке мозга можно взять любую информацию. Быть может, число 28 я увидел перед своими глазами, когда обратился к неким высшим силам в детстве, не потому, что мне ответил кто-то конкретный, а потому, что информация пришла оттуда, где это событие уже случилось и мой отчим произнес ответ. Не хочу лишать воодушевленности и разумной воли все происходящее, но, честно говоря, я не знаю ответа на этот вопрос. Лишь констатирую факт, что это было, это возможно и у меня есть ответ, за счет чего.

Я писатель, мои книги совсем неплохо продаются. Не хочу себя нахваливать, чтобы не показаться заносчивым, я не такой. Я простой человек и люблю людей. Так вот, основное количество сюжетов моих книг мне приснилось. То есть это были полноценные истории с интригой, завязкой, развязкой, катарсисом, героями, ракурсами и локациями. На данном этапе у меня около 30 сюжетов, большинство из которых я увидел во сне. У меня не может быть такой ситуации, что я сел за ноутбук писать книгу и часами размышляю, что бы такое придумать и как это развить. Нет. Я сажусь и пишу без перерыва, ведь уже все знаю. Весь сюжет, всю историю. Я видел ее уже и даже пережил. Осталось лишь нанести черные строки на белые страницы.

Однако существует книга Рика Янси «5-я волна», по которой недавно в Голливуде был снят фильм с большим бюджетом. Сюжет данной книги, с основным крюком, который делает творение интересным, я придумал, когда был еще студентом экономического факультета главного университета страны, учась по специальности «международная экономика». Это было 19 лет назад. Мой сюжет и сюжет Рика Янси идентичны, и особенно тот самый крюк. Придумывая его, я не спал, а просто уходил в себя, будучи увлеченным созданием мира в своей фантазии, основой которого была история, рассказанная в фильме «5-я волна».

Ночью благодаря натуральным психоделикам, производимым нашим организмом, сознание путешествует туда, где нет времени, где все события — которые *были, есть и будут* — уже произошли. Там уже написаны все мои книги, там я уже слышал слова Олега Филимонова, когда он читал письмо телезрительницы, там я уже видел, как выпадет дважды зеро на рулетке. Быть может, так и делали предсказания Мишель Нострадамус и многие другие. Там Френсис Крик под ЛСД увидел спираль ДНК. Спросите тех, кто принимал ЛСД, как они ощущали время. После ответа вы улыбнетесь. Безусловно, Френсис Крик не мог не увидеть свое открытие там, ведь он был в месте, где оно *уже совершено*. Там можно найти ответы и обрести желанные озарения.

Выше я писал, что Никола Тесла считает разум приемником, который черпает идеи из некоего пространства, где все его открытия уже сделаны. Он утверждал, что берет все оттуда.

Я предупреждал вас, у нас все нити сойдутся. Когда речь идет о правде, так и должно быть.

Хочется вам соврать, что все это придумал я сам, но это будет неправда. Я лишь передаю информацию и со стороны вместе с вами удивленно с интересом наблюдаю, как все сходится и приобретает совершенный стройный вид. Возможность черпать, возможность влиять и менять, возможность подключаться есть у всего живого. Нужно лишь уметь это делать.

А теперь, золотые мои, пришло время конкретики. Пожестим!

Совсем недавно было опубликовано несколько исследований, одно из которых было проведено учеными из институтов США и Канады, в том числе из Йельского университета, результаты были напечатаны в научном журнале Cerebral Cortex. Умные люди в белых халатах, суетящиеся около сложного дорогостоящего оборудования, выяснили, где и как в человеке зарождаются духовные, религиозные, мистические ощущения и озарения. Результат, наверное, может разочаровать большое количество людей, свято верящих словам и смыслам, заключенным в религиозных текстах. Но я понять этого не могу, так как одно совсем не исключает другого, и никому не нужно преждевременно расстраиваться, прежде всего следует задуматься, какие огромные позитивные возможности это для человека открывает. Результаты исследования я перескажу вам максимально простым языком, так как некоторые медицинские термины многим будут непонятны, а для нас самое главное — смысл и выводы.

В человеческом мозге есть отдел, который очень важен и почти постоянно активен, так как он отвечает за отделение нас, нашего разума и тела, от всего окружающего. Благодаря ему мы осознаем себя в пространстве и не сталкиваемся с предметами. То есть именно этот участок мозга отвечает за понимание: вот я, а вот машина, которая едет

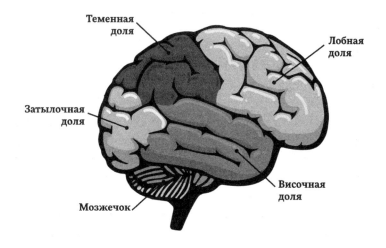

Теменная
доля

Лобная
доля

Затылочная
доля

Височная
доля

Мозжечок

в мою сторону на высокой скорости, и мне лучше отойти, чтобы сохранить жизнь. Вставая поутру с кровати, направляясь в ванную, да и на протяжении дня, до момента наступления сна, мы спокойно и комфортно чувствуем себя в окружающем мире, не сталкиваясь с многочисленными нашими собратьями, а также с углами, стенами и прочими окружающими предметами, именно благодаря активности этой части мозга. Я говорю о нижней теменной доле головного мозга (см. илл.).

Как мы с вами выяснили выше, когда сознание или душа в процессе сна либо из-за воздействия природных, созданных вашим организмом или искусственных психоделиков становятся менее контролируемыми нашим мозгом, то есть эго, и контактируют с незримым миром, время воспринимается иначе, цвета становятся ярче, чувства — острее и прекраснее, музыка — красивее. То есть выходит так, что, быть может, истинная реальность интереснее и насыщеннее, чем мы ее воспринимаем. Ведь наш порой несовершенно настроенный мозг имеет в себе огромное количество предохранителей, не позволяющих сознанию увидеть полную картину. Он постоянно отделяет нас от окружающего мира. Наше тело и наше сознание.

Правда, странно, что духовные эмоции, мистические озарения, ощущения чуда, трансцедентальный опыт не возникают в отделах, отвечающих за фантазию или мечты, например. А также из-за некоего сбоя в отделах, отвечающих за органы чувств и за возможные галлюцинации. Я говорю о центрах обработки зрительной, слуховой, обонятельной и прочей информации, находящихся у нас в голове. Нет. Сказка почему-то возникает в месте, где мы отделяемся от окружающего мира.

Почему? Думаю, ответ на это вопрос фантастически прост, и, как и прежде, у нас с вами вновь сходятся необходимые нити. Мне кажется очень существенным, что все важные теории сходятся не в области фантазии и эзотерики, а во вполне научных сферах.

Попадая в тело через мозг и нервную систему, сознание, как радиоволна, отделяется от общего энергетического или же информационного потока. Некоего океана волн. Тело и прежде всего мозг отделяют сознание, находящееся в теле, в том числе и благодаря нижней теменной доле головного мозга. И вот вам шок: глубокая медитация, глубокая молитва, психоделический опыт — все это подавляет активность нижней теменной доли мозга. То есть ваше эго меньше контролирует сознание, и мы можем заглянуть за преграду. Значит, духовное озарение, ощущение мистики и чуда — это возвращение вашего сознания в общий океан волн. Удивительно, насколько все просто. Фактически оделяющий вас от окружающего мира забор падает. Или же вы на время поднимаетесь по стремянке и заглядываете за забор. А там есть те или, скажем так, та сила, то нечто, что может и исполнять желания, и менять судьбу, и предоставлять нужную информацию. То есть буддистские монахи, йоги, молящиеся всех конфессий пытаются понизить активность определенного участка мозга, чтобы сознание соприкоснулось с незримым миром. Это стремление с чем-то или кем-то установить контакт. А что, друзья мои, представляют собой все молитвы: избави нас от лукавого, дай нам хлеб насущный, прости наши грехи, дай процветания, дай здоровья?.. Это прошение. Всегда прошение о какой-то помощи. Мы ведь говорим в книге, в том числе, об исполнении желаний, ведь так?

Есть среди аудитории моего ютуб-канала люди (их немного, но такие есть), которые, слушая меня, высказывают свое недовольство принятой информацией через вопрос. «Зачем ты это делаешь?», «Зачем уничтожаешь религии и бога?». Читая подобные вопросы в комментариях, я чувствую себя Александром Флемингом, обнаружившим пенициллин, который пытается дать погибающему от заражения крови пациенту лекарство в тот момент, когда на него недовольно смотрит пляшущий рядом шаман. Сволочь, не даю зарабатывать деньги на обмане. Да ничего я не уничтожаю. Наоборот, спасаю за счет объяснения сути взаимодействия. От того, что мистику объяснили и она стала понятна, она не престает быть мистикой. Я лишь даю действенные инструменты и говорю, как ими пользоваться. Берите, стройте. Получите ровно то, что хотите. Исцеление и помощь — мои основные цели. Разрушение лжи. А ложь способна разрушить лишь истина. Истину от лжи может отличить только реальный результат. Вот его мы и дадим.

Теперь мы с вами знаем тайну, как происходит так, что человек может влиять на реальность и получать ответы на вопросы, исполнять желания и менять свою судьбу через общение сознания с миром, словно находящимся за забором, ограничивающим нас от окружающей реальности. Теперь мы знаем, почему Френсис Крик, нобелевский лауреат, получил что хотел: ЛСД ослабил зону мозга, отвечающую за отделение «я» от окружающего мира, и мозг получил информацию, которую просил. Это научный факт. Точка. Мы знаем, почему Менделеев увидел периодическую таблицу химических элементов во сне. Ведь он нуждался в ней, и там он получил то, что хотел. Я слышал рассказ о том, что он был очень недоволен вопросом о таблице, увиденной во сне. Мол, над ней он бился всю жизнь и при чем тут сон. Однако именно так он сказал лучшему другу — художнику, который и распространил эту байку. Никто его за язык не тянул. Слово не воробей. Нужно думать, что рассказываешь даже друзьям, чтобы потом не оправдываться.

Что насчет Сальвадора Дали? Вот холст, вот кресло, в котором он сидел, в руках чайная ложечка, под ложечкой на полу блюдце. Дали садился в кресло, засыпал, ложка выпадала из рук, звон будил великого художника — и тот сразу рисовал. Даже объяснять не хочу, откуда такие психоделические образы, сделавшие чудака всемирно известным, на его картинах. После всего того, что я написал выше, становится понятным, где он был, откуда приносит свои ответы на вопросы и как обретает путь. Становится ясным, почему раньше были некие святые, делающие необычные вещи и предсказывающие будущее, а теперь их нет. Почему сохранились байки и легенды о гуру и монахах с Востока, умеющих многое, путешествующих по далеким мирам, творящих чудеса. «Почему» — может, и не самое корректное выражение в данном случае. Скорее, мы теперь знаем и понимаем, как, за счет чего. Что в этот момент происходит в голове и с сознанием. Именно поэтому в былые времена религия означала чудеса.

Именно поэтому существует исследование, гласящее: медитирующие люди более успешны и счастливы. Именно поэтому Тим Феррисс утверждает, что все миллиардеры из Силиконовой долины употребляют психоделики. Ну конечно же, они отправляются благодаря им в мир, где можно получить то, что желаешь, обрести свой путь. Хотя, если бы они не выбрали легкий путь, результат был бы значительнее и эффективнее.

Друзья, я могу продолжать писать об этом много часов. На каждое мое утверждение у меня всегда есть убедительное рабочее доказательство из нескольких источников. Думаю, обо всем более подробно мы будем говорить на личных встречах. В противном случае мне не хватит и десяти томов, чтобы рассказать все, что мне удалось открыть, узнать и обнаружить.

Теперь нужно задать неудобный, но важный вопрос. Если все так, как я рассказываю, почему сейчас те же медитирующие, молящиеся и прочие фантазеры не так уж и счастливы, а их надежды и мечты по всему миру не оправдываются и не сбываются? Почему торчки, жрущие галлюциногенные грибы по всему миру, далеки от того, чтобы стать предсказателями судеб, великими учителями и учеными, делающими глобальные и важные открытия? Ответ прост. Потому что невозможно понять, как работает лишь одно колесо, создать его, сесть сверху, ожидая, что тебя оно унесет вдаль с такой же скоростью и комфортом, как полностью собранные «феррари» или «роллс-ройс». Все хотят принять волшебную таблетку, посадить в землю волшебные бобы, сделать доску визуализации и сразу получить то, что хочется. Это не ко мне, а к лжецам и обманщикам. Система сложнее, и шикарные результаты на гоночной трассе показывают лишь первоклассные машины, каждую деталь которых создавали и настраивали самые талантливые, почти гениальные, инженеры и механики.

Помните философский камень — вещество, делающее все несовершенные материи совершенными, состоящее из сотен ингредиентов? Нам же необходимы будут лишь несколько, все они уже есть в нашем организме, в частности в мозге. И понимание того, как мы реализуем наши желания и черпаем информацию извне за счет воздействия на собственный мозг, это лишь первый, но очень важный элемент в процессе настройки вашего тела, мозга и сознания, для вашего абсолютного восхождения к тому, чего вы желаете. Я и сам пользуюсь данной дорожной картой для получения того, что хочу, для продолжения моего пути.

Асентия работает безупречно и четко. Доказательством этого является то, что сейчас вы держите в руках эту книгу и читаете эти строки. А ничего большего мне и не нужно в этой жизни, кроме как высказаться, быть понятым и прочувствованным. Хочу лишь рассказать все, что мне известно, и помочь многим людям. Чем больше их будет, тем лучше...

Когда я начал писать о нижней теменной доле головного мозга и об исследовании, обнаружившем, как и где зарождаются духовные и мистические переживания, мне пришлось совершенно не случайно написать: глубокая молитва и глубокая медитация. Это ключевой момент. Помимо этого, в человеческом организме способен накапливаться элемент, который, быть может, еще более важен, чем глубокая молитва и глубокая медитация, ведь без него все работает в разы хуже. С ним человек способен на чудеса, и падающие с высотных домов дети, в комнатах которых родители неплотно закрыли окна, удивительным образом выжившие, тому свидетели. Я знаю, что так происходит не со всеми, увы, и у этого тоже есть причина. Далее в книге вы найдете объяснения и доказательства по всем вопросам.

Сейчас же, в заключение 4-й ступени, я хочу сказать, что до меня этим путем прошли немногие и после меня будут те, кто пройдет его. Увы, этих людей слишком мало, и до появления этой книги процессы, проходящие при настройке сложнейшего механизма под названием «человек», не были описаны так подробно. Это всегда были лишь мелкие части огромного пазла или осколки красивого величественного витража. На каждой новой ступени мы с вами добавляем небольшой элемент к общей картине.

Исполнение желаний для каждого из нас, помимо труда, это еще и удача. Как показывает статистика, 90 % населения Земли удача не так уж сильно улыбается. Как я уже говорил, можно медитировать, молиться и заниматься аффирмациями до посинения. Если ваша нижняя теменная доля мозга при этом не уменьшает своей активности, все бесполезно. Для того чтобы это случилось, необходимо знать правильную технику вхождения в состояние, которое можно назвать глубокой молитвой и глубокой медитацией. Также практически невозможно достичь успеха в исполнении желаний без сосредоточения и накопления в вашей нервной системе, мозге и спинномозговой жидкости важнейшего элемента, которому посвящена данная книга. Но ответы на вопросы и способы, как это сделать в любом возрасте, есть.

Дело в том, что я, будучи маленьким ребенком, споря с отчимом на кухне из-за таблицы умножения, не медитировал и не молился в тот момент. Да и в казино и дома, смотря «Джентльмен-шоу», я ничего подобного не делал. А просто каким-то удивительным образом входил в это особое состояние. Теперь я знаю, что человек может находиться в этом состоянии, связи с ритмом реальности, со всеми аспектами реальности, видимыми и невидимыми, постоянно. В таком случае его жизнь станет необыкновенной и чудесной. Продолжая наше восхождение по ступеням учения Асентия, вы точно будете знать, как это сделать. Как все изменить к лучшему. Все ответы на вопросы впереди.

СТУПЕНЬ 5

Вы могли заметить, что на предыдущей ступени, рассказывая вам о реальных случаях чудес или о том, что каждый человек может делать, правильно настроив свой разум и тело, я практически в каждом случае говорил о страхе. Несмотря на очевидность необычности и странности происходящего, чего-то такого, что дает неоспоримое преимущество в реальном мире, мне все равно было тяжело и страшно принять помощь реальности и поверить ей. Я боялся или ошибиться, или потерять деньги, или показаться дураком, пускай даже самому себе. Человек — удивительное создание, и порой он может не верить даже самому себе. Ведь в чудеса и в абсолютную безошибочность интуиции, некоего шестого чувства, поверить крайне тяжело.

Я родился и рос психически здоровым ребенком, у меня не было воображаемых друзей и галлюцинациями я не страдал. А значит, закрыв глаза и увидев правильный ответ на поставленный вопрос моего отчима, пытавшегося доказать мое незнание таблицы умножения, я соприкоснулся с мистикой. Но в мистику я не верю или, скорее, то, что все именуют мистикой, таковой не называю. По моему мнению, реальная мистика — это еще не открытая наукой система взаимодействий субатомных частиц, разума и мозга. У детей, как я уже говорил выше, загадочная пинеальная железа, которую еще называют шишковидной,

90

расположенная практически в центре нашего мозга, работает на всю катушку. Шишковидная железа, как и гормоны, которые она вырабатывает, выполняет функцию контроля биологических ритмов человека, в том числе и сдерживая многие процессы. Детский мозг благодаря загадочной железе полон нейромедиатора мелатонина, который еще называют гормоном сна. С одной стороны, мелатонин сдерживает сексуальное желание, именно поэтому детям не до него, с другой — благодаря высокой концентрации в крови он делает наш детский сон великолепным, глубоким и крепким, а сновидения — яркими и незабываемыми. И неважно, плохой это сон или хороший. Молекула мелатонина практически такая же, как и у двух мощнейших психоделиков — диметилтриптамина и псилоцибина, вызывающих глубокие духовные и мистические переживания, а также видения. То есть детский мозг, если не подвержен влиянию физического или эмоционального насилия, различным травмам, практически постоянно находится в духовном трипе, самую малость пребывая в незримом мире, пронизывающем все вокруг. Происходит это благодаря тому, что задняя теменная доля мозга из-за полупсиходелика мелатонина менее активна. Это одна из причин, почему детская координация движений и ловкость не настолько хороши, нежели у взрослых. Детский мозг не до конца отделяет себя от окружающей реальности.

Простите, что я неоднократно повторяю одно и то же, но я хочу, чтобы вы понимали: нет никакой мистики. Точнее, у всего есть причина и схема. Если хотите, результат этих схем можете называть мистикой или чудом. Сам результат, смысл и суть от этого не меняются.

Когда я был ребенком и в самый нужный момент после запроса увидел с закрытыми глазами на черном фоне белые цифры 2 и 8, я глядел на четкое изображение двумя глазами. Значит, мои глазные яблоки здесь ни при чем. Вот

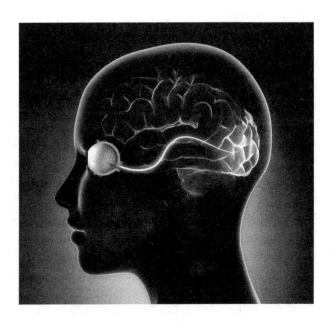

чем я видел эти цифры. Вот чем вы видите окружающую реальность каждый день (см. илл.).

Это, друзья мои, зрительная кора, являющаяся частью коры больших полушарий головного мозга. Именно она обрабатывает всю зрительную информацию, поступающую извне. И конечно же, она практически прилегает к задней теменной доле мозга. В общем, вы не можете ничего увидеть, никаких там цифр в любом возрасте, если нейроны головного мозга не посылают туда от глазных яблок электрические сигналы. Это бывает иначе, когда человек вследствие органических и биохимических аномалий мозга начинает видеть галлюцинации. Именно там видят их больные, в зрительной коре. Но я, повторюсь, в детстве, как и сейчас, не имел проблем с психикой и никогда не галлюцинировал. Тогда как я мог увидеть эти цифры, откуда взял их мой мозг в виде зрительного образа? Неужели когда-то мне было подвластно вызывать выброс нужной биохимии, снижающей активность задней теменной доли, благодаря чему возможно черпать информацию из мира, где все уже произошло и все ответы уже есть? Если ответ на вопрос о таблице умножения дал мне кто-то, чья воля разумна и осознанна, все равно сделал он то, что сделал, лишь через зрительную кору. Значит, ваш мозг и его настройки в вопросе чудес, духовности, мистики, откровений и желания того, чтобы мечты сбывались, — неотъемлемая важнейшая часть. Точка. Других мнений быть не может.

Как же хорошо я сейчас все знаю, как же хорошо все понимаю и объясняю, просто-таки разжевывая. Но в то время страх во мне был силен. И даже тогда, когда я все увидел своими глазами, не решился вслух озвучить правильный ответ и сделать в первый раз ставку в казино. Почему? Почему страх и сомнения так сильно душат нас и фактически просто лишают возможности получить то, чего мы хотим, а тем более судьбы и полноценного жизненного пути? Несмотря на то что в начале пятой ступени нашего восхождения я так много времени уделил строению мозга и тому, как он взаимодействует с окружающим миром, данная ступень будет и должна быть посвящена именно неуверенности, сомнениям, опасениям, одним словом, страху. Я планировал уделить этому вопросу больше внимания ближе к концу книги, на ступенях, где речь пойдет об остальных негативных чувствах, таких как ненависть, сомнения, тревога, лень, злоба, отчаяние и т. д. Ну уж нет, страх — это главная альтернатива всему хорошему. Главный наш тормоз во всем. Именно он та черная, злая, безжалостная сука, лишающая нас жизни, судьбы, любви, успешности и всего того, о чем мы мечтаем. ВНИМАНИЕ! СТРАХ — ОДНА ИЗ ОСНОВНЫХ ПРИЧИН ПОТЕРИ ОРГАНИЗМОМ ТОГО САМОГО ЭЛЕМЕНТА, КОТОРЫЙ СЛУЖИТ ГЛАВНЫМ ИНГРЕДИЕНТОМ УПРАВЛЕНИЯ РЕАЛЬНОСТЬЮ ВОКРУГ ВАС.

Ну а теперь, конечно же, чуть подробнее о страхе, о том, что это такое, как он нам мешает, и, главное, о том, как от него избавиться. Удивительно, страх и злость — два противоположных чувства. Это как если говорить о жертве и охотнике. Конечно же, это два разных персонажа. Это как победа и поражение. Однако у вашего страха и злобы есть названия страх — адреналин, злость — норадреналин. И похожи они не только по названию, но и по строению молекулы. А еще есть нейропептид холецистокинин, и это, друзья мои, ваша тревога. Лиши вас адреналина и холецистокинина — и ни страха, ни тревог у вас не будет. Других причин страхов и тревог у вас нет и быть не может. Но лишать вас и первого, и второго ни в коем случае нельзя, так как в стрессовых ситуациях все это спасает жизнь. При всем негативе, который мы испытываем, когда кровь наполняют эти вещества в большом количестве, они очень необходимы. Человек может их контролировать, и по крайней мере уменьшить концентрацию в организме, через управление поведением и желаниями, управляющими нами.

Цель страха — сохранить вашу жизнь и переместить вас в максимально безопасную обстановку. Вдумайтесь только, гормон стресса кортизол отвечает помимо прочего за накопление жиров и вызывает аппетит. То есть он вам как-будто говорит: «Эй, что-то какая-то опасная обстановочка вокруг, а вдруг завтра голод, давай поедим и накопим запасы на всякий случай». Адреналин кричит вам: «Беги, найди безопасное место, для этих целей я дам тебе силу, учащу сердцебиение и повышу давление, чтоб сердце ни в коем случае не остановилось!» Переизбыток холецистокинина вызывает панику, то есть панические атаки, а сейчас это настоящая эпидемия. Холицистокинин накапливается в организме из-за большого количества жирной пищи и неправильных жиров. Ох, как мне нравятся умники в интернете, ютубе и литературе, которые учат людей избавляться от панических атак, ни черта не зная даже о таком названии, как холицистокинин. Делайте что угодно, но, если вы неправильно питаетесь, получайте, и никакие суперпрактики и аутотренинги вам не помогут. Да, друзья, в Асентии волшебных бобов не будет. Только факты и результат имеют значение.

Так вот... Тревога вас предупреждает о неправильном питании, преизбытке вредных жиров и о том, что это путь к куче заболеваний. Еще один гормон, или, точнее, нейропептид, который вызывает очень неприятные ощущения, заботится о вашем выживании. Однако с такими помощниками и врагов не надо. Эй вы, гормоны, за мной тираннозавр не бегает и сейчас нет голодомора, тьфу-тьфу, не надо меня так опекать, вы не даете мне нормально жить и делать правильный выбор. Из-за вас, помимо прочего, я не могу настроить свой мозг так, чтобы в мою жизнь пришли возможности и сила все изменить. Слышите, что вам говорю, уважаемые читатели?! Вот вам еще один секрет. Когда мужчина берет на руки младенца, уровень его сексуальной агрессивной силы под названием «тестостерон» моментально падает, проламывая пол и некоторые подземные коммуникации. Почему? Потому что гормон нежности, верности, заботы и настоящей любви окситоцин его разрушает. То есть даже вся Вселенная, эволюция, источник и биология кричат психически здоровым людям, что дети — это про заботу и любовь, а не про секс. Мелатонин, как барометр, на это тоже указывает, ставя все на свои места. Однако нет, больные люди, тупые, эгоистичные чудовища все равно появляются. Но сейчас, к счастью, не об этом. Сейчас я говорю вам, что одни гормоны, одни нейромедиаторы разрушают другие и уменьшают их концентрацию в мозге и крови. То есть, мои золотые, тот, кто сомневается, боится, тревожится, благодаря, например, адреналину или холецистокинину никогда не повысит концентрацию в теле тех веществ, которые правильным образом влияют на мозг и открывают дорогу к счастью и чудесам. Правда, круто?!

Мы так уверенно, так упорно и старательно отделяем себя от тела... Забей, говорим мы друг другу, желая помочь справиться с плохим настроением, не думай об этом, соберись, радуйся и многое другое, совершенно не понимая, кто мы есть и откуда берутся все эти эмоции. Мое любимое, когда читаешь очередной суперважный интеллектуальный высер в инстаграме или слушаешь в ютубе очередного знатока-коуча или психолога: «Похвалите себя сегодня, сделайте себе приятно, любите себя». Да как? Как он или она сделает это, если там все настройки и биохимия на нуле. Твоих советов хватит на день, но, чтобы поддерживать себя в определенном состоянии, человек привязывается к коучу, и тот паразитирует на нем, как глист. Задача мастера, задача лекаря — вылечить, предотвратить, спасти и, главное, освободить. Передать знание и оставить в покое. Все эти советы — это будто яркие наклейки на машину, радующие человека всего полдня. Но машина все равно никуда не поедет, в ней все изломано и изувечено. В машине нет ни подходящих масел, ни омывающей жидкости, ни бензина, ни энергии, ведь аккумулятор ничего не накапливает уже давно. Нет ничего лучше, чем спасти искалеченную, красивую, гордую птицу и отпустить ее в нужный момент на волю. Как бы ты ни привязался к ней, нет ничего прекраснее полета. Ты ведь умеешь летать? Так не мучай ее, дай и ей ощутить чувство силы и свободы. Чувство что человек сам может творить, а не только употреблять сотворенное. Если не умеешь летать, займись чем-то другим и не обманывай людей. Пусть птица сама решит, когда ей необходимо к тебе прилететь на какое-то время, потому что она соскучилась по лекарю или ей нужен совет. Но в остальное время, если она не страдает и крылья ее не сломаны, птица счастлива и летает. Все, что ты можешь сделать после того, как вылечил ее, лишь научить летать выше и быстрее. Не заточать в клетку, а освобождать, это и есть Асентия — Восхождение. Учение, где нет учителя или лекаря, где все со временем становятся равны друг другу, каждый на своей вершине, и все вместе там, где людям хватит места рядом.

Тревога, страх, сомнения воруют ваше счастье, ваш путь, решимость и возможности. В основе всего этого стоит желание сохранить вам жизнь. Но никто не будет жить вечно. Конец жизни необходим и неизбежен, как и ее начало. Не нужно бояться того, чего не миновать, но нельзя и спешить. В основе наших гипертрофированных опасений стоит неизвестность и неуверенность, что есть продолжение. Забавно, как радиоволна беспокоится о том, что ее не станет. Этого не случится — она просто вначале возвращается к общему потоку радиочастот, после чего наполняет жизнью новый радиоприемник. Вот почему Вселенная и источник так заинтересованы в поощрении жизни и в процветании. Именно поэтому для источника так важно рождение видов и форм жизни, ведь потом радиоволны, которые создали и породили их, сами же их и наполняют. Так появляется реальность, так появляется бытие, жизнь и происходит ее осмысление. Не нужно бояться небытия, его не существует. Бойтесь пустой жизни, без любви, без созидания. Бойтесь существования, где страх показаться смешным, непонятным, отвергнутым лишит вас возможности открыть людям и себе ваш истинный путь, вашу счастливую судьбу. Где он лишит вас чудес через уничтожение биохимии и настроек, открывающих путь к ним. Всего боящийся трус создает в голове нейронные связи, остающиеся с ним на протяжении жизни, подавляющие выработку биохимии и возможность создать новые нейронные связи, которые могли бы вас и все вокруг изменить. Он или она сами загоняют себя в ловушку. Я часто слышу: «Я не уверенный в себе человек». Многие говорят: «У меня страх публичных выступлений». И так далее. Да нету в вас всего этого. Вы выработали уверенность в этом через создание связей, ставших просто как канаты с годами, из-за вашей же собственной поддержки этой неправды. Вы — птицы, сами поселившие себя в клетки. Но даже там страх, тревоги и неуверенность в себе не проходят.

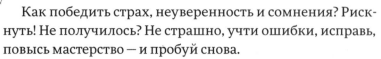

Как победить страх, неуверенность и сомнения? Рискнуть! Не получилось? Не страшно, учти ошибки, исправь, повысь мастерство — и пробуй снова.

До 29–30 лет я ни разу не знакомился на улице с девушками, которых видел впервые, с которыми не было общих друзей. Вся моя личная жизнь существовала через компании знакомых или работу. Просто с абсолютно незнакомыми представительницами слабого пола я не знакомился, потому что боялся отказа. Потому что это могло негативно повлиять на мою самооценку. В ЖОПУ САМООЦЕНКУ. Это такая же биохимия, как и прочая, манипулирующая мной, лишающая счастья, желая спасти жизнь. Да пошли они к черту, если нет чего-то угрожающего моему физическому здоровью, ничего бояться не буду.

Выйдя из длительных отношений, приведя мысли в порядок, я впервые в жизни рискнул познакомиться с девушкой. Она бегала по вечерам на стадионе недалеко от моего дома, и, когда я занимался там тем же, мне доводилось испытывать чувство симпатии и желания познакомиться. Как впоследствии оказалось, в прошлом она была гимнасткой и, получив травму, повредила какой-то нерв, поэтому одна ее нога была худее другой и слегка волочилась. Этот недостаток был незначительным, заметным лишь тому, кто очень пристально наблюдает за человеком. То есть мне, тридцатилетнему Ромео. Такая деталь придавала красивой девушке трогательности, и во мне боролись одновременно лошадиные дозы окситоцина и тестостерона, постоянно гасящие друг друга, хором говоря: «Рискни наконец, трус, потом жалеть будешь, если не попробуешь!» И я рискнул...

Теперь эта девушка — моя любимая жена, и у нас двое прекрасных детей. Наша семья живет в красивом белом доме на Лазурном побережье Франции.

Да уж, конечно, красивая история была бы. Все это неправда, кроме того момента, что, победив свой страх, я подошел к ней, познакомился, и мы ходили на свидание. Непринципиально, как все закончилось, это не имеет значения. Важно лишь то, что, переступив через сомнения и опасения, я победил. Я еще решил подойти и познакомиться с привлекательной особой и взять ее номер, и у меня получилось. И не только с ней. Сейчас у меня нет никакого волнения при знакомстве с любым человеком. Любым. Почему? Потому что один нейронный путь заменил другой. То есть в этом вопросе я теперь контролирую биохимию. Возможно ли эти страхи и сомнения убрать и в остальных, не самых решающих с точки зрения самосохранения вещах? Да, конечно, нет сомнений. Они лишь твое неправильно прокачанное эго, то есть мозг.

Хочу еще привести один пример, он очень важен. Я всегда был очень вербальным, то есть очень коммуникабельным, умел говорить интересно и содержательно в любой компании и почти на любую тему. Лет с 13–15 я начал мечтать говорить с людьми, в частности в больших аудиториях. Выступление и личное общение, пусть и одностороннее, когда люди видят эмоции, слышат тон, дают значительно больше, чем любой текст или даже видео.

Шел я к своим целям и их реализации долго и рывками. Тому была масса причин, и они неважны. Наконец-то в 2018 году пришло время выпустить мою первую книгу и, конечно же, провести презентацию. Через соцсети были разосланы личные приглашения многим людям. Моя сестра, будучи известным человеком, которого знают миллионы, решила пригласить телевидение и, что самое важное, они пришли. Три национальных канала.

Близкие друзья, молодые, любящие клубную жизнь, с массой знакомых, тоже пригласили людей. И вот зал, рассчитанный на 200 сидячих мест, заполнили 250 человек. Свет погас, освещена была только сцена, и журналисты, нацелив на меня камеры и мощный свет, записывали все происходящее. Друзья, я не смельчак, а такой же, как и вы, и оцениваю любую ситуацию с точки зрения ее неизбежности. Если можно избежать риска для жизни, избегай, если нет риска для жизни, делай, а то потом будешь жалеть, что не попытался. А я не хочу ни о чем жалеть. Лучше утратить шанс, рискнув, чем на старости лет сидеть и думать, был бы я счастлив, если бы тогда не испугался. Это не мой стиль. Для меня нет ничего хуже неуважения и презрения к себе за трусость.

И вот владелец издательства, где я выпустил свою первую книгу, немного поговорив с битком заполненной аудиторией, произносит мое имя. Знаете, что я, человек, никогда не выступавший до этого перед аудиторией, испытываю перед выходом на сцену? Испепеляющий страх, желание, чтобы меня застрелили, чтобы это все наконец закончилось; я чувствую ватные ноги, и ощущение, будто сейчас точно упаду в обморок. Если опозорюсь, я опозорюсь не перед десятью людьми, а перед полным залом и телеканалами, которые с удовольствием покажут в эфире какую-то мою неудачу. У меня даже на полном серьезе мелькала мысль: «Петр, зачем ты все это сделал? Продавал бы книжки молча в магазинах и интернете без личных встреч и жил бы себе спокойно». И я это говорю себе, мечтавшему с подросткового возраста общаться с людьми в больших аудиторах? Тьфу, стыдоба какая.

Я выхожу на сцену и забываю 70 % того, что запланировал сказать. Но говорю, несмотря на страх, сомнение и волнение. Где-то спустя 15–20 минут после того, как начал говорить, я замечаю невероятное. Гробовую тишину. Люди просто точно перестали дышать. В зале возник абсолютный вакуум. Они загипнотизированы. Им безумно интересно слушать, что говорят и как. Это, дорогой мой друг, одно из самых важных и решающих впечатлений в моей жизни. Его бы никогда не случилось, если бы я, как в ситуациях с отчимом или в казино во время первого знания, что выпадет зеро, испытал страх и сомнения и тревоги, как оно все будет, победили. Это всего пара примеров среди прочих, где, победив страх, мне удалось получить желаемое. Всегда ли я побеждал? Нет, но меня это волнует меньше всего, важно лишь достижение результата. И страх не будет препятствием этому, ни у кого. Ни у вас, ни у меня. Ведь он всего лишь заботящаяся о вас биология. Так давайте же поставим на место эту биологию и позволим ей говорить лишь тогда, когда наше сознание через мозг видит и понимает реальную опасность для жизни и здоровья. В остальных вопросах мы спрячем страх глубоко, через создание новых нейронных связей, преодолев его. Создавая привычку, шагая проторенной дорогой. Делая дорогу плотной, твердой, широкой и уверенной. Старая же просто перестанет существовать. Почему? Да потому что нейронные связи без электрических импульсов умирают так же, как и парализованные мышцы, которые не снабжают электролитами нервные окончания. Шах и мат, эмоции. Шах и мат, биохимия. Мы научимся вами управлять, потому что мы знаем, как это делать. Это не волшебные бобы, а реальная схема.

Без подавления страха и сомнений, которые, по сути, конкретные вещества, мы не сможем накапливать в теле, мозге, нервной системе и спинномозговой жидкости элементы, вызывающие состояние, приводящее к ослаблению активности задней теменной доли мозга и не только. Конечно же, Асентия после теории перейдет к практике и расскажет вам, как через конкретные манипуляции с едой, веществами, режимом дня и многими другими действиями и вещами влиять на ваши негативные эмоции, подавляя их. Асентия бережно держит вас за руку и продолжает восхождение вместе с вами. Страх и сомнения никогда не исчезнут полностью, но это и не нужно. Чтобы полностью от них избавиться, необходимо прекратить естественную секрецию конкретных гормонов вашего тела. А это значит серьезный сбой в его работе, то есть болезнь или инвалидность, нам этого не нужно. Просто остального станет больше.

Страх, сомнения, тревоги — это вы, ваше тело, ваша личность, но они подчиняются вашему сознанию, а не наоборот. Мы просто поставим все на свои места. Чего-то должно быть в нас больше, конечно же, хорошего, чего-то меньше, неприятного, но иногда нужного.

Вы же помните, вы настраиваете автомобиль, его дизайн, ходовую часть, интерьер и программное обеспечение. Именно сейчас мы понемногу это делаем. У вас, бесспорно, все получится, так как вам известно и будет известно больше, как все работает. Примите страх, знайте, из чего он состоит, и выделите ему конкретную маленькую часть, которая ему и полагается. Он не может и не должен помешать вам, настройке тела и мозга, которые вот-вот узнают об элементе, меняющем жизни и делающем все конструктором, которым интересно манипулировать, создавая новое. Слушая страх и сомнение, это биологически и эмоционально невозможно. Значит, в нас с вами и, в частности, во мне, их станет значительно меньше. Это безальтернативно. Будет только так.

СТУПЕНЬ 6

Каждый день со всех сторон большие и не очень псевдоспециалисты в разных областях, на разных языках, в соцсетях, книгах, во время выступлений и т. д. мечтают научить каждого, кто попадется им на глаза, успеху. Желают сделать свою аудиторию идеальной, счастливой и мотивированной. Лично мне, человеку далекому от «индустрии личностного роста», трижды попадались люди, не достигшие ничего в этой жизни, которые в глаза с улыбкой уверенно говорили: «Ты знаешь, я умею очень хорошо мотивировать и хотел бы этим заниматься». Еще раз повторю, это мне говорили люди, совершенно ничего не представляющие собой, интеллектуально, эмоционально, социально и, ладно, черт с ним, материально.

Ох, как мне нравится изречение: «Если ты такой умный, почему ты такой бедный?» Во многом оно правдиво. Однако в не очень справедливом мире, где люди не имеют равных возможностей и условий, данное изречение терпит тотальное фиаско. В нынешней реальности вопрос мотивации и успешности как следствия мотивированности вышел на первые места по причине пустоты носителей сознания. Тот, кто познал любовь, тот, кто любит своих детей, родных, близких, мужчину или женщину, тот, кто прошел через адскую физическую боль и видел болезненную смерть, очень хорошо мотивирован и знает, что есть успешность.

Конечно, когда нас окружают картинки, наполненные красотой и комфортом, в которых нас нет, кажется, что весь этот комфорт, а также внешняя красота и есть счастье, успешность. Наверняка, оказавшись среди всего этого, когда эти составляющие станут нашими, мы тоже обретем счастье и наконец скажем: «Я успешен». Однако есть люди, для которых некое клише всеобщего счастья и мотивации не имеют никакого значения. Нужно сказать правду, один из этих людей я. При этом мне тоже свойственно желание окружить себя комфортом и уверенностью в завтрашнем дне, что дает спокойствие творить и создавать, не испытывая тревоги. Однако все это не имеет значения.

Если мы возьмем население Восточной Европы, Азии, Африки, многих стран арабского региона и Южной Америки, а это 95 % населения Земли, для них, несмотря на всю глубину философии и бренности бытия, успех и счастье ассоциируются со вполне конкретными вещами. Хороший дом, машина и банковский счет. Любовь и здоровье — они считают, что при наличии денег смогут себе это купить. Так, конечно же, думают глупые люди, у которых не было ни денег, ни любви, ни успеха. Мир, бо́льшая или даже подавляющая часть человечества, в поисках универсальной формулы, способной предоставить человеку возможность оказаться в картинке, являющейся общим образом успешности. Это прежде всего окружающий комфорт определенного уровня и достаточное количество денег. Деньги для многих — это материализованное спокойствие в завтрашнем дне. Но это во многом неправда, и ничего с этим не поделать.

Так давайте же наконец попробуем, оказавшись на шестой ступени нашего восхождения, выяснить, что такое настоящий успех, счастье и какая мотивация самая эффективная. Ведь многие так стремятся это понять. Желают найти ответы на эти вопросы — составляющие некой универсальной формулы, которая обязательно поможет стать частью картинки, на которую у 97% населения Земли капают слюни.

Знаете, что означают слова ВСЕ СЕМЬИ СЧАСТЛИВЫ ОДИНАКОВО, А НЕСЧАСТЛИВЫ ПО-СВОЕМУ? Они означают, что картинка счастья со стороны всегда одинаковая, а вот несчастье очень персональное и разное. Здесь, в нашей книге, я уже не раз упоминал нейроны и нейронные связи, о них мы еще поговорим позже, однако об одной из разновидностей этих загадочных структур мы поговорим уже сейчас. Для того чтобы не слишком нагружать вас научными терминами и изысками, все скажу коротко и просто.

Совсем недавно, в начале 90-х годов, несколькими учеными-нейробиологами были обнаружены и описаны так называемые зеркальные нейроны. Это такие клетки, которые отвечают за адаптацию детеныша и возбуждаются при выполнении какого-то действия или наблюдении за действием. Вот видит, например, группа детей, как один из их друзей кидает камни в бомжа, и тоже начинает делать так же. Или когда один из них гладит кошку, остальная малышня поступает аналогично. Один чиновник знает, что все его коллеги воруют, и он решает, что это нормально. Все в определенной компании нюхают кокаин, и тот, кто этого никогда не делал, вдруг решает попробовать. Телевидение, интернет и какие-то суперактивные люди с большой аудиторией транслируют ей свои мысли, делают определенные заявления, повторяют одни и те же вещи по сто раз. И вот у зрителя, слушателя или читателя срабатывают зеркальные нейроны — и мы принимаем некое действие и убеждение как свое. Это касается и успеха, и счастья. Всего, что существует в этом мире, чему мы становимся свидетелями. Именно так появляется фашизм и концлагеря, в которых никто даже не пытается устроить бунт. Так появляется всеобщая наркомания. Так мы учимся заниматься извращенным сексом, как в порнофильмах, в которых якобы всем очень хорошо (а мне почему-то не очень во время обычного акта с женой или мужем). Поэтому многие современные дети не хотят быть химиками или физиками, а мечтают быть известными певцами, актерами, тиктокерами и ютуб-блогерами. Ведь о науке — интересном, необычном, правильном, нужном занятии — им толком никто не рассказывает. «Сейчас мы будем делать очередной супертупой челлендж», — говорит людям их безмозглый интернет-герой, и вот все дети и молодые люди поступают так же. За все это отвечают зеркальные нейроны, но их эволюция и Вселенная создала для того, чтобы нам было легче адаптироваться к окружающему, постоянно меняющемуся пространству, учась друг у друга *полезному*.

Через зеркальные нейроны человеческий мозг строит нейронные связи, которые с годами становятся крепче, делая нас самими собой. На самом деле далеко не многие могут противостоять процессам и влиянию извне. У меня очень мало знакомых, а точнее их практически нет, кто хотел бы чего-то в жизни из ряда вон выходящего. Живя в современном обществе, мы прекрасно представляем, что нам надо, зачем и для чего. Но если задуматься, то можно выпасть в мутный осадок от мысли: мы себя настоящих, незагрязненных социальным заражением просто не знаем. Мы не знаем, чего бы на самом деле захотели при равном доступе всей информации к нашему мозгу. А ведь получается так, что в социуме есть максимально активные люди, чьи нейронные пути, сформированные за счет зеркальных нейронов, настолько окрепли, что они собственные неправильные и ложные со всех точек зрения убеждения передают всему миру. Можно предположить, что их много и говорят они часто и громко при поддержке всех существующих информационных инструментов, таких как соцсети, телевидение, радио и многое другое. Не знаю, как вас, а меня подобное чертовски пугает. Так как я, несмотря на свой бунтарский характер, быть может благодаря зеркальным нейронам, получил извне некое понимание о жизни и о людях, которое может оказаться в корне неправильным. Именно поэтому я стал копать столь глубоко, желая найти абсолютные маркеры, свойственные всем видам и явлениям во Вселенной, отвечающие на вопрос, что правильно, а что — нет. Не существует ни одной галактики, чья форма возникала бы вне некой плоскости. Будь то спиральная галактика или эллиптическая, она никогда не будет трехмерной и объемной, кубической, пирамидальной или шарообразной. Никогда. И это маркер... Абсолютный, стопроцентный. И Вселенной, как и источнику реальности, все равно, что думает по этому поводу гомо сапиенс. Таких маркеров миллионы. Это бесконечно радует, так как появляется вшитый в базовую материю реальности третейский судья, ставящий все на свои места. Если форма галактики меняется, приобретая аномальный нестандартный вид, значит, происходит или происходил страшного масштаба разрушительный катаклизм, например столкновение двух галактик.

Конечно же, у счастья и успеха есть правильные и абсолютные определения и маркеры, указывающие на них. Маркеры, не зависящие от обманывающих нас порой зеркальных нейронов. Как повезло людям, чьи родители были полны любви к собственным детям, и благодаря этому мы получили немногочисленных особей, чье понимание реальности и принципы не загрязнены социальным заражением. «Полны любви к детям» — важное замечание, так как любовь сильнее нейронов и любых негативных социальных явлений. Она все делает понятным и ставит на свои места, будто родниковая вода, очищая и делая прозрачным. Но так повезло не всем. Мы никогда, наверное, уже не узнаем, стал бы человек с супергенетической предрасположенностью с фамилией ЧИКАТЬ-ТИЛО тем, кем он стал, если бы не видел, как во время голодомора съели его брата. Насколько известно, в его жизни случались эпизоды каннибализма.

Молодой человек, устроивший стрельбу в собственной школе в Керчи, убивший там массу подростков, был облачен в белую футболку с надписью «Ненависть». В такой же футболке были двое, устроившие стрельбу в школе Колумбайн в США, штат Колорадо. В следующий раз, когда какой-то умник будет вам рассказывать, что телевидение, интернет, школа и окружение не влияют на формирование личности и на принятие решений, шлите их на... Подобным умникам просто не попадался специалист высокого уровня в этих вопросах.

Мы копируем окружающий мир все время, пока бодрствуем. Мы и есть его копия. Наш мозг — зеркальное отражение всего, что мы пережили за долгие годы жизни. Хорошо, если вы видели красивое, правильное, настоящее, нужное и, главное, не навязанное. Но наше сознание каждый день насилуют гигантские информационные машины, порожденные неправильными нейронными связями, созданными через зеркальные нейроны. Как в таком мире человек может быть уверен в том, что такое счастье и успех?! Безусловно, он не может знать, что такое правда и кто он такой на самом деле, когда его не любят, не поддерживают, не ценят и бережно не направляют с самого детства, показывая личный пример и счастья, и успешности. Как же много вам хочется рассказать, перепрыгивая через главы и смысл. Ох уж этот пламенеющий темперамент! Но обо всем по порядку — о мотивации, успехе и счастье. Что это такое на самом деле и как отличить подделку от настоящего.

Итак, вот еще один секрет, о котором в книге мы поговорим позже. ГАРМОНИЯ — ГОРМОН и Я. Я вам тут почему-то уже несколько десятков страниц рассказываю о каких-то непонятных нейромедиаторах, то есть гормонах, а тут на тебе — все уже закодировано в главном слове, отображающем счастье, да и успех тоже. Но всему свое время. Сейчас человек, которого почти ничто не мотивирует, который живет без этой самой мотивации, но почему-то постоянно идет вперед и упрямо достигает поставленных целей, то есть я, постарается наконец рассказать прежде всего о том, что помогает ему достичь успеха и что заставляет идти к цели, преодолевая все преграды, несмотря ни на что.

Я верю в рождение, смерть и время между этими беспрерывными, повторяющимися по желанию процессами. Ничто так сильно меня не мотивирует, как смерть. Думаю о ней каждый день, как и о рождении, жизни и времени. Знаю и понимаю, что нет ничего вечного, более того, меня это... безумно радует. Есть лишь непрерывный процесс, у которого есть точка под названием 0, она характеризуется полной потерей всей накопленной информации, которую необходимо добыть вновь. И это прекрасно, ведь нет ничего лучше, чем впервые погрузиться во вселенную Гарри Поттера, впервые целовать любимого человека или впервые обнимать своего ребенка. Именно поэтому смерть так же необходима, как и рождение. Мне не нравится это писать, но часть меня осознает благо *невечности*. В вечном мире нет ни любви, ни несчастья. В вечности нет потерь и нет нового. Сейчас мне нужно остановиться, так как то, о чем я пишу сейчас, очень глубоко, думаю, в этой книге говорить сразу обо всем просто не стоит. Нашему «я» нужно окрепнуть, и потом мы пойдем дальше. А пока необходимы конкретные результаты и конкретные данные в процессе нашего восхождения.

Мое физическое бытие закончится, в какой-то момент человека по имени Петр Крыжановский не станет. Я, конечно же, ни в коем случае не тороплюсь, но и не хочу пускать слюни в возрасте 120 лет, не понимая, что вокруг меня происходит и когда это, мать их так, наконец-то закончится.

Несмотря ни на что, я очень трезво осознаю, что когда-то меня не станет. Так было со всеми до меня, будет во время меня и будет после меня. Неважно, какой конкретно радиоприемник наполнит собой осознающая «радиоволна», будет это целая галактика или микроб в отходе продуктов жизнедеятельности помойной собаки, это будет происходить постоянно. Я через это уже проходил и пройду снова. Важно другое. Самый ценный ресурс в материальной оболочке, которой свойственны процессы деградации и трансформации, — это время. Время систематизирует и является единицей измерения преобразований материи и энергии. Вне материи и энергии времени не существует.

Именно благодаря этому понятию времени и тому, как я его ощущаю, наполняя своим сознанием мозг и нервные ткани тела, мне довелось пережить столь прекрасные моменты в жизни. Думаю, поэтому они навсегда останутся в качестве воспоминаний, которые вновь и вновь можно пережить в мире, где все уже случилось.

Однажды, после разрыва с любимым человеком, я очень сильно переживал. Меня пугало, прежде всего, что больше не получится пережить нечто настолько окрыляющее и вдохновляющее... Я был уже взрослым и, положив маме голову на колени, я почувствовал, как ее немолодая рука гладит меня по голове, бережно касаясь волос. Моя мама — чудесный человек, который не сильно меня поддерживает, так как не считает, что супермена и сына маминой подруги, который вдруг оказался ее сыном, вообще надо поддерживать. «Иди своим путем — и у тебя все получится», — говорит мне она. Но тогда, увидев, как ее сын весь разрывается изнутри и с трудом дышит, вдруг произнесла, продолжая гладить мою тревожную глупую голову:

— Сынок... Жизнь каждому из нас припасла свой кусочек счастья... И твой ждет тебя впереди.

Мама сказала это столь проникновенно и с такой любовью, что нечто зародилось во мне, породив веру в будущее счастье. И вскоре я именно благодаря этому смог пережить ту боль и тот тяжелый период, окрепнув и став лишь сильнее.

Меня мотивирует ускользающее время, которое у меня есть рядом с моими любимыми. Меня мотивирует то, что этому миру я так и не сказал самого важного, чего хотел. Меня мотивирует мой потенциал и возможность помочь значительно большему количеству людей, чем я пока помог. Меня мотивирует факт, что мир — это лишь пластилин, который в теплых опытных руках превращается в материал для любого строительства. Меня мотивирует осознание того, что однажды я сдохну и мои кости будут валяться в земле, как и останки миллиарда людей до меня и после. Я не выйду из этой игры живым, так почему бы не попробовать сделать все то, что хочу? Разве это непонятно? Тем более что многое из задуманного уже сделано — и получилось совсем неплохо. Многие довольны. Что ты теряешь? Да ничего... и в принципе никогда.

Нет ничего приятнее и интереснее результата и момента, когда с ним знакомятся люди. На пути к цели обычно я не испытываю вдохновения и мотивации. Мне наплевать на них. Время ускользает, а мне надо еще многое сделать для себя и для тех, кого люблю. Создавать и менять, не обращая внимания ни на что, ведь в итоге все закончится одинаково, как и было до этого. Я просто обязан оставить для самого себя зацепки в этом мире, сделать его лучше и комфортнее, чтобы вновь после рождения двинуться дальше, стремясь найти ответы. В жизни мне довелось пережить массу прекрасных и ужасных моментов, но ни один из ужасных и тяжелых, депрессивных моментов не смог по своей силе и мощи перекрыть хотя бы 10 % хороших мгновений. Поэтому в ж*пу хандру и уныние. Не можете от них избавиться? Пусть сидят рядом и смотрят, как вы продолжаете что-то делать. Результат их окончательно уничтожит. Уже много лет мне не приходится испытывать никакой мотивации и вдохновения, когда пишу тексты книг, теперь для меня это работа. Я должен ее сделать, до конца и хорошо. Должен выполнить в максимально сжатые сроки, ведь время — самый важный ресурс, когда ты материя. Мне нужен результат, все остальное на его пути —

чепуха. Это моя жизнь. Не помню предыдущей, не знаю будущей, значит, нынешнюю использую на полную катушку, и буду пить ее жадными глотками, как свежевыжатый сок в жару, стараясь создавать что-то полезное и нужное, умиротворенно любуясь результатом. Так получается каждый раз. По пути буду заботиться о тех, кого люблю, ведь они подарили мне столько тепла и счастья. Буду стараться дать им по максимуму, что могу. Ведь рядом с ними, да и вообще, мое время закончится. Далее будет нечто иное, и я не буду помнить мой нынешний путь. А потом я сяду и прочту книгу «Восхождение». И эти слова и знание, которое я почерпну оттуда, мне покажутся очень разумными и интересными. И вот ты вновь хочешь понять, в чем смысл, и отыскать формулу своего восхождения. Ты разве еще этого не понял, друг мой? Это ты, тот или та, кто читает эту книгу сейчас, оставили все зацепки для самих себя, чтобы получить правду, которая ведет вас через время и через рождения. Без вас ничего не получится. Так что берите себя в руки! Цените каждую секунду самого драгоценного ресурса и делайте что-то. Пока ты дышишь, ТЫ МОЖЕШЬ ВСЕ ИЗМЕНИТЬ.

Как все красиво написано и очень даже эмоционально. Может, даже кому-то поможет. Однако главная составляющая мотивации — это гормон счастья, нейромедиатор серотонин. У современных людей с ним очень плохо. Поэтому помните, что бы я или какой-то суперкоуч или тренер вам ни рассказывали и как бы ни мотивировали, все напрасно, если уровень серотонина у вас на нуле или низкий. Точка, когда психотерапия не помогает и на помощь приходит психофармакология, это, друзья мои, нейрофизиология. ИМЕННО ПОЭТОМУ ГАРМОНИЯ И МОТИВАЦИЯ — ЭТО ТОЖЕ ГОРМОН и Я.

Что бы вы ни делали, никогда человек не отделит свою психологию и мировосприятие от своего мозга и тела. Значит, если мы хотим двигаться вперед, нам нужно менять себя не только снаружи, то есть наши взгляды на мир, но и внутри, нашу внутреннюю вселенную и галактики. Современные вселенные внутри человека благодаря зеркальным нейронам и тоннам информационного мусора, скармливаемого каждому из нас, выглядят так себе. Знания сейчас не важны, истинная суть вещей не имеет значения, кто ты такой на самом деле, никому неинтересно. Такая система может лишь порождать всеобщее тотальное несчастье. Это сейчас и происходит. Причина тому — желание из лживой информации извне соорудить внутри себя галактики в виде куба или пирамиды. Да не бывает такого. Если это происходит, значит, они разрушаются и ты сам несешь ответственность за это, за мир внутри и снаружи себя.

Итак, мотивация — это ГОРМОН и Я, а также понимание, что время нужно использовать, чтобы созидать и менять собственную жизнь к лучшему. ЗАПОМНИ, ЧЕЛОВЕК, СУТЬ РЕАЛЬНОСТИ — ПОЗНАНИЕ СЕБЯ, ЛЮБОВЬ, ГАРМОНИЯ И ИСЦЕЛЕНИЕ. Если ты вне этих составляющих, если вне этих составляющих любой вид, он погибает, а вместе с ним и его мир.

Теперь, мой дорогой друг, пришло время поговорить о том, что же такое настоящее счастье и успех. Эх, боюсь показаться банальным, но и эту часть начну со слов ГАРМОНИЯ — ГОРМОН и Я. Гормон, а точнее нейромедиатор серотонин, напрямую связывают с ощущением полноценного постоянного счастья, а также с мотивацией двигаться дальше по жизни и достигать поставленных целей. Низкий уровень данного гормона у вас в организме приводит к депрессии, то есть к несчастью. «Депрессия» на самом деле страшное слово, ведь когда речь идет не о легкой хандре, а о диагнозе, то это, внимание, причина 50% попыток суицида среди больных. Сейчас депрессия — самая распространенная психическая болезнь и, что самое страшное, наиболее быстрорастущая. Без преувеличения можно сказать, что в настоящий момент наблюдается просто-таки эпидемия депрессии и цифры жутким образом увеличиваются, вследствие чего фармакологическая индустрия, выпускающая антидепрессанты, процветает. Это естественно, ведь человек несчастлив. Он даже и не представляет себе, что это такое. Он смотрит на самодостаточных соседей, на радостную молодежь, на телеэкран или экран смартфона, где все так ярко, красиво и весело, что все вышеперечисленное якобы и должно быть тем самым счастьем, которое он ищет. Наверное, конкретному одинокому гражданину следует зарегистрироваться в соцсетях, делать такие же фото, как у их пользователей, покупать вещи, показанные в рекламе, заниматься сексом, как в порнофильмах, ведь там вроде все довольны и счастливы, словом, стремиться ко всему, к чему стремятся все, — и тогда он будет счастлив. А еще непременно нужно поехать на отдых. Там точно все становятся счастливыми. «Слышь, ты, кретин, — говорит реальность человеку, — от себя не убежишь, и от низкого уровня серотонина и зеркальных нейронов, которые формируют в тебе десятилетиями неправильное представление о себе и мире, ты никуда не уедешь. Это всегда будет в тебе. Но самое жуткое, ты не поймешь этого. Так как зеркальные нейроны, сформировав нейронные связи, убедили тебя в том, что это и есть ты и твои желания». Простите, что я снова об этом. «Но, эй, — говорит тебе информационное перегруженное дерьмом поле, — ты можешь быть кем захочешь. Самовыражайся, будь собой». Но как мы все будем самими собой, если нас с самого детства практически нет. Я показывал вначале фото маленького улыбающегося ребенка в утробе матери. Вот мы какие, когда мы являемся самими собой. Тебе внушили, что галактики внутри тебя могут иметь хоть форму додекаэдра, все равно ты будешь счастлив. И вообще, там могут быть и не галактики вовсе, там может быть банан. Хочешь быть бананом, будь. Это же тотальный и очень жестокий развод.

Ни одно персиковое дерево не дает яблоки, или арбузы, или утюги. Оно вообще не решает, какие плоды ему создавать. И персиковые сады во время цветения прекрасны. Если какое-то дерево не приносит плодов, оно заболело, оно умирает. У человека с точки зрения выбора пути, определения персонального счастья нет выбора между розой и атомной электростанцией. Существует выбор лишь между розой и гвоздикой. Почему, если все реакции на внешний мир, все процессы метаболизма, вся биохимия организма у всех человеческих особей одинаковы, варианты счастья и успешности должны быть у всех свои? Что за чушь! Не хочешь считаться с правилами, ритмом Вселенной и источника реальности, неси ответственность через несчастье и депрессию. Как известно, незнание законов не освобождает от ответственности. Повторяю, мне тоже многое не нравится из того, что заключено в истине. Пока я работал над поиском ответов, я «скандалил» со знаниями и фактами, спорил, не принимал их, злился. Но потом все равно принимал их, ведь Вселенная — это не только я или то, как мне кажется, все работает, это одинаковые правила, физические и прочие законы для всех — и для опарыша, и для бога. Прими их или будь несчастлив.

Хорошо, что мир флоры многообразен настолько, что ни один человек, живущий на планете Земля, не увидит своими глазами все существующие цветы. Так и у твоего счастья много путей и оттенков, но, выражаясь образно, выбирать, как и все виды во Вселенной, у которых есть их предназначение, ты можешь лишь среди цветов, а не между молотком и оранжевым. Пока человек не примет эту базовую конституцию, он будет платить надвигающейся жуткой по своей сути эпидемией несчастья и одиночества, вслед за которой придет и всеобщее уничтожение, как нет будущего и у персиковых деревьев, которые вдруг или не хотят приносить плоды, или хотят, чтобы на их ветках созревали камни.

Высокий, не запредельный уровень серотонина, окситоцина, тестостерона, мелатонина и других гормонов делает человека счастливым. Задайтесь вопросом, когда, при каких обстоятельствах в организме растет уровень такого нейромедиатора, как серотонин. Встреча с друзьями, прослушивание любимой музыки, заинтересованность в чем-то, хороший фильм, книга, или любое ремесло, ощущение любви к кому-то, когда человек по-хорошему дурачится... То есть даже не я, а Вселенная, очередной раз давая каждому человеку тяжелым веслом по голове, говорит: «Будь собой, загляни внутрь себя, ты поймешь, что такое счастье». Вот к чему нужно стремиться. Ибо во время конкретных дел, которыми ты занимаешься, у тебя вырабатывается нейромедиатор, разливающийся по телу молекулами, делающими твое состояние потрясающим. Как еще нужно это объяснить, чтобы все стало понятным?

Тебе становится хорошо не потому, что к тебе приходит счастье, а потому, что ты приходишь к счастью. Ножками. То есть это процесс, и, следует сказать, сложный. В нем участвует твоя внутренняя вселенная и галактики, которые нужно настроить правильно, как ты захочешь. Выбор большой. Это как в космосе: нет одинаковых галактик по количеству звезд и их расположению, но все они прекрасны.

СЧАСТЬЕ ЧЕЛОВЕКА В ЧЕЛОВЕКЕ. Смирись и прими это. Мы нужны друг другу. Ничто не дает человеку такое количество природного собственного серотонина, как другой человек.

Вдумайся только: нейромедиатор, отвечающий за любовь, это еще и гормон верности. То есть если ты рядом с верным другом и подругой, с которыми ты давно вместе, у тебя растет уровень окситоцина. Вы прогуливаетесь или сидите где-то, отдыхаете, пьете вино или пиво, смеетесь и поддерживаете друг друга. Количество гормона истинной любви и верности возрастает, и, конечно же, вы счастливы, ведь возникает ГАРМОНИЯ — ГОРМОН и Я.

Важно все, все детали, каждая составляющая в дизайне человека, внутреннем и внешнем. Иначе счастья, некоего абсолютного и большого блаженства, не будет. Именно поэтому неправильно в решении проблем отделять сознание от тела, а тело — от сознания. Только работая над всем вместе, можно достичь успеха. Тело каким-то странным образом лучше знает, когда мы счастливы. События, моменты, явления, где есть приятные нам люди, где есть понимание и согласие, где есть нечто новое и интересное, влекущее, порождающее желание понять это и разобраться, делают нас счастливыми. Все ответы пред вами, только копните глубже.

У меня очень много богатых и обеспеченных знакомых и друзей с большими связями, среди них есть и близкие. Когда слушаешь, как они рассказывают о своих проблемах и о том, насколько им плохо в ежедневной жизни, понимаешь: ничего из того, чем они обладают, не делает их счастливыми. Кто-то скажет, что быть несчастным на яхте и быть несчастным, засыпая в картонной коробке под мостом, это разные вещи. Да, это так. Однако даже на дорогих яхтах или в шикарных особняках люди иногда кончают жизнь самоубийством, а порой принимают наркотики так же, как это делают обитатели грязных убогих подвалов и подворотен, и напиваются алкоголем столь же сильно и безобразно, как и нищий алкоголик в маленькой комнате общежития, где на стенах нет даже обоев.

Вы знаете, что молекула спирта всегда одинакова, независимо от того, из чего вы этот спирт гоните? Будь то нефть, древесные опилки или пшеница, молекула спирта, та самая, которая дает нам ощущение опьянения, на выходе всегда будет одинаковой. А значит, миллиардер, смакующий «Шато Лафит Ротшильд» 1947 года, и бомж, глушащий боярышник, испытают одинаковое опьянение благодаря идентичной молекуле спирта. Еще неизвестно, кто после этого умнее. Тот, кто, спиваясь, тратит огромные деньги на эксклюзивный алкоголь, или тот, кто давно понимает, что разницы никакой, ведь итог один. Что это значит? Это значит, что вещи, интерьеры, места и вещества, потребляемые извне, не могут сделать нас по-настоящему счастливыми. В лучшем случае им это удастся сделать лишь на короткий срок. Как я уже писал ранее, человеку нужен человек. Наше счастье в близких нам людях, разделяющих наше мировоззрение, тех, кто лучше нас, к кому мы могли бы тянуться, в тех, кто вызвал в нас реакцию биохимии, тех, кто вдохновил. И тому есть много примеров. Быть может, их недостаточно много относительно всего человечества, однако примеры есть. Стоит лишь, например, прочитать переписку влюбленных сто- или двухсотлетней давности. Когда читаешь строки, написанные людьми, которые перевернули твой мир, сейчас даже не верится, что настолько красивые отношения в принципе могли существовать.

Конечно же, человеку лучше жить в комфорте, но не должно быть крайностей. Безусловно, часть этого комфорта — здоровье. Обязательно человек должен заниматься любимым делом, которое является частью обретенного пути к достижению личных целей. Просыпаясь по утрам, необходимо желать с удовольствием продолжить дело, которое не закончил вчера. Это совсем неплохо. Говорю вам это, исходя из личного опыта.

Помните, мы с вами — это калька общества, скармливающего нам в большинстве своем через зеркальные нейроны свои эмоциональные, тревожащие социум испражнения, которые мы, к сожалению, с самого детства по наследству предаем нашим детям.

При том информационном насилии, которое сейчас окружает нас, мы просто не знаем, что такое быть счастливыми. И многие так и не узнают этого, заблудившись в гонке, состоящей из самоутверждения над окружающими и желания окружить себя запредельным уровнем комфорта и спокойствия. Выражаясь образно, можно сказать, что на протяжении жизни большинство людей, населяющих планету Земля, взращивают в себе демонов неудовлетворенности. Современный мир и общество дали нам картинки, оказавшись внутри которых, наши демоны должны были бы наесться и успокоиться. Однако у нематериальных демонов нет тела, у них нет желудка, и, сколько бы мы их ни кормили, они всегда голодны. Сколько бы мы ни пытались утолить эмоциональный голод материей, мы все равно будем страдать от жажды, делающей нас несчастными. Тот, кто этого не понимает, чертовски тупое создание, мне жаль таких.

Однажды нобелевскому лауреату в области литературы, одному из величайших писателей в истории Эрнесту Хемингуэю, его девушка, с которой он был в разлуке, написала письмо. Это было прощание, возлюбленная Эрнеста сообщила, что относится к нему скорее как мама к сыну, нежели как девушка к жениху. Она пожелала Хемингуэю удачи, добра и порекомендовала заняться карьерой, добиться высот и доказать, что он настоящий мужчина. Странно, конечно, писать о настоящем мужчине молодому человеку, который к тому моменту уже добровольно прошел через войну. Однако действительно было именно так.

Юный Эрнест по этому поводу сказал своему другу, что ему не нужна была карьера и какие-либо социальные достижения, ведь у него была она, девушка, и их взаимоотношения. Он был счастлив. У него был весь его мир. Он даже не мог предположить, что при таком положении дел может понадобиться что-то еще. После подобного, с высоты моего опыта, я бы сказал Эрнесту: «Добро пожаловать в реальный мир, мой друг».

Как же хорошо я понимаю величайшего писателя в истории литературы, это утверждение справедливо, потому как мне довелось пережить подобную историю. Я настолько любил, мне было так хорошо рядом с человеком, что я просто не понимал, что существует что-то еще, кроме нас двоих. Знаете, это было потрясающе. Это было настолько совершенно, что о том, что есть настоящий успех и в чем смысл жизни, ты сразу все понимаешь. У меня в жизни было много успехов и много комфорта. В ней были и частные самолеты, и прогулки ночью с друзьями на «роллс-ройсе». Большие суммы денег и первые места в списке самых продаваемых книг. Ничего! Слышите меня, ничего нет лучше, чем когда тебя счастливым и наполненным делает человек, а ты поступаешь так же в отношении него. И суть не только в любви к противоположному полу, но и в отношениях с родными, близкими, друзьями. Потеря того, что наполняло твою реальность смыслом, это очень тяжело. Но говорю совершенно откровенно и честно, как никогда, минута того счастья стоит года боли, испытываемой после потери. Готов играть в такую игру. Все раны заживут, вы окрепнете, и в следующий раз вас ожидает еще больше счастья, чем было когда-то. Если вы не сдадитесь.

Вы хотите услышать окончательный вердикт? Получайте... Счастливый и успешный человек тот, в чьей жизни есть настоящая любовь, которая сопровождается, помимо некой мистической составляющей, правильным балансом гормонов, отвечающих за наши чувства.

В жизни тех, кто отдает любовь и окружен ею, вопросов о смысле жизни и мере успеха нет. Им не нужны никакие коучи и доказательства, они уже все и так знают. Им даже не нужна эта книга, им не до этого. Я с ними согласен. Вот что такое успешный человек, мужчина или женщина. Многие этого не знают, однако все сознательно или бессознательно стремятся к подобному. Ибо так живет Вселенная, ибо так появляется многообразие жизни и возможностей ее познавать бесконечно.

И все же давайте предположим, что мою книгу будут читать в большинстве своем циники, у которых при слове «любовь» и словосочетании «взаимоотношения с людьми» возникает тошнота. Современные циники непреклонны. Для них счастье — это возможность стать частью того населения Земли, которое может позволить себе свободу потребления и перемещения за счет достаточного количества денег. Это все, что их интересует. И среди разнообразия советчиков, рекомендующих, как стать богатым и социально успешным, они хотят именно от меня услышать, как это сделать на 100 % эффективно. Так как в том числе и этому посвящено наше восхождение. Реализации персональных желаний, даже если они и материальны. Ну что же, дорогие мои, устроим хардкор и ответим максимально откровенным и честным образом на вопрос, как стать успешным и богатым. Раскроем тайны, которые никто и никогда не раскрывал и о которых никто не говорил вслух. Сразу говорю, жалеть я вас не собираюсь. Будем считать, что в данный момент вы будете проходить через стрессовую, но эффективную психотерапию. Приступим...

Все хозяйственные, продовольственные, финансовые отношения в мире строятся по принципу спроса и предложения. Если на услугу, товар, человека, его умения, его тело, его знания, его навыки и умения есть спрос, то всегда возникнет и предложение. Чем выше спрос на все вышеперечисленное, чем уникальнее предложение, тем выше цена, за которую оно будет куплено. Если вы снаружи и внутри не являетесь носителями того, на что есть высокий спрос, забудьте о заработке и о том, чтобы ставить условия этому миру, а не выполнять их, подстраиваясь под существующие правила. Чем ниже уникальность предложения, внешнего и внутреннего, тем ниже спрос и, соответственно, цена. Чем больше покупателей знают об уникальности предложения, тем больше шансов продать его за максимальное вознаграждение. Алмаз идеальной чистоты в 100 карат, о котором никто ничего не знает, не стоит ничего. Этот же камень, о котором знают все игроки рынка, будет стоить запредельных денег, и предложивший лучшую цену получит его.

Я знаю, что это звучит цинично, я знаю, что так говорить жестоко по отношению к людям, которые уже в возрасте или которые родились с физическими или умственными биологическими проблемами. Ну не все мы родились красавцами и семи пядей во лбу. Не все! Я это прекрасно понимаю. Но обманывать вас никогда не буду.

Человек — это товар. То, что внутри него, — это товар практически всю жизнь, а то, что снаружи, — товар до определенного возраста и в течение определенного времени, при определенной кондиции. Красивое тело — преимущество, красивое лицо — преимущество, умение хорошо выглядеть и вкус — преимущество, мозги и умение соображать — преимущество, поставленная речь и умение общаться с людьми — преимущество, уникальные знания в определенных сферах социальной жизни — преимущество, молодость — преимущество, но и опыт — преимущество, умение действовать и не лениться — преимущество. В конце всего этого идет самое омерзительное — совершенство и эксклюзивность этих преимуществ. Если у вас нет какого-то одного из этих преимуществ или нескольких, если они недостаточно высокого эксклюзивного уровня, можете помахать материальному успеху и полной самореализации ручкой.

Многие молодые люди сейчас умеют программировать, но на работу в корпорацию Google возьмут самого талантливого или самого решительного, того, кто быстрее и необычнее остальных ответит на анкету. Все мы с вами бегаем время от времени, но олимпийскую медаль и огромные призовые получает Усейн Болт. Многие хотят быть актрисами, но с легкостью в кино попадает и за пару лет становится мировой звездой, например, Аня Тэйлор Джой. Почему? Потому что у нее уникальная внешность. Есть девушки красивее, талантливее? Конечно, есть, но есть ли с такой же природной внешностью? Нет.

Объем спроса и уникальность предложения — вот ответ на вопрос, как достичь финансового и профессионального успеха. Либо родитесь эксклюзивными, с такими данны-

ми, на которые есть спрос, либо приобретите конкурент-
ные навыки. Помните, эмоции и наше видение мира без
уникального навыка выражать их ничего не стоят. Ровно
ноль. Так что хватит ныть о несправедливости мира. Сегодня, пока я буду на протяжении 6–8 часов писать эту
книгу, от естественных и прочих причин умрет 40 000 человек. Никто из вас не загрустит и не всплакнет по этому
поводу (если эта потеря не касается лично вас). Именно
поэтому социум поступит с вами так же и не будет переживать, что вы до какого-то времени чего-то не сделали
и чему-то не научились. Никому это неинтересно, и причина этого в вас. Потому как вам тоже все равно, как обстоят дела у 95 % населения Земли, решающих те же проблемы. Вы здесь, на страницах этой книги, ищете ответы
на свои вопросы, решаете свои проблемы. Мир совершенно справедлив к вам, ведь к нему вы относитесь так же.
И лишь в мире, наполненном настоящей любовью, где
есть дети, любимый человек, родители, верные друзья,
близкие, вся эта «банда», заставляющая вырабатывать ли-
тры окситоцина, не понимает, о чем я говорю и почему
все вокруг несчастны. Но об этом не будем. Сейчас часть
для циников.

«ПРЕТЕНДУЕШЬ — СООТВЕТСТВУЙ». Претендуешь
на спрос — соответствуй предложением. Это единственный залог финансового благополучия. Совершенно все,
начиная с нашего рождения и до самой смерти, является
товаром, у которого есть потребители. Мы должны что-то
давать. Не можем дать материю? Значит, можем дать содержание и суть. Нет ни того, ни другого? Это ваши проблемы.

Как я уже говорил, время — самый драгоценный ресурс
в материальном теле. Время — самый важный ресурс для
материи, ведь это единица измерения ее устаревания и пре-
образования. Используйте его наконец, ведь всего за 3 года,
1000 дней, своего самого драгоценного ресурса лишатся
160 000 000 человек. А вы нет...

Ничего страшного, не все мы Аполлоны и Афродиты, но спортом могут заниматься 98 % населения планеты. А ведь нас встречают по одежке, и тому есть огромная и важная причина. Когда женщина видит красивое спортивное мужское тело, в ней не просыпается шлюха, нет, в ней срабатывает эстроген, главный сексуальный женский гормон, который выбивает ногой двери в ее мозг и кричит: «Этот самец физически и генетически здоров, пусть он сделает нам потомство!» Когда она узнает, что самец крепко стоит на ногах (не обязательно даже быть миллионером), срабатывает другая биохимия, которая говорит, что она и ребенок будут в безопасности. Когда она узнает, что самец хороший, порядочный, эмоционально глубокий, начинает валить окситоцин — гормон любви, говорящий: «Он тебя и ребенка не обидит». А значит, женщина даже готова жертвовать и бороться за мужчину, так как он ее возможное счастье. Честно, мой дорогой читатель, я очень романтичный, думающий человек и, уверяю, мог бы все физическое, материальное, образное отодвинуть на второй план. Да, я трезво осознаю, что мог бы полюбить девушку с инвалидностью очень красивой и чистой любовью. Но как долго это продолжалось бы и что бы я испытал, когда позднее встретил бы девушку с красивым телом и лицом, в котором заключены мои бессознательные архетипы предпочтения? О да, мне удалось бы сдержаться и даже не допустить мысли о смене объекта любви, так как обман — это недопустимо. Но мои надпочечники и семенные железы, которые слушаются глубинную ДНК, послали бы меня матом и залили бы меня тестостероном, требуя дать потомство именно от некой новой встреченной особы. Ведь она здорова, красива, а значит, способна дать столь же красивые плоды. Или ты, Петр, предпочитаешь гнилые и кривые плоды, которым будет некомфортно и мучительно существовать в этом ох каком непростом и циничном мире? Вот, написал пару строк, и от каждого слова мне мерзко. Но все написанное правда. В высокобюджетном мейнстримовом кино все определенного возраста. Стариков там практически нет. Все ухоженные. Как всегда, у этого есть причина. Вы не хотите смотреть на кривое, грязное, разрушенное, уродливое. Нужно яркое, новое, интересное, именно на это есть спрос. Вы создаете подобный спрос, ваша генетика, и не надо врать, что это не так. Есть гигантская разница между тем, как выделяется серотонин и эндорфин*, когда человек слушает новую красивую музыку и старую, заезженную, которую человек слышал много раз. Новые музыка, фильм, книга в разы полезнее для мозга. Так со всем в мире и в любые времена.

Постоянно существует спрос на развитие, на новое и эксклюзивное, и всегда будет иметь значение качество предложения. Примите это или молчите. Если вы этого не примете, ваша вегетативная нервная система и многие гормоны будут против вас. Нравится ли мне это? Конечно же, нет. Однако сейчас не имеет значения, что мне нравится, а что — нет, сейчас важна только правда. Обращаюсь к людям, которые хотят конкретных ответов на конкретные вопросы, касающиеся финансового и профессионального успеха. Правило номер один: удовлетворяйте спрос уникальным высококачественным предложением.

Хардкорим дальше. Далее будет еще противнее и правдивее.

Много раз я видел злых, жадных, не очень умных, но целеустремленных людей. Которые, будучи в дикой природе одним из представителей хищников, без проблем могли бы сожрать милую и миролюбивую косулю или детеныша шимпанзе. Если бы сочную антилопу пожирала стая львов,

---

* Эндорфины — группа полипептидных химических соединений, по способу действия сходных с опиатами (морфиноподобными соединениями), которые естественным путем вырабатываются в нейронах головного мозга и обладают способностью уменьшать боль и влиять на эмоциональное состояние.

они бы были частью этого пира, несмотря на то что их могут укусить или покалечить их соплеменники. Более того, в них столько злости, их внутренние демоны так требуют насыщения, что они готовы оторвать от умирающей, стонущей, молящей о помощи антилопы самый большой кусок. Жизнь антилопы, человека или большого количества людей их не заботит. Хищника заботит лишь, чтобы никто из числа других жестоких созданий не оторвал жирного кровавого мяса больше, чем отвоеванный им кусок.

То, что я сейчас вам пишу, ведет меня понемногу к признанию, которого я не хочу делать. К одному из самых неприятных признаний для самого себя. Но Асентия и ее строки — это лишь правда.

Часто задавал себе вопрос, чем же все-таки отличается по образу мышления успешный человек от неуспешного. В чем они не похожи и почему один достигает успеха, а другой — нет. Мне наконец удалось найти ответ. Потенциальный успех человека — это эквивалент объема и важности вещей, которые он готов принести в жертву. Что личность готова дать судьбе взамен за то, что получит желаемое или достигнет успеха. Запомните эти слова.

У меня есть знакомая девушка, успешная и красивая, когда-то она была местной красавицей одного из периферийных городов, откуда родом и известный бизнесмен, которого знают очень многие на территории бывшего Советского Союза. Этот человек мультимиллионер, его состояние гораздо больше 100 млн долларов. Он много выступает перед людьми, огромными залами на 10 000 человек, где собираются лопухи, мечтающие после нескольких лекций в стиле «верьте в себя и работайте» стать успешными и богатыми. Сейчас этот бизнесмен, прочно закрепившийся на верхушке индустрии личностного роста, будь она проклята, выпускает книги и имеет огромное количество подписчиков в соцсетях, к его словам прислушиваются. Он рекомендует наивным лохам определенную литературу к прочтению, а также какие-то действия, призванные сделать их богатыми, и так далее.

Однажды эта самая моя знакомая, уже перебравшись в столицу и став очень успешной, рассказала, что этот бизнесмен-мультимиллионер, о котором идет речь, ухлестывал за ней, когда они оба жили в маленьком периферийном городке. Но она ему отказала. Да, и миллионерам отказывают. Этот бизнесмен, конечно же, запомнил отказ.

Эта девушка, уже успешная и знаменитая в определенных кругах, приехала на тогда еще проводившийся в Крыму фестиваль танцевальной музыки «Казантип». Заметив ее в радостной яркой толпе, этот бизнесмен, который тоже находился там, подошел к ней, а рядом с ним была известная звезда телеэкрана. Оба гостя были нетрезвы. Пьяная звезда телеэкрана вдруг накинулась на мою подругу и стала ее целовать по-французски. О времена, о нравы. Девушка оттолкнула ее. Увидев это, бизнесмен-мультимиллионер, учащий людей жизни, прошептал моей подруге на ухо после этого: «Только что эта телезвезда отсосала мне в туалете, она поцеловала тебя, а это значит, что и ты мне отсосала».

Хм... И подобный жлоб вещает десяткам тысяч людей на сцене, как добиться успеха. Поверьте, именно такой фрукт и должен вам об этом рассказывать, но он и подобные ему не передают свой успешный опыт, а вешают вам лапшу на уши. Подобные ему рвут мясо с костями, и кровь стекает по подбородку. О, вам никто такого не расскажет. Никто не признается, что в вопросе получения того, чего он хочет, достижения того, что ему нужно, он ни перед чем не остановится и моральные изыски и сомнения его не интересуют.

— Меня не заботит твоя трогательная и грустная судьба, — скажет он, — если ты или все вы стоите на моем пути. Да, потому что вы антилопы, а я хищник. И я скажу вам что угодно, лишь бы вы пришли в этот зал и купили билеты. В остальном мне плевать на вас всех, ведь между собой и вами всегда выберу себя. Да, я несчастен, по определению не могу быть счастлив, но это не имеет никакого значения, ведь демоны, которых растил в себе всю жизнь, голодны, и я трачу каждую секунду своего существования на их кормление. И если мне надо будет спустя много лет отомстить и повести себя не как мужчина по отношению к этой периферийной девке, я это сделаю. Пожертвую всем, но получу то, что хочу.

ВОТ ЧТО НУЖНО СКАЗАТЬ ТЕМ ЗЕВАКАМ, ЧИТАЮЩИМ, РАЗБИРАЮЩИМ СЕКРЕТ АФФИРМАЦИИ И ПРОЧУЮ МАТЕРИАЛИЗУЮЩУЮ ЧЕПУХУ, ТАКУЮ, КАК «ДУМАЙ И БОГАТЕЙ» НАПОЛЕОНА ХИЛА.

Самое важное — чем человек готов пожертвовать на пути к цели, чтобы достигнуть ее. Готов ли он пожертвовать вами? Если да, это будет большой успех. Готов ли он пожертвовать собой? Если да, то это запредельный успех.

В отличие от таких псевдоучителей есть люди, которые очень много работают, изучают вопросы развития человека и достижения цели и говорят людям правду. Я очень четко знаю, чего хочу, для чего делаю то, что делаю, и к чему иду. Убежден, что мой путь — это настоящая возможность совершить чудо, прорыв, чтобы помочь тем людям, которые считают, что жизнь относится к ним как к номеру два. Мне хочется быть и решающей частью, и мелкой деталью в процессе, благодаря которому человек получит свой долгожданный кусочек счастья. Ведь каждая добрая и честная душа его заслуживает. Мне искренне хочется сделать для людей много хорошего, пиком этого является материальная благотворительность в больших масштабах.

А что, если кто-то вдруг встанет на моем пути? На пути положительных преобразований, которые помогут многим и, быть может, даже будут спасать человеческие жизни. Кто-то злой или упрямый, невежественный, который все портит и все рушит. Я спрошу его: «Зачем ты все портишь, ты же видишь, что я все делаю во благо? Мы поможем огромному количеству людей». Но этот кто-то все равно пакостит и уничтожает все. Вы спросите: «Петр, а ты пожертвуешь им, раз он преграда на столь важной дороге, ведущей к тому, что огромное количество людей будут спасены и вылечены физически и эмоционально, морально? Представь, что никто и никогда не узнает, что ты имел отношение к этой жертве. Уберешь его со своего пути лично или чужими руками? Мы все понимаем, о чем говорится, когда звучит слово "уберешь". О физической жертве ради цели. Раз уж твоя мечта, Петр, такая положительная, благородная и трогательная, готов ли ты пожертвовать собственной жизнью ради ее достижения?»

Не нужно драмы, не нужно пафоса, скорее всего, никого из нас, кто готов практически на все ради получения желаемого, судьба перед таким выбором не поставит. Но... Внутренняя уверенность, подсознательная готовность жертвовать практически всем в жизни, включая себя, ради достижения пункта назначения — ГЛАВНОЕ ОТЛИЧИЕ УСПЕШНОГО ЧЕЛОВЕКА ОТ НЕУСПЕШНОГО. Если человек не может пожертвовать временем, ленью, неуверенностью, страхами ради желаемого, что уж тут говорить о собственной жизни или чужой, он останется в ж*пе. И место его лишь в зале, на выступлении псевдогуру-хищника, где тот будет рвать антилоп, ждущих секрет достижения успеха, счастья, самореализации. А в этот момент ляжку спикера будет греть пачка денег, которую он получил за весь этот разводняк с тренерством личностного роста и коучингом. Эта пачка денег — кровавый кусок, оторванный от тела несчастной погибающей, стонущей антилопы. ДЕНЬГИ В ЕГО КАРМАНЕ — ЭТО ЭКВИВАЛЕНТ ВАШИХ НАДЕЖД И ЖЕЛАНИЙ ИЗМЕНИТЬ ЖИЗНЬ. Роскошное определение... Эти деньги — ваши отчеканенные слезы, которыми он кормит своих демонов.

Нынешний мир очень странный, ведь многие из тех, кто сейчас читает эту книгу, мечтают занять место выступающего и постоянно кормить своих не менее огромных и ненасытных демонов. Этого лжеца отличает от вас знание и уверенность в том, чем и кем он готов жертвовать ради питания для тех самых демонов. Он готов на все, остальные — не готовы. По мере затрат каждый и получает. О да, я знаю, как достигают успеха и в чем отличие успешного человека от неуспешного. В некоем пошлом современном понимании этого слова.

Но мы же с вами уже кое-что знаем о зеркальных нейронах, и нам с вами вся эта мерзость, злоба и эгоизм не нужны. Благодаря учению Асентия мы осознаем, что такое настоящее счастье и как оно достигается. Мы не пойдем путем, в котором невозможно досыта наесться и напиться, на протяжении которого просто невозможно быть удовлетворенным. Иначе любая вещь, превосходство или самоутверждение на всех подряд будут самообманом, дарящим всплеск эмоций на очень короткое время. Далее голодных демонов вновь надо кормить. Лично я демонов не кормлю и с удовольствием любуюсь, как они сдыхают от голода и исчезают, а вместе с ними растворяется и неудовлетворенность. Так человек становится сильнее, а путь его — проще и чище. При таких обстоятельствах ему не придется задавать себе вопросы, на которые очень неприятно отвечать.

Главное, что ты, мой дорогой читатель, от нынешнего момента и далее во время нашего восхождения должен знать, что для ощущения полноты и эмоциональной сытости тебе нужно наполнить нервную систему чем-то, что за это отвечает. Ведь твой мозг и нервная система — это и есть ты, твои эмоции и мироощущение.

Конечно же, в мерзкой современной капиталистической каннибальской системе успешности и самореализации существуют правила спроса и предложения. Если ты будешь их соблюдать, тебя ждет профессиональный и финансовый успех. В случае принятия решения о том, что готов пожертвовать всем, включая собственную жизнь, ради цели, ты ее достигнешь.

Тут, дружочек, нельзя просто думать, нужно принять это и нести ответственность. Так как судьба все-таки рано или поздно может попросить ту самую жертву, на которую ты якобы был готов. Просто сказать или написать не получится, жертвы нужны будут сразу: время, труд, сомнения, финансы, страхи и т. д. Объем этих жертв будет равноценен полученным дивидендам. Если ты будешь считаться с генетикой и с тем фактом, что люди любят красивое и новое, ты получишь то, что хотел. У меня нет в этом сомнений.

Но не обязательно жестить. И удовлетворяя спрос, можно оставаться честным и хорошим человеком, в том числе и по-настоящему счастливым за счет внутреннего и внешнего баланса, о котором я уже писал выше. Главное — помни, что без человека или людей, независимо от того, насколько ты силен или сильна, богата или богат, счастливым ты не будешь. Ведь даже самые богатые и властные покупают себе свиту, которая играет в игру хозяина.

Елки-палки, как же все сложно и во многом несправедливо. И разве тот, кто один, кто испуган и нерешителен, не заслуживает возможности все изменить?

Когда-то, будучи маленьким, я молился каждую ночь. Не могу сказать, что очень усердно и вдумчиво, но честно и искренне, желая добра тем, кого люблю. И спустя какое-то время я ощущал, что тело становится легче, я чувствовал некое необычное физическое ощущение, выходящее из чего-то духовного. А ведь человек может ощущать лишь нервными волокнами, кусок мяса без них ничего не чувствует. Вслед за этим ощущением приходили чудеса.

То, что я вам рассказывал о казино, о «Джентльмен-шоу» и многом другом, было остатками того, что тогда со мной происходило. Это была сила, элемент, который почему-то спрятали от людей. Заставили всех забыть о нем. Сейчас я вновь накапливаю данный элемент, и у меня это получается. Орудие, дающее растоптать правила спроса и предложения. Орудие, уничтожающее ненасытных демонов. Ингредиент удовлетворенности, сытости и полноценности. Того, что уже много лет неведомо людям. В вопросе, как достигать успеха, я категорически ставлю это орудие выше всех остальных лживых, придуманных невежественными людьми, скопированных нашими зеркальными нейронами условностей. Данный элемент все разрушает и всему придает смысл. Мы поднимаемся к нему с каждой новой ступенью. Еще несколько — и я вам раскрою все карты, назову его, расскажу, как он работает, как его накапливать, а также как использовать, дабы все происходило по вашим правилам.

СТУПЕНЬ 7

Как только сознание оказывается в физическом теле, оно сразу сталкивается с препятствиями. Дыхание, сердцебиение, поступление питательных элементов, умственная деятельность и многое другое не происходит само по себе. Хочешь получить что-то — функционируй. Спокойствие и безмолвное созерцание равно смерти. Так происходит с каждым человеком на Земле от рождения и до последнего дня, если повезет — в глубокой старости. Ежедневно, сами того не осознавая, все люди на планете преодолевают препятствия. Нет ни одного дня, ни одного биологического процесса внутри нас и снаружи, который нельзя было бы охарактеризовать либо препятствиями, либо результатами преодоления препятствий. Тот, кто сумел собраться, подчинить своей воле разум и тело, преодолевая преграды, становится сильнее и ближе к желаемому результату. Те, кто растворился в жалости к себе и в страхе, останутся на стартовой позиции в роли неудачников и трусов, которые не смогут на исходе жизни простить самих себя за трусость и нерешительность.

Сейчас все друг на друга жалуются, сейчас все друг на друга обижены, сейчас все с удовольствием показывают пальцем на кого-то другого, утверждая, что именно этот некто (или нечто) помешал им быть счастливыми и реализованными. Ничто так хорошо не получается у человека, как перекладывать ответственность за свою жизнь на обстоятельства, людей и ретроградный Меркурий. Делая это, многие лишь усугубляют собственное положение, так в итоге и не получив желаемого. Однако, застряв на старте или даже не находясь на нем, неудачнику, лентяю и невеже всегда приятнее думать, что он отнюдь не такой, а, наоборот, очень даже хороший и трудолюбивый. Просто злой мир, люди, время, обстоятельства и, конечно же, этот гадкий ретроградный Меркурий несут ответственность за то, что у конкретного человека что-то не вышло. Наверное, многим проще так думать, нежели принять осознание, что они сами все испортили жалостью к себе и страхом.

Поднимаясь с каждой ступенью выше, мы все больше приближаемся к сути. И просто-таки обязаны разобраться с собой и окружающим миром, чтобы понять, кто или что все-таки источник той токсичности, которая обрубает крылья, лишая стремления идти вперед, к себе счастливым, и возможности получить желаемое.

«Асентия» — слово, происходящее от латинского *Ascenzio* — «восхождение». Все наше существование — это движение, которое равнозначно жизни. Каждый из нас сам выбирает, двигаться вверх, вниз или стоять на месте. И каждый, кто принял решение идти вверх, знает о всевозможных препятствиях, преследующих человека на пути. Порой дорога к тому, чего хочет человек, катастрофически тяжела. А как известно, биохимия тела, отвечающая за целеустремленность и энергию, с годами угасает, и после определенного возраста, сталкиваясь с очередным препятствием, человек сдается, не имея сил на его преодоление.

Да-да, друзья мои, пришло время поговорить о самых главных препятствиях на пути каждого из нас к желаемой реальности и смело назвать вещи своими именами. Незнание закона не освобождает от ответственности, а значит, честность превыше всего.

Мир не знал времени и момента в своей истории, когда бы слова «токсичный», «микроагрессия», «абьюзер», «эмоциональное насилие» так часто и упорно повторялись раз за разом в контексте людей, с которыми мы соприкасаемся на протяжении жизни. Современное информационное пространство, как и те, кто его наполняет, утверждает, что подобное существовало в обществе всегда, но о подавлении одних людей другими никто не говорил, так как просто не решался. И хорошо, что сейчас подобные претензии вышли на первый план в социальных процессах, ведь так мы можем искоренить проблему, поместив всех людей в равные возможности, равный эмоциональный фон, равную реальность, где никто никого не обижает.

На данный момент токсичны все. Страны, мужчины, женщины, общество, информация, родители, псевдодрузья и многие другие. Так как мне на протяжении жизни пришлось много общаться с людьми, среди которых были недовольные обстоятельствами, возникшими в их жизни, я часто слышал о том, как конкретное препятствие или конкретный человек является преградой в достижении цели: счастья, просветления и озарения. О нет, я не сделан из камня и пламени и подвержен сильным эмоциям, в том числе негативным, в процессе моей деятельности. Отчаяние, уныние, грусть, злость, порой даже ненависть — это очень плохо, но это есть в каждом. В ком-то больше, в ком-то меньше. В том числе и во мне. Испытывать подобные эмоции при неудачах естественно. Но увы, так случается, что где-то человек настолько сильно обжигается, что эта неудача превращается в полноценное зерно, навсегда селящееся в его голове. Мы, безусловно, постоянно думая о преграде или препятствии, о ком-то или о чем-то токсичном, поливаем это зерно своими мыслями, оно прорастает и пускает в нашем разуме крепкие и глубокие корни. Так, у многих ныне недовольных и обиженных всем на свете появляется убежденность, что в их жизни существовала и существует конкретная токсичность, служащая барьером между ними и счастьем.

Персонально мне, человеку, в меру критично относящемуся к себе и к окружающему миру, такая позиция кажется очень удобной, снимающей с людей ответственность за принятие решений и за совершенные поступки. Важно не забывать: если ты на кого-то перекладываешь ответственность — ты марионетка. И как бы ни было странно, это тоже твое решение.

Удивительно, но ни один человек из тех, с кем я общался за долгие годы, недовольный собственной реальностью и возникшими проблемами, не сказал: это все моя вина, и только я — причина всего, что меня так не устраивает. Я, конечно, общался с многочисленными кретинами обоих полов, говорившими, мол, это моя вина, и я, такая хорошая или хороший, допустил этого человека или препятствие в свою жизнь. Круто, правда? То есть вроде человек признал, что принял неправильные решения, но это случилось лишь потому, что он очень хороший, видимо, доверчивый или наивный. Таких очень много. Никто из моих собеседников не сказал мне: «Я дерьмо и думал лишь о себе, своей выгоде, удовольствии, лени и т. д., и именно это послужило причиной нынешнего негативного результата». Нет, ни в коем случае. Это только кто-то другой. Это токсичные мужчины или женщины, токсичные родители, токсичные друзья и общество. Да почему никто, в конце концов, не говорит о токсичных нас?! Что каждый из нас лично очень токсичен в том или ином вопросе. Видимо, исходя прежде всего из любви к себе, эгоизма и трусости. Я не понимаю, почему никто еще не поставил вопрос таким образом. А еще мне нравится басня о том, что на нас кто-то повлиял, особенно когда речь идет о сознательном взрослом возрасте. Влияли и подавляли родители, муж или жена, компания, любовница или любовник-соблазнитель, общество и т. д. Тут, конечно же, впору вспомнить о все тех же зеркальных нейронах.

Но как ни крути, во время голодомора пострадали многие семьи, и это страшная трагедия, но психопатом и маньяком стал лишь один Чикатило. Так что хотя общество и информационное пространство влияют на нас, едва ли все стали бы делать так, как им говорят. Приведу пример личный и не очень для меня приятный.

Когда мне было около 8–9 лет, моя мама отправила меня на лето в Целиноград, нынешний Нурсултан — столица Казахстана, к родственникам отдохнуть. Не передать словами, каким чудесным был советский люксовый курорт Целиноград конца 1980-х. Никакая Ялта или Сочи не сравнились бы. Да, многие решения родителей — загадка до конца наших дней. Хардкор от моих родных на этом не закончился, и из Целинограда меня направили к еще более дальним родственникам в селение под названием Краснознаменка. Убивая время в пустом поселке, расположенном среди степи, я бегал с местными мальчишками по дворам, играя в прятки и квача. Однажды хороший, воспитанный, добрый и честный мальчик Петя, приехавший из Киева, в процессе игры забежал за один из домов и увидел на заборе сушащиеся после стирки вещи, чистые и благоухающие. Под ними я увидел влажную грязь. Вода смешалась с песком и превратилась в подобие густой пасты. Я присел и окунул обе руки в эту черную жижу. Скопив побольше грязи на руках, тщательно и старательно вытер их о чистые, по-моему детские, вещи. Сейчас нужно сказать, и это хорошо подошло бы в качестве оправдания, что меня, хорошего, доброго ребенка из советской интеллигентной семьи, где никого не пороли и не унижали, попутал бес. Брехня... Я очень хорошо помню свои эмоции и мысли. И сделал то, что сделал, потому что хотел так поступить. Совершить пакость. Вот такая возникла мысль в ничего не понимающем в жизни мальчишке, считающем, что никто не смотрит и не узнает, кто виновник столь подлого мелкого поступка. Но реальность прекрасна тем, что все тайное становится явным. Так будет со всеми тайнами. Каждый будет знать причину и следствие всех совершенных поступков.

Хозяйка повешенного на забор белья на самом деле молча наблюдала из окна за процессом вандализма. Тем вечером дядя Толя порол меня по моей хитрой заднице пластмассовой выбивалкой для ковров. Но елки-палки, я ведь хороший, просто создал сам себе препятствие в виде мерзавки — хозяйки белья, которая впоследствии на меня пожаловалась, и допустил в свою жизнь такого человека, как дядя Толя, и он, мерзавец, меня выпорол. Мне надо было быть более осторожным и оглянуться, а потом уже делать то, что хотел. Тогда эти токсичные люди не нанесли бы раны моей душе и хитрой детской заднице.

Именно так сейчас думают и оправдываются все те, кто ищет причины собственных неудач, потерь, лени и многого другого где угодно, но только не в себе. Мужчины и женщины изменяют не потому, что их попутал бес или они напились, а потому, что в ту секунду, когда они совершают предательство, они очень хотят это сделать. Мы воруем не потому, что мы клептоманы, а потому, что хотим украсть. Врем, потому что хотим соврать. Все маньяки в признательных показаниях втирают о некоем наваждении, находящем на них, которое овладевало ими, когда они терзали жертву. Это будто были не они. Кому вы все ..здите? Если мы не инвалиды, если в нашем мозге не происходят органические дегенеративные процессы, если мы не дети, мы прекрасно знаем, почему принимали то или иное решение. И токсичное общество, и токсичный окружающий мир здесь ни при чем. МЫ ТОКСИЧНЫ. МЫ САМЫЙ ТОКСИЧНЫЙ ВРАГ И АБЬЮЗЕР САМИМ СЕБЕ В ЭТОЙ ЖИЗНИ! В НАС ЕСТЬ ПЛОХОЕ, И ЭТОМУ ПЛОХОМУ И НЕГАТИВНОМУ МЫ ПОРОЙ ДАЕМ ВОЛЮ. ТО, ЧТО МЫ НЕ ОСОЗНАЕМ, ЧТО МЫ ПЛОХИЕ ЛЮДИ, НЕ ЗНАЧИТ, ЧТО МЫ ХОРОШИЕ.

Примите это, смиритесь и именно с этого момента, когда вы больше не захотите кормить своих внутренних демонов — слабость, трусость, жалость к себе и эгоизм, начнется ваше восхождение. Это первый шаг, после которого все преграды и токсичность перестают существовать или по крайне мере очень серьезно покрываются трещинами. Почему мы этого не делаем, почему врем и оправдываемся, пытаясь переложить ответственность на кого-то или что-то? Потому что мы трусы и помимо всех остальных последствий боимся признать, что иногда мы очень-очень плохие люди.

Меня дважды в жизни били мои возлюбленные девушки. Ну, не то чтобы прям били, отвесили смачную оплеуху, и оба раза за дело. Но я не ушел, не расстался с ними после этого. Не потому, что боялся, что они меня побьют, а потому, что любил их и считал, что подобный разовый инцидент значит меньше, чем то, что было между нами до этого. Кто-то не может уйти от тирана — мужчины или женщины, потому что нет дома. Выходит, человек считает, что побои и унижения меньшее зло, чем ужас и опасения оказаться на улице. Речь идет о трусости и о сопоставлении, что человеку выгодно и каковы будут издержки. Так обстоят дела в очень многом. Да почти во всем. Страх, нерешительность, трусость и жалость — самые страшные токсичные враги в нашей жизни. Мы источник этой токсичности.

Еще один космический пример, который особенно подойдет женщинам. Многие девушки и женщины, разочаровавшись в своих спутниках, говорят после разрыва отношений, мол, я не знала этого, а оказалось вот что... Это иногда касается и послевкусия у мужчин относительно женщин.

То есть не знали, говорите?! В моей жизни есть очень близкий человек, чьи мужчины всегда могли похвастаться высоким положением в обществе и большим благосостоянием. Но все ее истории заканчивались одинаково. Никак и, конечно же, продолжительным переживанием, болью, иногда слезами. Безусловно, в конце таких отношений мне доводилось в личной беседе с этим человеком слышать что-то вроде «я не знала, что он такой». О нет, это неправда, все было понятно сразу. Вот конкретный случай.

Очередной богатый, статный, яркий мужик. Женщина с ним на фотосессии для журнала. Он ей нравится. Она пытается привлечь к себе внимание и завести разговор. Она обращает внимание на его красивые часы. Он отвечает: «"Брегет", оригинал, сорок тысяч долларов». Все, вот маркер, который сразу все говорит о человеке. Кто он, что он, как он будет себя вести и поступать с людьми. И суть не в том, что он жадный и обращает внимание на побрякушки, все измеряя деньгами. Здесь это ни при чем. Дело в том, что человек, по сути, невоспитанный жлоб. Таким он будет в каждом аспекте и поступке своей жизни. По тому, как человек стоит, как говорит, как ест, какова его речь, как он обходится с незнакомцами, сразу можно все понять о нем. Точка. Очнитесь и примите это. Примите тот факт, что не бывает моральных и нравственных наркоманов. Если человек колется героином, то во время ломки он будет убивать, воровать ради укола. Также вы не найдете порядочного коррупционера. Это значит, что если личность, мужчина или женщина, в чем-то гнилая, то она гнилая во всем. Или уже такая, или у нее все впереди. Конечно же, это видно сразу. А после пары часов общения с таким человеком все вообще становится очевидным.

Нет, деточка, ты прекрасно поняла, что только невоспитанный, по сути, конченый человек может гордиться ценой и оригинальностью часов, а тем более станет делиться этим с милой незнакомой девушкой. Да, я скажу о цене и оригинальности какой-либо моей вещи, но только если меня спросят и только моим самым близким друзьям. В остальном с незнакомцами буду вежлив и обходителен, и это тоже скажет обо мне многое. Ты проглотила этот случай с часами, потому что прекрасно понимала, что перед тобой статусный, богатый, привлекательный мужик, рядом с которым тебе, вполне возможно, будет комфортно и с которым у тебя будет все. Ты очень четко это понимала и принимала решения, исходя из этих соображений. Он не очередной токсичный человек в твоей жизни, причинивший боль, он мелкий мудак, совершенно пустой внутри. А вот ты токсична, как и принятые тобой тогда решения. Они были вызваны чувством страха по поводу того, что не будешь иметь денег, статуса либо еще чего-то, что так важно не только для тебя, но и для многих других. Все потому, что нет любви и никогда не было. Любовь все меняет и освобождает. Мужчины и женщины, дети, взрослые, старики, когда испытывают настоящую любовь, думают лишь об одном: как бы отдать, как бы поделиться, как бы сделать что-то хорошее для того, кто олицетворяет собой весь мир.

Мы принимаем токсичные решения по той причине, что иногда мы не очень хорошие люди и боимся признаться себе в этом. Мы делаем это осознанно и по собственной воле, взвешивая степень выгодности и потерь. Только так. В остальном даже страх смерти и физических увечий не может заставить вас пойти против своей воли. Насколько это утверждение правдиво? Только страшное и жуткое животное под названием человек способно провести следующий столь кошмарный и жестокий эксперимент. Однажды мартышку и ее детеныша поместили в резервуар с высокими стенами, где пол постоянно нагревался. Пол нагревался до состояния, когда на нем можно было поджарить толстый увесистый стейк, не оставив в мясе ни капли крови. Вначале, когда температура поверхности в резервуаре поднималась на высокий, но терпимый уровень, в мартышке срабатывал материнский инстинкт и она брала свое дитя на руки, чтобы оно не обожглось. Далее, когда температура поднималась выше, животное с дитенышем на руках начинало кричать и пытаться выбраться из резервуара. Когда же кожа и мышцы на ногах начинали зажариваться, несчастная мартышка бросала своего малыша на пол и становилась на него. Так что вы, дорогие мои читатели, когда речь заходит о вашей жизни и здоровье, у себя на первом месте. И ничто, даже ваши дети и прочие благородные причины, не будет оправданием принятия конкретных решений.

Быть плохим человеком в этой жизни — значит быть трусом, эгоистом и постоянно себя жалеть, перекладывая ответственность за свои поступки на все и всех вокруг. Но поверьте, когда речь зайдет о действительно важных вещах, вы нажмете на курок, не сомневайтесь. Именно поэтому главный абьюзер и распространитель токсичности в жизни, если вы не беспомощный ребенок, инвалид или старик, вы сами. Вы самое большое препятствие на пути к счастью, самореализации, гармонии и всему хорошему, чего только может желать человек. Общество здесь ни при чем. Да, зеркальные нейроны влияют на слабых людей. Но происходит это лишь потому, что, попробовав что-либо, человек делает осознанный выбор, ему это понравилось.

То есть многие из нас в какой-то момент, видя, что все вокруг взахлеб едят говно, решают, что не такое это уж и говно и не так уж плохо оно пахнет. Лишь единицы могут противостоять подобному влиянию реальности и общества. Выбор за вами...

Однако если вы его уже сделали или, наоборот, не сделали, не нужно никого винить, кроме себя. Мое личное восхождение однажды началось как раз с принятия правды о себе. О том, кто я есть и почему поступаю так или иначе. Почему в конкретный момент жизни оказался там, где я оказался, и это было не очень хорошо. Если скажу, что, признавшись себе во всем, приняв тот факт, что могу быть иногда не очень хорошим человеком, с не очень хорошими решениями, мне удалось моментально изменить жизнь, это будет ложью. Мое восхождение было непростым, и более того, некоторые его аспекты приходится проходить до сих пор. Не стыдно в этом признаться. Стыдно стоять на старте и искать причины или виноватых в том, что ты не рискнул начать движение, попытавшись преодолеть первое, самое простое препятствие. Получай то, что заслужил или заслужила, и не ной.

ИЛИ, И ЭТО ОЧЕНЬ ВАЖНО... мы можем посмотреть на буддистского тибетского монаха, который поджигает себя и сгорает, не двигаясь с мсста ни на сантиметр, не крича от боли, не показывая каких-либо страданий, оставаясь неподвижным и невозмутимым в позе лотоса, находясь внутри убивающего пламени. Хм... Видимо, наш загадочный монах, таким нелепым образом привлекая внимание мировой общественности к факту оккупации Китаем Тибета, никогда не читал и даже не слышал о жутком эксперименте с мартышкой и ее детенышем. А ведь его неподвижность в момент, когда лопается кожа и мышцы начинают зажариваться, после чего появляется запах шашлыка, обусловлена какими-то конкретными биологическими процессами, а не только волей. Не так ли? То есть, если я сам себе главное препятствие в жизни, отделяющее меня от счастья и того, что я желаю, если главные препятствия — это мои страх жалость к себе, эгоизм и трусость, значит, я могу все это контролировать за счет неких биологических процессами и избавиться от основных, самых важных преград? Совершенно верно. Ведь в жалости к себе и трусости тяжело уличить человека, которого живьем поедает пламя. У него и с инстинктом самосохранения не очень-то ладно, что уж тут говорить о любви к своему телу и существованию.

Вы могли заметить, что моя книга постоянно стробит, от черного к белому, от чистого и почти святого — к обыденному и земному. Причина в том, что мне необходимо представить все основные детали о том, к чему мы придем дальше. Мы люди из крови и плоти, чье тело наполняет сознание, которое пощупать невозможно, а значит, следует говорить обо всем важном, способном выражать и составлять наше с вами «я». Мне хотелось бы это сделать самому, и у меня получается, а также научить вас, рассказать, как можно подняться над всеми правилами, кроме одного самого главного, и заставить реальность играть по вашим правилам. Компромисс в определенной ситуации — это очень неплохо и даже необходимо. Порой компромисс показатель мудрости и ума. Но если не брать крайности, то при возможности не идти на компромисс и получать результат в нашу пользу мы на него не пойдем. Никто из нас. Восхождение на вершину Асентия — это способ подняться над всеми условностями и правилами, которые создала несовершенная реальность, которая окружает людей и состоит из них самих. Человек, конечно же, при определенных обстоятельствах непосредственно может воздействовать на материю и энергию. Фактически своим телом, волей и разумом. Путь к этому существует...

Зеркальные нейроны — вещь коварная и очень красноречивая, но вы должны знать, что нейронные связи, созданные за счет этих самых зеркальных нейронов, не приговор и они не такие уж нерушимые. Как свидетельствуют многочисленные исследования, нейронные связи, созданные за счет иных нейронов, значительно более крепкие и стабильные. Это не всегда значит, что они приносят нам позитив и пользу, однако факт остается фактом.

У собаки Павлова при включении света обильно выделялась слюна, потому что животное думало, что сейчас его будут кормить. На протяжении какого-то времени собаке постоянно давали еду после того, как комната, в которой ее держали, озарялась светом. За выделение слюны отвечают биологические процессы, когда наш мозг понимает, что сейчас мы будем кушать. Это называется безусловный рефлекс. С такими рефлексами мы уже рождаемся, они вшиты в нашу ДНК и контролируются нервной системой. Обильное слюноотделение и свет в случае с собакой Павлова — это условный рефлекс. То есть приобретенный за счет каких-то условий. Такой рефлекс возникает благодаря в том числе и свежесформированным нейронным путям.

Когда-то при моменте интимной близости с любимой девушкой я постоянно зажигал в спальне натуральные ароматные палочки, привезенные друзьями откуда-то с Востока. Эти палочки в момент физического выражения любви я использовал много раз на протяжении длительного времени. После расставания с девушкой, спустя какое-то время я оказался в закрытом престижном ночном клубе, где всюду мои друзья использовали эти же ароматные палочки. Когда я почувствовал этот аромат, у меня сразу же возникли мысли о сексе, а вслед за ними и эрекция. Это и есть, друзья, приобретенный мной условный рефлекс, который помогли сформировать нейроны. Именно благодаря им монах, находящийся в пламени, не издает ни звука. Он не чувствует боли, так как контролирует всю свою химию, отвечающую за боль, страх и обезболивание. Годами он создавал и уплотнял в собственной голове нейронные пути, превратившиеся фактически в условные рефлексы. Он манипулировал своим телом для достижения определенной цели.

Почему он не наманипулировал себе «мерседес»? Он находится в обществе братьев, где это никого не интересует.

Именно благодаря работе над мозгом когда-то я бросил курить после того, как 10 лет отдавался этой отвратительной, губящей здоровье всего тела и, что самое страшное, мозга привычке. Так я преодолел препятствие, которое когда-то создал сам себе. Конечно же, для Асентии вопрос создания новых нейронных связей и разрушения старых очень важен. Мы разберем его обязательно позже на одной из ступеней.

Надо быть максимально честными и сказать: я не знаю почему, но мир и общество не любит нас с вами, а мы не любим друг друга. Миру и окружающим будет проще, если человека не будет существовать, он не будет никого раздражать и сеять смуту своими размышлениями и активностью. Самое лучшее, что можно сделать для мира, чтобы он был доволен тобой, — это сидеть дома на попе ровно и тихо, а еще лучше сдохнуть. Всегда найдутся недовольные тем фактом, что вы просто стоите где-то на улице и никого не трогаете, существуете или просто дышите. Не знаю, почему так.

Это нелегко, но я искренне стараюсь любить людей и хочу помочь им. Но даже несмотря на это, все равно найдутся люди, которые будут недовольны этой книгой и моими высказываниями.

Все это правда. Мир состоит из оврагов и препятствий, через которые тяжело пробираться человеку, не знающему правды о самом себе и о том, как устроен мир. Зеркальные нейроны заставляют сто тысяч сильных мужчин роптать перед сотней вооруженных солдат и ничего не предпринимать, молча шагая к смерти, будто овцы, через одни и те же ворота, толкаясь и теснясь. Доходит даже до такого абсурда...

Все это правда, и все очень-очень непросто. Особенно сложно становится, когда мы взрослеем. Но при всей неприглядности данного факта надо смириться, что самый токсичный человек в нашей жизни, лишающий нас счастья и успеха, это мы сами. Я писал вам в начале книги, что всего 5 из 100 % после того, как им пришла в голову какая-то хорошая идея, постараются ее реализовать. Ну а довести начатое до конца решатся вообще единицы. Никто в этом не виноват, кроме них самих. Мир не прост, жесток, холоден, безразличен, но это никак не значит, что он тебя останавливает силой и всеми средствами от наполнения его любовью, светом, смелостью, благородством, чистотой. Это то, что делаю я. Я простой человек, и жуткие информационные машины давят меня, не желая давать слово и предоставлять возможности. Они не хотят, чтобы меня услышали. Я могу остановиться и впасть в уныние, так бывало, и не раз. Но потом, уверен, будут думать, спустя много лет, и задавать вопрос: «А тебя не услышали потому, что ты не мог пробиться через мощный поток информационного дерьма, или потому, что так и не написал книгу под названием

"Восхождение", посвященную Асентии, в которой собрался так много открыть людям о них самих?»

Страх, трусость, эгоизм, жалость к себе — самые страшные и токсичные наши враги. Лишь они отделяют нас от того, что нам нужно, от того, что мы хотим получить. Будь то материальное или нематериальное. Я много раз слышал о том, что нужно любить себя, быть эгоистом. На это жлобам и обманщикам, учащим людей жизни, скажу лишь одно. В мире, где все любят себя, никто никого не любит и не получает любви. В мире, где все любят друг друга, каждый купается в этом чувстве.

Не считаю себя эгоистом, и мне не кажется, что я уж очень себялюбивый. Мне просто не совсем понятно, что это такое, как оно ощущается и как работает. Но отсутствие этой эмоции в жизни не мешает мне прекрасно себя чувствовать, неплохо выглядеть, заниматься спортом, добиваться поставленных целей, быть на виду и вообще делать то, что я считаю нужным. При этом я прямо-таки давлю на окружающий мир и реальность, желая, чтобы все было по-моему. По моей дорожной карте. У меня получается, и процесс ускоряется. Тайна этого в биологии и сознании, тайна в элементе, о котором вы скоро все узнаете.

Странно жить в мире, где многие не хотят счастья и любви. Где хотят лишь потребления и самоутверждения. Ну что же, я не осуждаю. Это не мое дело. Я лишь обещал, что скажу правду и раскрою тайну, как воздействовать на материю и энергию вокруг вас для изменений жизни, судьбы и пути. С остальным вы разберетесь сами. Сами решите, какой жизнью жить.

Скажу лишь как человек, который пробовал многое, испытывал многое, прошел через многое и знает многое. Ничто не сравнится с жизнью человека в любви. Все те, кто существует без нее, независимо от того, что у них есть и какие у них достижения, неудачники. Запомните это...

СТУПЕНЬ 8

Наконец-то, мои дорогие друзья, мы с вами, в нашем восхождении на вершину, добрались до долгожданных трех ступеней, на протяжении которых я раскрою вам все секреты об элементе, который утаивали от нас сотни лет, и о том, как он рождается и что собой наполняет. Как именно этот элемент меняет все в человеке, а также вокруг него. После этих трех ступеней мы перейдем к технической части, разбирая схему, с помощью которой каждый из вас будет накапливать этот элемент благодаря еде, медитации или молитве, веществам, принятым извне, и веществам, которые вырабатывает собственный организм. На восьмой ступени мы с вами разберемся в самых главных наших союзниках и врагах — нейронах и нейронных связях. Давайте обсудим, что это, откуда берется и как этим пользоваться.

О нейронах и нейронных связях сейчас говорят все, и те, кто разбирается в данном вопросе, и те, кто не очень много понимает в нем. Все коучи, тренеры личностного роста, психологи, психиатры, гештальттерапевты всех мастей и даже мастера-преподаватели по пикапу* возло-

---

* **Пика́п** (от англ. *pick up*) — разновидность деятельности, направленной на знакомство с целью соблазнения. Пикап состоит из техник для соблазнения женщин, которые распространяются в *пика́п-сообществе* в интернете и реальности.

жили на нейроны ответственность за всю жизнь человека, его поступки и получаемый результат, во взаимодействии с окружающим миром. Однако суть при таком потоке поверхностной информации в этой теме уловить тяжело из-за многочисленных говорунов, которых, кажется, больше увлекает процесс, нежели конкретный результат. Главное, что вам нужно знать среди сложных, не очень понятных терминов, таких как нервно возбудимая клетка, синапсы, аксон, дендрит и многого другого, что не так уж и важно для простого читателя, — это то, что нервы состоят из нейронов.

Слово «нейрон» происходит от древнегреческого νεῦρον и означает «волокно» или «нерв». Нейрон — электрически возбудимая клетка, предназначенная для получения извне, обработки, хранения и вывода вовне информации, приобретенной благодаря электрическим и химическим сигналам. Эмоции и мысли, мы, наше «я» — это нейроны в мозге, центральной нервной системе и в прочих частях тела. Нейроны существуют даже в желудке и кишечнике человека. Электрические импульсы, благодаря которым жизнь не была бы возможна, те самые, являющиеся информацией извне, полученной благодаря пяти органам чувств, — это ионы. Ион — это атом или молекула, которая имеет электрический заряд. Ионы есть во всех агрегатных состояниях вещества, жидкостях, газе, плазме, кристаллах, в том числе в межзвездном пространстве. Какой необходимо сделать вывод из краткой справки, которую вы только что прочитали? Самый верный вывод: вы, ваш мыслительный процесс и ваши эмоции — это в прямом смысле слова энергия, наполняющая организм и всю Вселенную. Чем не мистика... Нервная система, состоящая из нейронов, — это антенны вашего радиоприемника, улавливающие и впитывающие информацию через энергетические сигналы. Обмениваясь электрическими — энергетическими — импульсами, будь то в головном или спинном мозге, нейроны укрепляют между собой связь через синапсы. Так называется место соприкосновения двух нервных клеток, где передается электрический импульс. При выполнении одинаковых действий, получении одинаковой информации, связи нейронов становятся сильнее и толще. Так появляются те самые прекрасные и порой ненавистные нам нейронные связи, отвечающие за привычную жизнедеятельность. Когда-то наука считала каждого, кто утверждает, что нервные клетки, то есть нейроны, могут восстанавливаться, а значит, появляются новые после определенного возраста, аферистом, профаном и глупцом. Но в последние годы благодаря усовершенствованию технических средств дли исследований, предположение об окончательном исчезновении нервных клеток потерпело крах. Нейрогенез, то есть процесс возникновения и функционирования новых нейронов, наблюдается при принятии некоторых антидепрессантов, некоторых психоделиков, медитации, а также при прочей различной жизнедеятельности. Одни ученые считают, что новые нервные клетки появляются постоянно, другие — что после определенного возраста это возможно лишь благодаря искусственному влиянию извне. Второе утверждение мне кажется очень странным и сомнительным. Так как если диметилтриптамин самый сильный психоделик на земле, после того, как его принять, вызывает мощный нейрогенез, то свой собственный ДМТ, вырабатываемый телом, просто не может вызвать иной реакции.

Это странное и загадочное вещество вырабатывается каждый день в небольших количествах во время сна. Принятый извне тестостерон и инсулин оказывают влияние на организм такой же, как и свой собственный. Следовательно, так же происходит и с остальными органическими и неорганическими соединениями. Считать иначе антинаучно.

Бытует мнение, что загадочный нейрон появляется из определенной стволовой клетки предшественницы, которая перестает делиться. Да, нейроны и вопрос их появления не полностью изучены, они остаются по сей день предметом споров. С нашим мозгом и нашим «я» вообще много непонятного. Чего только стоит сеть пассивного режима работы мозга, открытая лишь в 2000-х годах. Действительно такая существует. Гуглите, мои дорогие, читайте и убеждайтесь, насколько современная наука при всех ее достижениях мало знает о вашем «я». Как только она опускается глубже, многие ее представители начинают кричать: «Караул, неужели мы обнаруживаем взаимосвязь человеческого сознания с тем, что псевдоученые круги называют непознанным!»

По состоянию на нынешний момент, несмотря на активное изучение этой самой сети пассивного режима работы мозга, она мало изучена и мало понятна, так же, как и «ограда мозга», тот самый Клаострум, так же, как вопрос появления и рождения нейронов. Добро пожаловать в реальность. Человек лишь на пороге понимания себя и сути реальности. Кто поспешил поставить точку в этом вопросе, опираясь на собственную субъективную веру во что-то или, напротив, неверие, невежды и аматоры, независимо от религиозного сана или научной степени. Этот вопрос обсуждению не подлежит. Мы лишь в процессе поиска истины, не нужно этого стесняться, как и будущих полученных результатов подобных поисков. Необходимо лишь беспрестанно работать и честно принимать результаты.

Нейроны, то есть нервные клетки, делятся по структуре, функциям и морфологии. Все, это все, что вам нужно знать. Если я пойду дальше, придется объяснить десятки, если не сотни медицинских и научных процессов, а также терминов. Для этого придется написать отдельную книгу, раз в 10 толще, чем «Восхождение».

Главное, что необходимо понять из вышенаписанного, — нейрогенез важнейших для существования клеток в человеческом теле продолжается на протяжении всей жизни. Если человек захочет, этот процесс можно ускорить и усилить.

Дело в том, что новые нервные клетки означают новые нейронные связи. Новые нейронные связи, по которым идет электрический импульс, выполняя определенную задачу, означают смерть старых, несовершенных, портящих и усложняющих вашу жизнь. Ведь конечности и нервы, делающие их живыми и работающими, к которым не поступает электрический импульс, мертвы. Не хочу приводить пример людей, парализованных вследствие травмы ниже шеи или пояса. Нет энергии, бегущей по нервам, — нет жизни. Именно по такой схеме умирают старые нейронные связи, вместо которых можно создавать новые. Нам для этого нужны нервные клетки. Быть может, этому был бы рад кто-либо склонный принимать психоделики, различные грибы, кактусы, семена, синтетику, лизать жаб, чьи выделения содержат ДМТ, и прочую галлюциногенную дрянь (уверен, среди читателей таких любителей нет). Он посчитает, что следует нажраться какой-то очередной кислоты, что позволит вызвать взрывной рост нервных клеток, на основе которых можно будет создавать новые связи в мозге, способные изменить жизнь к лучшему. Но не тут-то было.

Помните, когда-то, когда только пошла шумиха о стволовых клетках и возможности делать на их основе уколы молодости, много звезд заболело и, увы, скончалось от онкологических болезней? Так произошло, потому что стволовые клетки тогда были мало изучены, так же как их подвиды и функции. Некоторые из них впоследствии преобразуются именно в раковые клетки.

Жил-был интересный и талантливый парень, который уже все понял о жизни и сделал выводы о ней. Звали его Теренс Маккена (см. илл.).

Он пропагандировал прием психоделиков с целью ответить на фундаментальные вопросы бытия, топил за галлюциногенные грибы. И порой употреблял их в количестве 20 грамм, в сухом виде. И это при том, что 4 грамма сухих псилоцибиновых грибов считаются так называемой Героической дозой, уносящей принявшего в параллельный мир полностью. Славный, чудесный, талантливый и интересный человек Теренс Маккена скончался от рака мозга в 53 года.

Мозг, клетки мозга, рождение новых клеток из стволовых, психоделики, стремительный нейрогенез. Даже не хочу дальше продолжать. Все сразу понятно. Только дурак бездумно попытается обойти прекрасно действующую внутреннюю систему, предназначенную как раз для рождения новых нервных клеток естественным путем. Так что, (бездумно) закинувшись кислотой или каким-то другим психоделиком, можно себе лишь навредить. Заметьте, рядом с подобными утверждениями, я всегда пишу бездумно или неправильно. Это важная деталь, но об этом позже.

Для создания новых нервных связей нужны новые клетки. Как только человек начинает делать что-то новое, свежие клетки сразу начинают появляться.

Каждый раз, когда я захожу в продуктовый магазин, расположенный на первом этаже дома, в котором живу, с тележкой обхожу полки с товаром, одним и тем же путем. Каждое утро меня будит одна и та же мелодия, играющая в смартфоне. На каждой тренировке я выполняю в одни и те же дни недели определенную группу упражнений в одинаковом порядке. Я настолько хорошо знаю и запомнил картинку того, как выглядит мир за моим окном, что однажды, когда в доме напротив заменили два старых деревянных окна на белоснежные металлопластиковые, я стал ощущать некую заинтересованность и желание понять, что поменялось. Мои глаза шарили по окружающему пространству и нашли крошечное изменение, которое крайне тяжело заметить. Удивительно, мой мозг и нейронные связи увидели и заметили изменение, которое мое сознание не определило сразу, раньше меня. НЕВЕРОЯТНО! Как и говорила чудесная Татьяна Черниговская, мозг, то есть ваше эго, живет внутри вас, как живое существо, будто по своим правилам. Знаете, что лучше всего вызывает рост новых нервных клеток и создание новых нейронных связей? Путешествие, созерцание и понимание картинок, мест, вещей, явлений, с которыми никогда еще не сталкивался. Разум должен все это впихнуть, осязать, определить, понять и систематизировать, то, с чем он никогда еще не сталкивался. Для этого нужны новые связи и новые клетки, из которых они будут построены. А как вам фраза: «Хочешь иметь то, чего не имел, придется делать то, чего не делал»?

Написание музыки, обучение музыке вызывает нейрогенез. Да, именно обучение всему новому вызывает нейрогенез. Чтение книг стимулирует появление новых нейронов, потому что вам нужно напрячь разум, чтобы услышать голос в голове, который никогда не слышали, представить лица и места, которых не видели. Во время чтения книг мы пребываем в наиболее благоприятном состоянии для нейрогенеза, ведь нам приходится вызывать активность в тех частях мозга, которые отвечают за получение электроэнергетических импульсов, ионов извне. Зрение, слух, прикосновение, запах. Нам все это необходимо благодаря новой книге придумать заново. Для этого нужны свежие клетки мозга.

Все старое, включая мелодии, которые вас будят по утрам, маршрут в привычном магазине, рука, в которой вы держите зубную щетку, — это старые нейронные связи. Возьмите щетку другой рукой — и ваш мозг тут же начнет нейрогенез, чтобы создать новую нейронную связь, для меньших затрат энергии в следующий раз. Так мы учимся, так мы запоминаем.

На страницах книги под названием «Восхождение» мы с вами меняем жизнь к лучшему, настраиваем идеально нашу внутреннюю вселенную и галактики, отвечая на вопрос, как быть счастливым и уметь менять реальность под себя. Для этого необходимы обязательно новые нейроны, нервные клетки. Чтобы этого добиться, придется впустить в свою жизнь не только новые знания, но и новые действия. Именно для этого я поделюсь техникой, как провоцировать нейрогенез. Какие-то способы сложнее, какие-то легче. Не нужно бояться, что вам придется тяжело работать, чтобы приобрести привычку, способную кардинально повлиять на существование человека. Ваш мозг пластичен до конца ваших дней, до глубокой старости, об этом свидетельствуют результаты новейших исследований. Так что ныть и пенять на возраст не получится.

Существует расхожее мнение, что длительность формирования полноценной привычки — 21 день, то есть три недели. Но это не так. Опираясь на науку и результаты исследований, можно утверждать, что устойчивая привычка формируется от 40 до 66 дней. Я лично убежден, что правильная цифра — 40. Она имеет гигантское значение, и мне кажется, что, написав об этом, многие умные люди уже начали догадываться, почему я так сделал. Но как я уже говорил, о самом интересном и важном немного позже.

СЕЙЧАС ОЧЕРЕДНОЙ ШОК. Ваш мозг настолько за вас и за положительные изменения в жизни, что первые зацепки и подобие нейронной связи возникают уже через 7 дней после выполнения одного и того же действия или получения одной и той же информации. Вот что происходит в ваших прелестных головушках, когда спустя 7 дней вы продолжаете регулярно кормить электрическими сигналами вновь созданные пути (см. илл.).

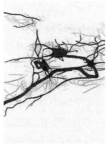 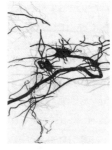 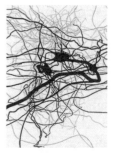

Нейронные сети
до тренировок

Нейронные сети
после 2 недель
когнитивной
стимуляции

Нейронные сети
после 2 месяцев
когнитивной
стимуляции

Нейропластичность мозга уникальна, она творит чудеса. Вы видите, что благодаря предпринятым действиям и упорству в вашей черепной коробке фактически появляется новая биологическая структура. Да это же как при правильных действиях поставить новый мощный процессор или видеокарту в старый компьютер. Качество картинки и скорость производительности сразу же изменятся в лучшую сторону.

Но нет, мы сами себе враги: одни говорили себе всю жизнь «Я тупой», вторые — «Я некрасивая», третьи — «У меня не получится», четвертые — «Я не умею», пятые — «Это не для меня»... Давайте тратить меньше энергии на ввергание собственного «я» в трясину, подобную смерти при жизни, ради спокойствия. Потратим меньше сил и энергии на выполнение тех же задач и действий, которые делали всю жизнь.

Помните, мне доводилось писать в начале книги о Тимоти Феррисе, который не где-нибудь, а в эфире CNN произнес, что миллиардеры Силиконовой долины, по объему состояния давно утершие нос промышленным и нефтяным магнатам, принимая психоделики, смотрят на интересующий вопрос или проблему с иной стороны. Ой, да неужто?! Какие интересные новости. Это как так-то — посмотреть на вопрос и проблему с иной стороны? То есть с новой? Благодаря чему? Не благодаря ли нейрогенезу, вызванному психоделиками, и сформированной из появившихся клеток нейронной связи?

Если бы сейчас передо мной сидели дети за партами, я был бы очень эмоционален. С любовью и надеждой я говорил бы с ними:

— Поймите, этому знанию нет альтернатив, как и формам галактик во Вселенной. Вам дали самое мощное орудие и знание для того, чтобы вы его использовали и созидали. Нас с вами убедили, что мы никто, мы скот, мы только тело, мы только для потребления и удовольствия. Но никто не сказал, что есть удовольствия настолько невероятные, что практически любое материальное потребление теряет свою значимость. Это говорю вам я, человек, носящий на руке совсем неплохие часы и покупающий только итальянскую брендовую обувь. Человек, любящий комфорт и не собирающийся от него отказываться. Просто не доводящий все до маразма, а лишь до того уровня, когда ничто не мешает моему творению, а только поддерживает его.

Трудно, тяжело, больно это осознавать, но современному человеку придется создавать себя практически заново. Ведь он не понимает, не знает, что происходит в нем и, главное, зачем. Но благодаря знанию у нас все получится.

Всего семь дней повторения действий необходимо, чтобы в мозгу появилась надежда на способность изменить окружающие обстоятельства под себя. И сорок дней для того, чтобы приобрести силу, наполнив тело нужным элементом. Старые нейронные пути, возникшие на себялюбии, эгоизме, жалости к себе, лени, нерешительности, будут сопротивляться: иди домой, ляг или сядь на диван, втупись в ютуб и смотри, как мамкины гештальттерапевты и стартаперы рассказывают, как быть успешным и счастливым. Можно еще побаловать мозг и дофаминовые рецепторы вкусной жрачкой, наполнить свою нервную систему натуральным героином и не думать о том, что беспокоило до этого. Всякие Крыжановские, выскочки, вносят диссонанс в мое каждодневное понимание себя. Ну уж нет! Я лучше послушаю того, кто мне скажет: «Похвалите себя, любите себя».

Вперед, удачи всем эмоциональным онанистам, предпочитающим любить себя. Я ухаживаю за собой, не довожу себя в моральном и физическом плане до состояния животного, во мне есть и самоуважение, и, быть может, даже немного гордости, которую я включаю, чтобы не позволять людям растаптывать себя как личность. Я работаю над собой и своим внутренним миром. Но лишь для того, чтобы выйти на высочайший уровень созидания и творения, которым смогу делиться. Все это ради того, чтобы отдавать, а не получать. Да, я даже деньги зарабатываю в основном только на печать новых книг для читателей, на новое оборудование для съемок, для фильмов или сериалов, которые посмотрят люди. Для того чтобы баловать тех, кого люблю, и заботиться о них, для благотворительности по отношению к тем, кто не может пройти путем, описанным на страницах книги «Восхождение», которым способны пройти вы, здоровые люди.

Да, старые нейронные связи, сформированные под воздействием окружающей реальности, которая не всегда к нам справедлива, и те, что сформированы за счет эгоизма, то есть жалости к себе, будут сопротивляться. НО ЕСЛИ НЕ КОРМИТЬ СТАРЫХ ДЕМОНОВ ВАШЕЙ ЭНЕРГИЕЙ, ТО ОНИ УМРУТ ОТ ГОЛОДА. Насколько все удивительно соединено в учении под названием «Асентия». Наши демоны питаются нашей энергией, и без нее они умирают. Старые нейронные пути, многие из которых губят нас, питаются энергией, ионами. Если их не кормить, они погибнут. Система взаимосвязей удивительна, уникальна и прекрасна, когда познаешь ее.

Миллионы тонких, почти невидимых нитей, многие из которых ранее были утеряны, в том числе спрятаны умышленно, вновь соединяются, давая ответы на все вопросы о нас самих. Мир — пластилин в руках человека, и мы тоже пластилин под властью собственного сознания. Чего только стоит научный термин «нейропластичность», то есть изменяемость благодаря желанию и действиям. Выбор лишь за вами. Только ваше сознание может переломить и подчинить себе несовершенные и неправильно настроенные тело и мозг. Для этого вам необходимо всего семь дней на надежду, и сорок — на наполнение силой, способной помочь в восхождении.

«Сорок» — какое странное и удивительное слово, обозначающее цифру. В нем совсем нет той самой цифры. Нет цифры четыре и приставок «-дцать» и «-десят», как в обозначениях «восемьдесят» или «тридцать». Нет слова «сто», как и «девяносто». В текстовом обозначении цифры сорок вообще нет никаких цифр. Во всей сотне такое слово одно: СОРОК. Интересно, не правда ли, почему так. Сорок, конечно же, означает срок. Осталось только понять для чего. Эту тайну мы тоже раскроем...

Давайте разбираться, что мы будем делать с новыми нервными клетками, которые приобрели благодаря тому, что прочитали книгу «Восхождение» до конца и ознакомились с техникой влияния на биологические процессы в собственном организме.

Однажды мы с вами установили дату, день, число, когда начнем использовать истину по назначению, для того, чтобы подготовиться к персональному восхождению к желаемому результату или цели. Мы, каждый из нас, назначили определенный день в календаре минимум за 40 дней до того момента, когда начнем путь, максимум за полгода. Все будет зависеть от психоэмоционального состояния каждой отдельной личности.

Я курил около 10–12 лет. В курении любил все: аромат, как выгляжу со стороны с сигаретой, курение после еды или во время приема алкоголя. В общем, все. Но мои убеждения и мысли кардинально расходились с зависимостью от чего-то, что убивает организм и сужает сосуды головного мозга на 30 минут, после каждой сигареты. Сужение сосудов означает гипоксию мозга, а вслед за ней и смерть его клеток, пускай и в небольшом количестве. Однако спустя 12 лет курение наносит основательный удар и по телу, и по нейронам. За несколько месяцев до того, как бросить курить, после нескольких тщетных и жалких попыток сделать это, я назначил дату, когда распрощаюсь навсегда с курением. Я сам себя пилил минимум 150 дней, что брошу курить в определенный момент, ежедневно. Напоминание звучало в моей голове постоянно. За это время мне удалось создать настолько плотную и сильную нейронную связь, что по ней мог бы проехать грузовик...

И вот приходит то самое десятое марта, и с этого мгновения я не курю уже много лет. Так случилось, потому что мое тело благодаря новым нервным клеткам и новой нейронной связи поддержало решение сознания, упорно уверяющего себя в чем-то. Весь организм был на моей стороне. Он знал, что с десятого марта не будет подвергаться пагубному воздействию никотина. После пяти дней, в течение которых выходили токсины и яды, впитавшиеся в плоть вместе с сигаретной мерзостью, мне стало не просто легче, с меня свалилось 90 % мучавшей зависимости. Далее был лишь вопрос времени и смерти демона, питающегося энергией, электрическими импульсами моей пагубной зависимости. Он сдох от голода. Видеть неторопливую смерть монстра, убивавшего вас долгие годы, поверьте, это наслаждение...

Я говорю вам о сорока днях или нескольких месяцах подготовки лишь для того, чтобы ваш мозг поддержал вас, чертя новую нейронною связь, которую вы сформируете за это время с помощью общения с самим собой. Благодаря самовнушению. Если вы сильный, волевой, не ленивый, готовый отправиться в путь человек, можете начинать путешествие хоть завтра. Рекомендованные сроки — это всего лишь забота о вас и понимание, как изменения в себе и своем привычном режиме существования, а также желаниях, порой непросто даются.

Многие люди начинают новую жизнь и планируют кардинальные изменения в себе и вокруг себя с понедельника, с Нового года, с дня рождения и прочих важных дат. В этом нет ничего плохого, главное — понимать, что рано или поздно однажды ее придется-таки начать. Если вы сформируете убеждение в своей голове, благодаря новой нейронной связи вам будет немного легче.

Идем дальше.

Этот день настал. Вы вернулись домой с работы или прогулки. Перед этим вы выполнили все рекомендации по питанию и безопасной помощи извне, благодаря веществам и действиям, помогающим настроиться на определенный лад, вызывающим нейрогенез. Обо всем этом вы прочитали в книге «Восхождение». Уже в процессе подготовки вы, вероятно, стали замечать небольшие изменения в себе и своем эмоциональном состоянии. Повысилась выносливость, эмоциональная и физическая восстанавливаемость. Это происходит немного быстрее, чем обычно. Иногда перед сном вы стали замечать, что образы, возникающие перед глазами, стали четче и немного ярче. Это вам никак не мешает погружаться в сон. С утра вы чувствуете себя лучше, чем обычно. Более отдохнувшими. Сон приносит вам больше удовольствия и восстановления. Вы менее остро реагируете на внешние негативные раздражители. Конечно же, ведь благодаря подготовке мы уже немного положительно повлияли на вашу биохимию. Ваш нейронный путь, с нетерпением ждавший этого дня и момента, говорит: «Давай, нас ждет что-то новое и интересное».

Важно помнить, что нейрогенез и новые нервные клетки возникают, только если человек занимается самосовершенствованием, погружается в нечто новое, что ему нужно.

Вы никому, кроме себя, одолжения не делаете и никому ничего не должны. Человек либо хочет изменений, чудес, возможностей и счастья, либо нет. Но вы, конечно же, их хотите, поэтому вы и здесь. Задернув шторы или погасив свет, оставшись наедине с собой, вы постелили каремат* или одеяло на пол, сели или легли на него. Вы не сели или легли на диван, стул или кровать, а расположились именно на полу. Так как в вашей голове уже десятки, если не сотни нейронных связей, убежденных, что, сев на диван или ложась на кровать, вы сейчас будете спать, есть, смотреть фильм, да что угодно, кроме работы над своим телом и разумом. Зная это, вы удобно устроились, чтобы нигде ничего не затекало, не болело и не напоминало о себе. Вам очень удобно и спокойно. Несколько дней не было сильных тревог или чрезмерно нервирующих происшествий, которые не выходят из вашей головы, напоминая о себе всплеском ненужной нам биохимии. Конечно же, вы включили приятную красивую музыку без ритма, рекламных пауз и не слишком короткую, уводящую за собой. В первое время объект, забирающий на себя все внимание, такой как музыка, свеча, дыхание, нам понадобится, пока мы не научимся останавливать силой разума внутренний шум, внутренний диалог, постоянное беспокойство неправильно прокачанного за долгие годы мозга-эго. Лично я против пламени свечи для этих целей, и сейчас вы поймете почему.

Устроившись удобно на каремате или одеяле, сидите вы или лежите, находясь в полумраке или темноте, вы закрываете глаза. Ваша пинеальная железа благодаря мозгу понимает, что нам надо укладываться спать или хорошо отдохнуть. Именно из-за коварностей разума желательно

---

* Каремат — теплоизолирующий коврик, подстилаемый под спальный мешок (на дно палатки) для защиты от холода и влаги, а также используемый для смягчения неровностей поверхности.

сидеть, а не лежать, так как ложась, еще и находясь дома, вы точно убеждаете эго, что пора спать. Поначалу сопротивляться этому будет тяжело. Никакая музыка или сосредоточение на дыхании новичку не помогут.

По телу благодаря той самой мистической шишковидной, или пинеальной, железе начинают растекаться два натуральных психоделика на основе аминокислоты триптофана, содержащейся как в псилоцибине, так и во многих синтетических веществах. Это мелатонин — нейромедиатор, отвечающий за все ритмы жизни и сон, а также небольшое количество диметилтриптамина, благодаря которому во сне вы посетите миры, где все уже случилось.

Ваши нейронные сплетения, целые группы начинают, улавливая сигналы от нейромедиаторов, пульсировать в едином ритме, передавая друг другу электрические сигналы, дающие альфа-ритм. Да-да, я сейчас говорю о тех ритмах работы головного мозга, суть и наполнение которых можно узнать с помощью энцефалограммы. Тех ритмах, которые меняются благодаря приему психоделиков, глубокой молитве и глубокой медитации. «Глубокой» — ключевое слово. Повторяю, эти процессы — это не просто посидеть расслабиться, это необходимость понизить активность задней теменной доли мозга, отделяющей нас словно забором от окружающего мира, и места, где все уже случилось. О правильной технике медитации обязательно будет рассказано подробно ближе к концу книги. Асентия никого в беде и непонимании не оставит.

Синхронизация нейронных соединений и электропульсация некоторых участков в едином ритме, в альфа-диапазоне, происходит в момент, когда человек расслаблен или закрывает глаза. Альфа-ритм прекрасен, но мы здесь не из-за него, мы идем дальше, и электроритм нашего приемника меняется на совсем другие волны. Тета-ритм, он-то нам как раз и нужен. Мы здесь из-за него. Дальше мы не пойдем, так как там, дальше, дельта-ритм, а это уже глубокий сон. Нам нужен тета-ритм, именно он наблюдается постоянно у маленьких детей, во время сонливости, когда мы засыпаем и после пробуждения. Вы никогда не задавались вопросом, почему религии рекомендуют человеку молиться перед сном и после пробуждения. Почему в детском возрасте есть чудеса и невероятные исполнения желаний случаются у многих, а когда человек повзрослел — этого нет. Это все тета-ритм, его воздействие на мозг и заднюю теменную долю.

Тихо-тихо… Да, я понимаю, что очень интересно, ведь я наконец начал говорить о запретной сути. Но если сейчас перепрыгну через десять ступеней, я все испорчу. Великое делание философского камня, превращающего все несовершенные материи в совершенные, так не происходит. Все по порядку. Не волнуйтесь, Харон перевезет вас через реку Стикс, раскроет невероятные тайны, а если будете умницами, вернет обратно.

Тета-ритм — цель любой медитации. Мгновение, когда ваше сознание отделяется от тела. Одной ногой оно уже в мире, где все случилось и где можно создать силой воли все, другой — еще с вами. Перед глазами появляются яркие образы, будто во сне, но вы еще или уже не спите. Или вы маленький ребенок, чья связь с местом, откуда он пришел, сильнее, чем у взрослого. Многие, такие, как я, видят

фракталы и размытые, постоянно повторяющиеся, с каждым витком меняющие свою форму золотисто-фиолетовые рисунки. Иногда в какой-то момент, когда усилием воли в процессе медитации я сосредотачиваю внимание, мне удается увидеть четкий, наслаивающийся один на другой множеством слоев полупрозрачный так называемый цветок жизни, в центре которого всасывающая меня в мир квантовых частиц и волн воронка (см. илл.).

Двигаясь неторопливо по кругу, медленно догоняя друг друга, каждый слой этого цветка своими линиями создает бесконечное количество форм и структур, всего, что есть в мире материи и энергии. Порой мой мозг, понимающий, что он должен отдыхать, так удивлен из-за того, что видит нечто необыкновенное и нечто новое, что из пересечения миллиона тончайших линий пытается создать изображение знакомое и ему понятное. Вдруг возникают стены, лица, механизмы, ландшафты. Так появляется сон. Удивительно, необыкновенно это переживать, понимая, что сейчас это исчезнет и ты окажешься во сне или окончательно утратишь его.

Признаюсь честно, всего один раз мне удалось пережить четкий, понятный, настоящий, точно при приеме психоделиков, трип, но я ничего не принимал. Был на своих родных веществах. Вот я нахожусь в глубокой медитации, а перед моими глазами миллионы выстроившихся в ряды, по горизонтали и вертикали кубов. Они меняются, превращаясь во все новые и новые геометрические фигуры. Внутри кубов различные события, происходящие каждый день в нашем мире, и варианты развития этих событий.

Удивительно, но я вижу это столь же четко, как и каждодневную реальность вокруг себя. Я чувствую руки, ноги, каремат под своей пятой точкой, ощущаю, как работают мои легкие и как через ноздри вдыхаю воздух. Но мое сознание перемещается по какой-то иной реальности и как будто выбирает что-то.

Пребывая в подобном трипе, смотря по сторонам, я не утратил возможности думать и анализировать, хотя это и было тяжело, ведь я оказался в загадочном, целиком и полностью новом для меня Диснейленде. Мне удалось

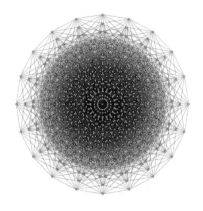

осознать, наблюдая за всей окружающей геометрией, что вся сакральная геометрия* и все те фракталы, которые видят психонавты, приняв психоделики, — это перемещение по гиперкубу, который мы не можем полностью увидеть и осязать, ведь он из иных многомерных пространств. Однако наше сознание может перемещаться внутри такого куба. Этот куб — нечто наподобие декеракта (см. илл.).

Да, друзья мои, это научное изображение геометрической фигуры из иных многомерных пространств. Мы не можем его осязать в нашем теле, воспринимающем лишь трехмерную реальность. Но мы можем изобразить, как выглядит этот куб, проходя через двумерное или одномерное пространство. Красивый рисунок, правда?

Вот вам и фракталы, и геометрия при приеме психоделиков и глубокой медитации. Я же говорил, что это не мистика. Реальное положение дел, это о науке и не надо этого стесняться. Сознание вне тела — это радиосигнал, текущий вместе с океаном волн материи и реальности.

Несмотря на возникшие, быть может, у вас сомнения, я не страдаю галлюцинациями всех видов, не принимаю психоделики, а просто очень хорошо знаю биологию этих явлений. Переживать подобное вы можете сами совершен-

---

* Сакральная геометрия (от лат. *sacralis* — «священный, обладающий святостью, признаваемый божественным») — совокупность религиозных и/или мифологических представлений о формах и пространстве мира, так или иначе связанных с геометрическими воззрениями относительно устройства Вселенной и человека.

но спокойно: у вас в теле и мозге есть все необходимое для этого.

Озвучу вам мое личное мнение... Это было очень интересно и незабываемо. Больше всего удивляет спокойное комфортное состояние переживания и созерцания всего этого, без какого-либо удивления, а скорее с благодарностью и запредельным интересом. Единственной мыслью и эмоцией, наполнявшей тело и сознание в тот момент, было «Еще!».

Тета-ритм — синхронизированный ритм, в котором пульсируют ваши нейроны, это то, чего нам с вами нужно достичь во время глубокой медитации и глубокой молитвы. В это мгновение ваше тело здесь, ваше сознание там, и они все еще связаны между собой пониманием настоящего момента. Осознанием настоящего момента. Благодаря пониженной активности задней теменной доли мозга и тому факту, что мы больше не отделимы от незримого волнового мира, к нам поступает оттуда куча мусора, наполнение которого иногда мы не можем сами выбирать. Именно этот мусор превращается в наш сон. В глубокой молитве и глубокой медитации мы позволяем нашему телу подчиниться расслабляющей истоме тета-ритма, однако наше сознание бодрствует и может выбирать, какую информацию получать и что чувствовать. Вот в этот момент происходит общение на наших правилах и добывание нужной информации. Повторяя подобные медитации и молитвы постоянно, мы создаем со временем новый нейронный путь, упрощающий попадание в подобное состояние. Более того, есть возможность находиться комфортно, живя полноценной жизнью здесь, одной ногой там. Именно так я получил правильный ответ на вопрос своего отчима по таблице умножения, именно так угадал, куда упадет шарик на колесе рулетки в казино, именно так мог говорить на протяжении полутора минут вместо ведущего «Джентльмен-шоу», а он повторял за мной. Именно так живут окруженные любовью и чистотой дети, именно так может жить и взрослый, если захочет.

Да, друзья мои, именно тета-ритм — наша цель. Благодаря ему из-за упавшей на блюдце ложки пробудившийся, но находящийся сознанием наполовину в незримом мире, в считаные мгновения Сальвадор Дали творил прекрасное и очень необычное. Именно благодаря ему миллиардеры из Силиконовой долины видят проблемы иначе. С его помощью Френсис Крик совершил открытие. Именно благодаря тета-ритму и вы привлечете в собственную жизнь то, что хотите.

Кесарю кесарево, а Богу Богово. Кто захочет духовного, а кто — материального. Забирайте.

Этот путь и есть часть справедливости Вселенной и источника, создавшего реальность, читинг, секретный код на случай, если ты живешь в мире, наполненном животными, отрывающими куски кровавого мяса у стонущей от боли и горя антилопы. Да, мы с вами не родились в семьях саудовских королей в окружении нефтяных денег. Да, у нас и у пяти процентов людей, контролирующих мир, навсегда равные условия в достижении цели и даже в вопросе выживания. Ну что же, не беда, реальность сотворила способ, позволяющий обойти несправедливость, и возможность при работе над собой поместить свою судьбу в равные условия со всем живым во Вселенной. Так и должно быть.

Есть те, кому такая система не нравится. Они решили, что они боги, именно поэтому знание скрывается. Не выдуманные басни, а те, что несут за собой результат. Так нам сливают шлак, понимая, что зеркальные нейроны сделают надлежащее им пагубное дело. И важно начать скармливать дерьмо черни с детства. Занять досуг максимально ярким, красочным и пустым... Пусть не знают о себе ничего. Пусть даже те, кому якобы очень хорошо, кормят своих демонов и никогда не поймут, что есть хорошо, настолько необыкновенное и прекрасное, что нынешнее хорошо им покажется возней в нечистотах с опарышами. Пусть человек никогда не узнает, что он может быть свободен, по-настоящему счастлив и реализован в собственном потенциале. Пусть никто не узнает, ни стар, ни млад, что может быть не изнуряюще тяжело, а легко и интересно.

Итак, друзья, теперь вы знаете, что такое нейроны, как они появляются, плюс-минус, для чего служат, как их можно использовать и как их нужно использовать. Нам с вами придется, для нашего восхождения и в процессе пути, перестать кормить старых демонов нашей энергией, чтобы они умерли, и вскормить новые биологические клеточные нервные структуры. Пускай это будут чудесные и милые создания, окрыляющие и помогающие. Делающие нас сильнее. Для этого нам понадобятся новые нейроны, которые будут впоследствии при усилии воли, при вхождении в переделенное состояние пульсировать в тета-ритме. Это понизит активность задней теменной доли мозга, оделяющей нас от зримого и незримого мира. Именно там, как утверждает исследование ученых, на которое я ссылался в начале книги, возникает ощущение мистического, духовного, чудесного.

Сам читаю свой собственный текст — и не верится. Вроде говорю о таких необыкновенных вещах, а в каждом слове, в каждой детали представленная информация ссылается на научные факты и результаты исследований. УДИВИТЕЛЬНО И ПРАВИЛЬНО. Так и должно быть.

Все, хватит, прошло время лжецов, паразитирующих на человеческих надеждах, продающих волшебные бобы, найденные на поверхности. Люди заслуживают огромных трюфелей, стоящих баснословные деньги, вкусных и полезных. Люди изголодались по правде, способной конкретно отвечать на конкретные вопросы. Получайте. Я готов с лопатой добраться до ядра Земли, лишь бы помочь вам. Все потому, что я один из вас, и в моей жизни есть все то хорошее и не очень, что есть у каждого. Значит, отвечая на ваши вопросы, я отвечаю на свои.

В заключение нашей беседы и общения, приоткрывающего важные тайны, находясь на восьмой ступени восхождения, нужно обязательно обратить внимание на следующий момент. Если нейроны, нервные клетки, получают информацию из окружающего реального мира, через пять органов чувств, через ионы, то есть электрические импульсы, то в виде какой энергии мы получаем данные из волнового мира, где все уже произошло? Из чего состоит эта энергия, быть может, это тоже ионы? Значит, подобная энергия представляет важность и интерес для всех миров, для всех мерностей пространств. Видимо, как теоретическая субатомная частица тахион, возможно, перемещается во времени вперед и назад, так есть и элемент, который важен для влияния на материю, сознание, время, важен для всех возможных многомерных пространств и волновых миров. Быть может, он наполняет наше тело и нейроны, нервные волокна, при соприкосновении с волновым, незримым миром? Или, наоборот, мы можем добыть, произвести его здесь, в нашем теле, в нем нуждается волновой мир и, если его отдавать, взамен нам сливают оттуда информацию? Хм... Интересно, что же это за элемент и в чем его загадка? Класс! Как много вопросов, и на них обязательно нужно получить ответы.

Через одну ступень, дорогой мой путешественник, поднимающийся вместе со мной в этом восхождении, ты узнаешь имя и суть этого элемента. А пока пришло время на следующей ступени рассказать несложным языком о чуде спинномозговой жидкости и том факте, что она может нести в себе фотоны, частицы электромагнитного излучения, то есть света. Ух... чудеса какие. Девятая ступень первой поведает вам факты и теории, о которых вы еще не знали.

Дай руку, дорогой мой человек, мужчина или женщина. Нам нужно подняться на одну ступень выше. Видишь, там, сверху, уже виднеется твоя личная вершина, о которой вы так мечтали, к которой вы так стремились.

СТУПЕНЬ 9

Вот определение слова ФЛЮИДЫ, которое дает словарь Oxford Languages. Флюиды — токи душевной энергии, идущие от кого-нибудь. С английского слово *Fluid* переводится как «жидкость». Спинномозговая жидкость на английском — *cerebral spinal fluid*. После этих нескольких строчек я, в принципе, по-хорошему, должен был бы поставить точку, сказать читателю до свидания и закончить книгу. Ведь умный человек, проследив словесную и логическую цепочку, при небольшом усилии может сам все понять, а если будет нужно, даже обнаружить более глубокую суть разбираемой тайны при изучении документов и книг, которым около 200–300 лет.

Вся информация есть в открытом сетевом доступе, на немногочисленных редких сайтах, в виде сканов, порой даже с оригиналов. Но поскольку многие люди не хотят понимать схему и принцип лечения изнутри, которую дает им доктор, а просто хотят, чтобы их вылечили и не приставали со всякими заумными разговорами, придется, как всегда, все разжевать и описать понятным языком. Следует сказать, сделаю я это, как и на предыдущих ступенях, с огромным удовольствием, так как нет ничего лучше, чем рассказывать интересное и удивительное, о чем мало кто знает, еще и столь сильно интригующее самого рассказчика.

Спинномозговая жидкость — жидкость, постоянно циркулирующая в желудочках головного мозга, в пространстве головного и спинного мозга. Это вещество контактирует, по сути, не только со всем головным и спинным мозгом, но и со всей центральной нервной системой в общем. Объем спинномозговой жидкости в теле у взрослого человека составляет около 150–300 миллилитров. На протяжении суток вырабатывается около 700 миллилитров спинномозговой жидкости. То есть на протяжении всего одних суток эта жидкость полностью обновляется несколько раз. Как утверждает академическая наука, которая, как мы выяснили, не так уж много понимает о мозге и продолжает делать открытия в данной области, функции спинномозговой жидкости заключаются в поддержании нормального внутричерепного давления, выводе токсинов, предохранении спинного и головного мозга от механических воздействий, а также в поддержании водно-электролитного гомеостаза, регулировании аппетита и циркадных ритмов. Прошу вас, пожалуйста, посмотрите, с чем и как соприкасается спинномозговая жидкость, беспрерывно циркулирующая в вашем головном мозге и по спинномозговому каналу добирающаяся до самого крестца (см. илл.).

То есть, как я и писал выше, вся центральная нервная система и мозг несколько раз в сутки омываются этим веществом, флюидом. Какие же секреты таит в себе эта жидкость и что она в себе несет? Во-первых, как оказалось, стволовая клетка мозга, когда организм человека только начинает расти, постоянно контактирует со спинномозговой жидкостью, получая от нее информацию. В связи с этим существует, на мой взгляд, очень крепкая теория, что именно так и появляются нейроны, нервные клетки, благодаря информации, предоставленной от спинномозговой жидкости. То есть, получив новые данные, стволовая клетка мозга превращается в то, что необходимо, по «мнению» жидкости, собравшей информацию, контактируя со всей центральной нервной системой. Во-вторых, спинномозговая жидкость может нести в себе, внимание, свет, вибрацию, резонанс и молекулы. В свою очередь клетки мозга имеют на себе реснички, фоторецепторы, хеморецепторы и механорецепторы. Все они должны собирать информацию, ионы, гормоны и т. д. согласно своему предназначению. Меня лично больше всего заинтересовали фоторецепторы, реагирующие и взаимодействующие со светом, а также тот факт, что флюид, о котором мы говорим, может нести в себе этот самый свет. Я говорю не об ионах, несущих электричество, питающих наши нейроны и нейронные связи, а о свете, то есть фотонах. На кой черт спинномозговой жидкости, омывающей внутри и снаружи мозг, а также спинномозговой канал, понадобилось нести в себе свет, а рецепторам на клетках — взаимодействовать с ним в местах, где света нет вообще? Вы же помните, внутри вас темно от рождения и до смерти тела. Но факт есть факт, и в человеческом организме, видимо, ежедневно происходят процессы, неизвестные и непонятные современной мейнстримовой науке, в частности биологии. Если бьющим себя в грудь немногочисленным ученым — уверен, подавляющее большинство ученых — люди просветленные, о них речь не идет, — знающим уже все на свете, ответ неизвестен, это не значит, что его нет или не было. Последние два слова в предыдущем предложении имеют ключевое значение в нашем путешествии.

Ну что же, давайте попробуем найти ответ на вопрос о тайне света в клетках мозга и в спинномозговой жидкости. Мы поднимаемся все выше. Становится интереснее, а ответов все больше.

Дело в том, что разбираемый нами флюид контактирует с нейронами и с центральной нервной системой (ЦНС)*, на-

---

* Центральная нервная система (ЦНС) — основная часть нервной системы животных и человека, состоящая из нейронов, их отростков и вспомогательной глии; у беспозвоночных представлена системой тесно связанных между собой нервных узлов (ганглиев), у позвоночных животных (включая человека) — спинным и головным мозгом.

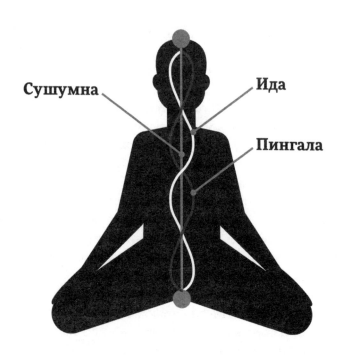

Сушумна

Ида

Пингала

прямую передавая и получая информацию, а также все остальное, что в себе несет. Этой жидкости не нужны никакие синапсы и связи. Она контактирует с таким огромным количеством важнейших отделов мозга, спинного мозга и нервной системы, что наверняка ей должна быть отдана эволюцией и Вселенной какая-то очень важная роль. Тем более что она обновляется целиком и полностью несколько раз на протяжении суток и никогда не прекращает путешествие от головного мозга к нервному сплетению в крестце и обратно. Нервное сплетение у нас в крестце называется крестцовым. Знаете, как оно называется на английском и латыни? *Sacral plexus* и *Plexus sacralis*. Здесь нужна очень долгая и многозначительная пауза. Постойте, и в латыни, и в английском языке данное сплетение нервов на полном серьезе называется сакральным сплетением, то есть священным, святым, мистическим, ритуальным сплетением?

Да, совершенно верно. Хм... интересно выходит, кто же тогда у нас умнее — современные ученые или ученые прошлого, называвшие части тела и жидкости в соответствии с их функциями...

Сейчас взорвусь от нетерпения. С моей эмоциональностью я, как маленький ребенок, за неделю до какого-то важного праздника, хочу рассказать об огромном сюрпризе или подарке, который подготовил. Еще немного, мои дорогие, и секреты и знания, которые исчезли и были скрыты сотни лет, вновь будут вашими.

На санскрите слово «Сушумна» означает «солнечный луч». Сушумна — часть Нади. Древнее слово на санскрите Nadi происходит от слова Nad, что означает, в свою очередь, ПРИСТЕГНИТЕСЬ, «полая трубка, резонанс, вибрация, движение». Не это ли несет в себе спинномозговая жидкость, включая свет, по центральному спинномозговому каналу от головного мозга до сакрального, то есть священного, сплетения?!

Какой стыд, какой позор, какое невежественное высокомерие — забыть об этом, не разобраться хотя бы в значении слов и их смысле. Отрезать людей от истины о том, кто они такие... страшное преступление. И преступники мне, как мне кажется, не простят, что я пишу все эти строки.

Nadi, в древней настоящей йоге и тантре, — система из трех каналов, по которым движется жизненная энергия ПРАНА. Ида и Пингала — два канала, вьющихся вокруг Сушумны будто две змеи, по спирали несут и обновляют ее. Ну, в общем, как спинномозговая жидкость по центральному спинномозговому каналу вверх и вниз. Сверху мозг и пинеальная, то есть та самая мистическая шишковидная железа, внизу сакральное сплетение, и несет это все флюид. А как утверждает словарь Oxford Languages, флюид — это токи душевной энергии, идущие от кого-нибудь. ФАНТАСТИКА! И все это соединяется с научными исследованиями и открытиями последних лет, которые я привожу вам в качестве доказательств. Утерянные нити продолжают соединяться, а мы еще даже и не начинали толком-то хард-корить.

Итак, древние йоги считали, что Прана — это некая истинная энергия жизни, энергия, пронизывающая всю Вселенную, невидимая для глаз. Можно предположить, что это тот самый элемент, на который я вам намекал на протяжении всей книги «Восхождение». Он наполняет собой спинномозговую жидкость и снабжает ею мозг и всю сеть центральной нервной системы. Осталось понять, откуда он берется и куда девается.

Видимо, в древней Индии не только йоги, буддисты и прочие знатоки восточной мудрости все давно знали. Да возрадуются любители намасте эгрегора. Расслабьтесь, ничего они не знали. Точнее, далеко не полностью. Знали бы, мы бы не видели утопающих в собственных нечистотах худых изможденных стариков-йогов, пропитых, клянчащих деньги гуру, работающих для туристов, и прочих аферистов, гастролирующих по миру, дающих максимально размытые ответы на очень конкретные вопросы. Без знаний, научных данных, скальпеля и микроскопа Прана — всего лишь слово. Если это не так, то где как результат знания хотя бы благоухающая, сытая, мирная, просветленная Индия. Ах, нету... Разговор окончен. Или схема работает, как цианистый калий, на всех и с одинаковых результатом, или выбросьте ее в мусор.

Вам следует знать, что самый мощный в мире психоделик, называемый молекулой духа, то вещество, которое, как считают ученые, отвечает за ощущение духовности, было обнаружено в большом количестве органов. Но одна из наиболее высоких концентраций была обнаружена как раз в спинномозговой жидкости. Помните, я рассказывал, что, когда был чистым маленьким ребенком, молясь перед сном, испытывал наступление некоего удивительного физического состояния, напоминавшего мистическую легкость. Может быть, это был ДМТ, который контактировал

через спинномозговую жидкость с мозгом и центральной нервной системой? Может быть... Однако ДМТ — летучее вещество, его действие, если не поддерживать постоянную секрецию, быстро проходит. Данное вещество нас интересует лишь как средство воздействия на работу мозга, на работу радиоприемника. Должно быть иное вещество, а точнее, энергия, которую центральная нервная система (ЦНС) получает благодаря флюиду, постоянно путешествующему в Сушумне, спинномозговом канале. Это должна быть некая энергетическая частица, подобная свету, которую каким-то образом получает мозг и передает спинномозговой жидкости, а та омывает ею внутри и снаружи мозг, спинномозговой канал и ЦНС. Эта частица столь мала и свойства ее таковы, что она представляет собой важность и интерес, как в материальном, так и в волновом квантовом мире. Видимо, эта частица при воздействии на нее осознанной воли может влиять на реальность, меняя или поправляя ее. Эта частица в йоге и эзотерике некоторыми называется Прана. Видимо, знание о ней ввиду присутствия слов, описывающих разбираемые нами явления и соприкасающихся с ними в разных языках, существовало много лет назад в различных народах и культурах. Удивительно, но, видимо, доктора и ученые прошлого, обозначая те или иные физические и биологические величины различными словами, знали о секретах, заключенных в изучаемых величинах. Так эти названия и обозначения появились. Вот вам доказательство, одно из многих, но очень весомое. Объясните мне, что означает кадуцей и почему он венчается шишкой? Мы знаем ответ на этот вопрос... (см. илл.).

То есть мы с вами сейчас видим спинномозговой канал, Сушумну, и движение вверх и вниз спинномозговой жидкости, то есть Ида и Пингала. И на кадуцее все венчается шишкой, то есть шишковидной железой. Да ну ладно, быть этого не может.

Значит, мифы и чудеса — это не о религиозном и мистическом, а о научном и биологическом. Кто у нас ошивался с кадуцеем? Меркурий и Гермес, боги богатства, торговли, удачи и красноречия.

Если бы я выступал перед большой аудиторией, вы бы сейчас услышали мой очень злой, высокомерный, протяженный хохот. Что там всякие брехуны вам про закон притяжения, удачи, возможностей и богатства рассказывают? Рассказывают, рассказывают... да никак не расскажут. Никак, кроме как себе, или же на короткий срок эмоционально, никому не помогут. Не копая глубоко, собирая осколки на поверхности, заворачивая лишь в красивые слова и пустые обещания. Нате, возьмите волшебные бобы, которые никогда не прорастают. Теперь вы знаете значение кадуцея отнюдь не в мифическом, а именно в биологическом, медицинском научном смысле. Теперь вы знаете, в чем заключается жидкая удача, жидкие свойства привлечения в нашу жизнь того, чего хотим.

Далее, чтобы наполнить нашу спинномозговую жидкость, мозг и центральную нервную систему, нам все-таки необходим тот самый элемент, который в древности йоги называли Праной. Однако нам нужно больше конкретики и доказательств. Они будут обязательно...

Все любят чудесного актера Джима Керри. Его еще больше стали любить, когда он вдруг несколько лет назад начал говорить о духовных, трансцендентальных* и эзотерических вещах. Он вдруг стал походить на мудреца, мечущегося от знания к печали. А еще есть знаменитый стендап-комик и ведущий самого популярного подкаста в мире Джо Роган. И вот этих два человека, далеких от понятий «забытие» и «маргинальность», стали говорить о некой духовной и сексуальной энергетической алхимии и о каких-то священных жидкостях, прям как странный, безумный военный в фильме Стенли Кубрика, о котором я писал раньше. С чего вдруг? Перейдя по этому QR-коду, вы можете посмотреть видео, где Джим Керри как раз рассказывает о новом удивительном знании. Для тех же, у кого такой возможности нет, скажу вкратце, что любимый всеми актер говорит, что с определенной периодичностью в теле человека появляется некое вещество, которое, попадая в спинномозговую жидкость, воздействует мистическим образом на тело и дух. Все это при условии, если ее не терять через секс и другие любимые людьми пороки. Интересно, где он и Джо Роган набрались подобных знаний?!

Ну что же, пожестим хардкорным хардкором. Этого вы еще не слышали нигде и не читали. 99 % из вас точно.

Несколько лет назад появилась совсем небольшая книга, на которую, как мне кажется, обратили совсем мало внимания. Почему, я не знаю... Можно было предположить,

---

* Трансцендента́льный (от лат. *transcendens* — «выходящий за пределы») — выходящий за пределы чувственного опыта.

потому что нет нормального обоснования приведенным заявлениям. Да, то, о чем я вам сейчас напишу, даже я считаю недостаточно научным. Скажу откровенно, это антинаучно и сомнительно ввиду отсутствия прямых доказательств. Я не видел вещества, и по всей видимости никто не видел. Но вполне возможно, это как раз тот сличай, когда нет дыма без огня. В книге пишется о святой секреции, так автор назвал этот процесс. Речь идет об алхимии духа и тела. Именно из этой книги Джо Роган и Джим Керри и взяли свои знания о некоем священном веществе.

Итак, раз в месяц ваше тело, у мужчин и женщин, синхронизируется с месячными циклами, когда луна входит в ваш знак зодиака, в той самой таинственной структуре в голове, которая называется оградой мозга, клауструмом, в месте, где сознание-душа крепится к телу, выделится вещество, называемое *Chrism*, или на русском миро. Некое священное масло. На древнегреческом слово *хризма* означало акт помазания, а харизма — это дар, помазание от бога. Гермес у греков помимо прочего был богом красноречия. Вот вам и харизма.

Попадая в человеческое тело, на 3 дня, если человек не ест мяса, не делает плохого, не занимается сексом и самоудовлетворением, не сквернословит, это священное вещество через мозг попадает к вам в спинномозговую жидкость и далее в центральную нервную систему, оказывая на людей мистическое благоприятное действие. Быть может, этот тот самый элемент, который мы ищем, который йоги называют Прана. История и теория роскошная, красивая. Осталось понять молекулярную структуру вещества и как молекула вещества воздействует на организм.

А еще интересно, как его добыли? Его увидели в большом количестве, когда луна была в знаке зодиака испытуемого и черепная коробка бедняги была вскрыта? Секреция вещества происходила на протяжении трех суток, потом закончилась и возобновилась через месяц? Все детали изучали хирургическим и прочими методами профессиональные ученые?

Хм... Странно все это. Мне теория нравится, она может заткнуть дыры во многих эзотерических и даже научных теориях. Вот вам и эктоплазма* например.

Однако, как по мне, пока что это красивая история, дающая надежду и простор, чтобы безболезненно экспериментировать над собой, не больше. Первое, нам нужен энергетический элемент, частица, несущая заряд, именно ими питаются нейроны и спинномозговая жидкость. Конечно же, химические вещества тоже могут нести информацию и заряд, но они не берутся из ниоткуда. Если с энергией все проще, она пронизывает Вселенную, то с материей сложнее, еще и в человеческом теле. Второе, цифра в три дня поста несерьезная и не принесет значимых изменений в организме, это скажет вам любой врач. Даже сам организм, предохраняющийся от голода с помощью гормона стресса кортизола, не успеет замедлить метаболизм, чтобы сохранить набранные запасы энергии, то есть жира. Третье, если взять многие древние гримуары**, в них указывается в качестве процесса подготовки теурга*** к общению с незримым и приведению ритуалов, пост именно в три дня. Может, речь шла как раз об этом явлении, знаках зодиака и луне? Я не знаю, у меня нет ответа. Очень симпатичная теория, как и люди, которые о ней говорят. Но для меня данных недостаточно, особенно когда речь заходит о человече-

---

* Эктоплазма (от др.-греч. ἐκτός — «вне» и πλάσμα — «нечто сформированное») — в оккультизме и парапсихологии вязкая (как правило, светлая) субстанция загадочного происхождения, которая якобы выделяется (через нос, уши и т. д.).

** Гримуа́р, или гримория (фр. *grimoire*, от фр. *grammaire*) — средневековая книга, в которой, как считалось, описываются магические процедуры и заклинания для вызова духов (демонов) или содержащая какие-либо колдовские рецепты.

*** Теург (греч., *theurgos*, от слова *Theos* — «бог», и *ergon* — «дело») — духовидец, заклинатель духов, чудотворец; врач.

ском мозге. Да, луна воздействует на человека и на многие живые организмы, а также природные явления, но суть этого влияния часто непонятна. Это дает простор для выдумок не очень чистоплотных или умных людей, которые начинают искать доказательства во всех возможных источниках, желая притянуть за уши повреждение своих теорий.

Честно признаюсь, я пока еще не пробовал провести эксперимент над собой во время попадания луны в мой знак зодиака. Или, точнее, просто об этом тогда еще не догадывался. Мне доводилось держать дважды строгий пост в течение 47 дней, но, увы, я не держал сексуальный пост. Я был искренне влюблен и любил, какой там пост, о чем вы говорите. Давайте пробовать, а потом измерять, сопоставлять и вновь повторять опыт. Это самое важное и интересное.

Могу точно сказать, как психоделики эндогенные, вырабатываемые вашим организмом, и те, что мы можем принять, извне помогают нам. Могу сказать, что они перезагружают мозг. То есть речь идет о мозге, ЦНС, и определенных электрических импульсах. Именно так и работает электросудорожная терапия. Старую энергию из головы удаляем и загружаем новую. Несмотря на всю жуть процедуры, она помогла многим людям и считается в психиатрии иногда последней попыткой помочь страдающему больному, которому не помогла даже самая тяжелая и токсичная фармакология. Знаю, что существует исследование, где сто человек, страдавших запущенным алкоголизмом, принимавших под присмотром врачей ЛСД, вылечились от своей пагубной страсти полностью и навсегда. Все сто человек. Невероятный результат, который стыдно признавать медицине.

Лишь растение ибога и содержащееся в ней вещество ибогаин, вызывающее тяжелейший и мощнейший психоделический трип, во время которого человек видит себя со стороны, полностью и безболезненно избавляет от героиновой зависимости. То есть, перезагружая ваше эго, перезагружая нейронные пути, избавляя от старой информации в виде электрических импульсов. Тут суть происходящего я могу понять. А вот что происходит во время так называемой священной секреции — нет. Это ни в коем случае не значит, что те, кто о ней говорят, ошибаются. Это лишь значит, что нужно работать, изучать и найти ответы, не полагаясь пока на эмоции, а опираясь лишь на результаты имеющихся или будущих исследований. Сейчас никаких серьезных исследований относительно священной секреции и взаимодействия некоего мистического миро с мозгом и спинномозговой жидкостью нет. Но есть другие исследования, не менее интересные. Сейчас у скептиков и разоблачителей всего на свете произойдет инфаркт после того, как они прочтут следующую информацию.

В 2018 году в нескольких максимально авторитетных изданиях, касающихся нейрофизиологии и психологии, была опубликована статья об исследованиях, проведенных доктором Домиником Дюрантом из Университета Огайо, гласящая, что нейроны мозга, разделенные пустым пространством, связываются и сообщаются между собой благодаря какому-то несиноптическому способу. Я напоминаю, нейронная связь — это нейроны, общающиеся между собой через место соединения, то есть синапс. Как оказалось, бывает так, что им они порой не нужны. При повторении еретического для современной заскорузлой науки опыта Доминик Дюрант получил тот же результат. Неслыханная наглость. То есть речь идет о телепатии?! Или еще неоткрытом взаимодействии между клетками мозга? Да, друзья мои, именно так. Речь идет о натуральной телепатии, природу которой можно измерять, изучить и повторить. Уверен, среди читателей этой книги не нашлось тех, кто побежал на кухню капать себе корвалол после этой информации. Вы у меня все умные, с фантазией и пониманием, что, пока мы не изучили все, природой изучаемого может быть практически все что угодно, в том числе то, что мы пока не изучили и не обнаружили. Не нужно стесняться и смущаться при предположении, что телепатия, гипноз, закон притяжения и сила, способная менять реальность, существуют внутри нас, а также при получении научных доказательств этим предположениям. Нужно понять, почему, как, что наполняет эту силу, из чего она состоит. Почему и как она аккумулируется именно сознанием, через собственное тело, органы чувств, поступки и принятые решения. Это куда более важно и интереснее любого бездумного скептицизма и стыда. Пишу это вам как человек глубоко скептичный, разбирающий все на самые мелкие составляющие. Важно посмотреть на явление со всех сторон, изучить, а затем делать выводы.

Интересно, с помощью какой же энергии связываются между собой разделенные пустым пространством нейроны и почему именно в эксперименте, касающемся человеческой головы, вдруг была установлена натуральная, совершенно реальная телепатическая связь. Не тот ли это элемент, которого нам не хватает, чтобы победить не всегда справедливую к нам реальность. Не та ли это Прана, сила жизни, наполняющая Вселенную, невидимая глазу, путешествующая по нашему мозгу и спинномозговому каналу, словно свет в спинномозговой жидкости. О да, друзья, вспоминая свое детство и ощущение после молитвы, я точно могу сказать, абсолютно уверенно, внутри меня по нервной системе тек свет. Это просто идеальное описание того, что я испытывал. Жаль, мне тогда ничего не нужно было, я был счастлив, живя в квартире общей площадью в 28 квадратных метров, с сестрой, папой и мамой. Мне не нужны были просторные замки и богатства. У меня все было. Меня безумно любили, и я любил в ответ. В крошечной квартирке меня постоянно купали в любви и вере в мое будущее. Мне хотелось лишь чудес, и тогда их было много.

Да, мы добрались до этого элемента, до силы, нужной нам. Той, которой в детях больше благодаря тета-ритму, а во взрослых меньше. Той, что способна изменить нашу жизнь к лучшему, не только в смысле высоких материй, а даже на бытовом и материальном уровне. Элемент и сила, которые незаслуженно были изъяты, спрятаны и позабыты наукой. Но благодаря исследованиям ученых, которым истина дороже пустой репутации и насмешек, мы вновь обнаруживаем ее. Нет больше времени, возможности и желания таить интригу. Пришло время раскрыть все карты. Дай мне вновь руку, мой дрогой человек, пришло время подняться на десятую ступень и ответить на главный вопрос.

СТУПЕНЬ 10

Никогда, слышите меня, никогда мне не снились такие кошмары, как в детстве. Бесконечно фантастические, мистические, аномальные и сюрреалистические. Поутру, после пробуждения они вызывали невероятный страх, остро и ярко ощутимый на протяжении дня. Как же сильно я боялся тусклого света в комнате, от висящего на стене бра, заливающего все вокруг, когда семья засыпала. Я боялся, что сейчас будет очередной кошмар. Но плохие сны мне снились не так уж часто. Те, которые были, я помню по сей день.

Никогда, слышите, никогда мне не снились столь широкие, масштабные, вдохновляющие, фантастические, мистические, добрые и прекрасные сны, как в тот же период моего детства. Следует предположить, что это происходило, потому что у ребенка выше содержание мелатонина в крови, гормона сна, при большом количестве которого снятся яркие сны. Это происходило потому, что у ребенка функции мистической шишковидной железы более активны и полноценны, нежели у взрослого. Это происходило, потому что у ребенка нейронные связи синхронно пульсируют в тета-ритме почти постоянно. И это абсолютная правда, но все это нужно наполнить правильной энергией, некими частицами. Страшные сны, испуг, или, напротив, прекрасные, имеют к этому прямое отношение. Скоро расскажу, какое именно.

Я жаловался маме, что мне снятся плохие сны, и просил ее что-то сделать с этим. Уж очень ужасы были невыносимыми и жуткими. Чтобы мне помочь, мама придумала ритуал. Прежде чем лечь в постель, я подходил к ней, она с закрытыми глазами касалась моего лба своим лбом, и представляла, что передает мне энергию, накрывающую меня защитой, как куполом. После такого нехитрого короткого действа, выполняемого изо дня в день, я отправлялся спать. Спустя несколько месяцев над бровями, в месте, где обычно рисуют у Будды третий глаз, у меня появилась шишка, а потом и родинка.

Я пишу вам абсолютную правду. Шишка очень хорошо была видна, когда я поднимал брови вверх, как некое мягкое выпирающее уплотнение размером и окружностью в пять копеек. С годами, когда я стал интересоваться девочками, в первый раз покурил, выпил и стал, как сапожник, в компании подростков использовать иногда мат, эта шишка исчезла. Впоследствии, думая о детстве, я жалел, что так случилось. Мне казалось, что такая шишка — показатель принадлежности к чему-то особому. Совсем недавно я обнаружил, что она не до конца исчезла и на морщинистом взрослом лбу именно в том месте нет складки. Она там просто не появляется. Ей мешает какая-то энергия, давящая изнутри. Энергия, которую много лет мне передавала мама, когда я просил ее защитить от страшных ночных кошмаров.

Удивительно, но даже в период взросления, когда в мыслях только секс и желание им заняться, у меня нельзя было отобрать что-то, о чем я не знал. Я благодарен судьбе, что она показала мне этот трюк. Хотя это не трюк, а натуральная телепатия. Но так, наверное, проще будет называть этот эксперимент. Что он собой представляет и как действует, вы можете посмотреть на моем канале в ютубе.

Тем, кто не может этого сделать, объясню все с помощью текста.

В возрасте 13 лет я приехал в Чехию в лагерь, в надежде первый раз в жизни поцеловаться. У меня получилось, но я был очень расстроен и разочарован... Так как целоваться без любви — это то же самое, что целовать пластиковый пакет из супермаркета в желании почувствовать хоть каплю эмоций от этого процесса.

Один из мальчишек в лагере стал нам всем показывать карточный фокус. Очень странный и необычный трюк, который фокусом совсем не был. Парень брал в одну руку пять карт так, что масть и картинку видел лишь он один. Другой рукой он брал человека за руку, говоря при этом слова: «Дай мне руку, закрой глаза». Каждый из нас следовал этому указанию беспрекословно. Далее мальчишка, державший в руках карты, не отпуская руки другого человека, произносил: «Вытащи трефовый валет». Он не сводил с загаданной карты глаз, а испытуемый, в свою очередь, не открывая глаз, тянул свободную руку и каждый раз безошибочно вытаскивал то, что его просили. Это при том, что он не видел ни масти, ни соседей, которые могли бы ему подсказать движениями тела или глаз, что нужно выбрать. Он не видел ничего. Я прошел через этот опыт и могу подтвердить, что это правда.

Потом я стал пробовать быть тем, кто держит карты и управляет процессом. И у меня опять получилось. Я стал старше, и у меня получается по-прежнему. Однажды я решил провернуть все вышесказанное с племянницей в тот момент, когда ее бабушка и мама были рядом. Получилось десять раз из десяти. Да, с детьми это получается безотказно, что просто удивительно. В конце моих трюков я решил усложнить действие. Я взял племянницу за руку, выбрал одну карту из колоды. Это была бубновая восьмерка. И попросил девочку назвать первую пришедшую в голову цифру. Она назвала цифру 8. Не верите? Напоминаю, Асентия — это не то, что принадлежит мне, повторяю, истина принадлежит всем в равных долях. Поэтому предлагаю, ознакомившись с видеозаписью того, как я это делаю, на моем канале в ютубе, идти и пробовать это делать с вашими детьми и даже со взрослыми.

Но вслед за этим все испортится, потому что после того, как убедитесь, что это правда, и соприкоснетесь с первой реальной мистикой в жизни, я посажу вас на крюк и вы вернетесь к Асентии. Ведь Асентия — это результат и знание, порой запретное. Такое, которого, вам казалось, быть не может. Но суть не в том, что его не может быть, а в том, что никто даже не пробовал. Все это придумал не я. Изучил, завернул в хорошую обертку и предоставил я. Но не придумал.

Однако постойте, какие могут быть сомнения, нейроны, разделенные пустым пространством, обмениваются информацией, используя некие неизвестные пока науке взаимосвязи. Так что мнение тех, кто думает иначе, можно игнорировать. Ведь мы используем в нашей аргументации результаты конкретного исследования, а не собственное мнение, и слова «верю — не верю» — это все для безграмотных бездарей. А как известно, мы с вами не такие.

Берите, пользуйтесь, пробуйте... Вы будете шокированы. После этого Асентия и ее распространитель навсегда войдут в вашу жизнь. Впервые людям продадут не волшебные бобы, а рабочую дорожную карту дизайна самого себя и пространства вокруг. Помните, важно соприкосновение с тем, кого вы просите вытащить карту, на которую вы пристально без перерыва смотрите. Вы можете даже держать человека за ногу или плечи. Это не важно. Важно, чтобы человек не размыкал прикосновение и ничего не говорил в процессе, до того момента, пока не выберет карту. Важно, чтобы он не размышлял, а сразу потянулся рукой и вытянул карту. Можно усложнить трюк...

Я так делал неоднократно — и у меня получалось. Встаньте за спиной человека, положите руки ему на плечи. Перед ним положите пять карт рубашками вверх. Пусть он откроет глаза... Вы в свою очередь пристально смотрите на нужную вам карту, значение которой вы запомнили, и попросите человека ее выбрать. Вас ждет сюрприз и шок, порождающий интерес к тому, что вообще происходит. Как только соприкосновение прекратится, вся магия перестанет работать. И тут впору предположить, что нервные волокна не только принимают информацию от органов чувств и преобразуют ее в ионы, но и отдают. Ведь благодаря Доминику Дюранту мы знаем, что это возможно даже при условии, что нейроны разделены между собой пустым пространством. А у нас даже не пустое пространство, а соприкосновение кожного покрова и нервных окончаний под ним. Эх, посмотреть бы в этот момент на заднюю теменную долю мозга и зрительную кору. Убежден, одна снижает активность, и люди как бы становятся единым целым, а другая показывает внезапную активность, ведь человек благодаря поступающим в тело электрическим импульсам принимает зрительную информацию через глаза ведущего опыта. Знаете высказывание «родственные души»? Расскажу о его происхождении позже.

Что за энергию передавала мне мама перед сном, желая избавить от ночных кошмаров, какой энергией делятся разделенные нейроны и какие сигналы я передаю людям во время трюка с картами? На этот вопрос есть ответ? Быть может, он есть в нашем прошлом? Прошлом всего человечества?

Моя чудесная мама когда-то в конце 1980-х — начале 1990-х, будучи молодой девушкой, собрала 2000 человек в одном из залов Одессы. После ее выступления и взаимодействия с публикой, которое вызвало восторг, ее провожало до гостиницы более сотни человек.

— Петя, — рассказывала она мне потом, — в это мгновение может очень сильно закружиться голова от успеха и того, что люди, как заводные, всегда хотят найти себе гуру и сделать из него бога.

Мама посмотрела в ночное звездное небо и попросила у кого-то там сверху, чтобы тот дал ей силы отказаться от накатывающей волны жажды почтения и власти. И у нее получилось. До сих пор не могу простить ей этого, без крайностей, конечно.

Моя мама в конце 1980-х — начале 1990-х была самым перспективным, набирающим обороты, так называемым экстрасенсом. Но честность и страх раствориться в дивидендах своей деятельности не дали ей возможности это продолжать.

Многие из нас помнят эту дикую пору, когда после падения «железного занавеса» население огромной страны начало употреблять все подряд, включая информационные помои. Я помню тот период очень хорошо. Экстрасенсы, аферисты, колдуны и барабашки всех мастей были всюду. Однако среди огромного числа интеллектуального мусора и его носителей, тупо зарабатывающих на человеческом страдании и любопытстве, я все же выделил бы двоих человек, которые действительно могли делать невероятные вещи, и тому были причины и есть доказательства. Сейчас как раз о них. Первый человек — это моя мама. А как еще могло быть, вы хотите, чтобы она мне голову оторвала после того, как прочтет эту книгу без упоминания о ее таланте?! (Это, конечно же, шутка.) Второй — это одиозный человек с бездарной и тяжелой судьбой, Анатолий Кашпировский. Так, успокойтесь и расслабьтесь, я всего лишь привожу пример, и, надо сказать, очень удачный. Те, кто не знает этого человека и его историю, могут кричать «Аферист!» и показывать пальцем хоть до посинения. Те, кто его знал, так не сделают.

Мне улыбнулась удача, с той точки зрения, что с примером, который привожу, я знаком лично. Моя семья дружила с семьей очень непростых людей по фамилии Раханские. Раханский, если не ошибаюсь, был министром экономики Украинской ССР, а его жена — двоюродная сестра Анатолия Кашпировского. Она была очень дружна с моей мамой, далекой от таких людей и мира, в котором те существуют.

Мне доводилось, в отличие от подавляющего большинства людей, читающих эту книгу, будучи маленьким ребенком, видеть Анатолия Кашпировского лично в домашней обстановке на каком-то дне рождения. Моя мама виделась и общалась с ним чаще. Но суть не в этом, это не имеет никакого значения. Важен лишь тот факт, что самый знаменитый экстрасенс 80–90-х никогда таким себя не считал, а просто проводил массовые сеансы гипноза. А так делали очень многие и делают даже сейчас в странах, где массовый гипноз разрешен законодательно.

Анатолий Кашпировский — человек, который по образованию, тому самому, хардкорному советскому, когда нельзя было купить диплом, психиатр. То есть даже не психолог, а психиатр. Практиковавший ежедневно, работающий с настоящими больными тридцать лет до того, как возник на телеэкранах страны. То есть это человек, который изучал и проходил советскую школу психиатрии, работал с больными, имеет высшее медицинское образование, обучался, конечно же, нейрофизиологии, гипнозу, нейрофармакологии и т. д. Фактически он занимался делом по профессии, проводя массовые сеансы гипноза, а на него тычут пальцем как на афериста. Милтон Эриксон делал то же самое — и он гений. Эх, человеческая натура предсказуема. «Як недочую, то збрешу...»

Анатолий Кашпировский — высококлассный специалист в области психиатрии, делавший лишь то, чему его научили. Все психиатры в советское время обучались гипнозу, как очень действенному методу лечения. И никакой мистики или обмана тут нет. С единственной поправкой: одни специалисты отлично лечат людей на приватных и массовых сеансах, а другие не могут ничего ни с группой, ни с одним человеком. Почему? Вот самый важный и интересный вопрос.

Сейчас мы практически не видим массового гипноза, кроме какой-то дуристики в различных шоу на телеканалах. Также не видим индивидуальных специалистов, которых советуют друзья и знакомые для устранения страшных проблем со здоровьем и психикой.

Сравнительно недалеко от Киева есть человек, которого называют «босоногий священник». Он лечит молитвой наркоманов, алкоголиков, людей, страдающих перееданием, и многих других. К нему едут со всего мира, о нем снимают сюжеты телеканалы, в том числе и зарубежные. Многочисленные больные и паломники одаривают босоногого священника подарками, деньгами, машинами и даже построили тому полноценную церковь, где он правит службу. Знакомые, которые приезжали к нему в желании бросить курить, и, кстати, бросали, говорили, что тот собирает большое количество людей, а потом у каждого проходящего мимо спрашивает, от чего страждущий хочет избавиться. Далее идет некое общее заговаривание для определенного количества пришедших, и после этого люди отправляются домой. То есть происходит именно сеанс массового гипноза. Но следует сказать, что к босоногому священнику со временем стало обращаться все меньше людей, потому как все меньшему количеству больных и страдающих от зависимости он помогает. Видимо, стал терять свой дар и силу, способность воздействовать на прихожан. Подобное произошло впоследствии и с Кашпировским. Причина этого очень важна, и у обоих она одна и та же.

К причинам мы придем позже, а пока давайте самую малость поговорим о предпосылках того, что эти люди делали, прежде чем получили силу воздействовать на массы. Связаны ли их поступки с полученным результатом. В христианстве, которое можно условно поделить на две самые крупные конфессии по количеству последователей, католицизм и православие, быть священнослужителем — значит отречься от многого. Католические монахи, священники, различные клирики не имеют права после того, как приняли сан, жениться, заводить детей и предаваться интимным утехам. В православии это правило распространяется на монахов. Остальные могут жениться до пострига, и тогда жена останется со священнослужителем после того, как человек станет частью машины под названием «православная церковь». В случае развода история взаимоотношений с противоположным полом для священнослужителя заканчивается. По большому счету, в другой форме и по другой причине это касается и буддистов. Удивительно, что подобные решения принимаются людьми при здоровых и хорошо функционирующих органах, которые были предоставлены человеку с определенной целью. Как я уже писал, это то же самое, что иметь здоровые ноги и добровольно отказываться ходить или обладать здоровыми руками и ничего ими не делать. Маразм.

Кто-то задавался вопросом, для чего это делается? По какой причине большое количество здравомыслящих людей по собственной воле отказываются от сексуального контакта, самоудовлетворения, а порой и от животной пищи. У одних отказ от поедания плоти длится ежегодно периодами, у других постоянно. Что в таком случае должно происходить в человеческом организме? Помните, Христос вроде тоже после определения пути и судьбы, после принятого им решения уходит в пустыню, дабы пребывать в посте, не есть и не пить, на протяжении сорока дней.

Наверняка эта совсем неглупая историческая личность совершала подобный поступок не просто так, а с какой-то целью. Существуют древние книги по магии, которые называются гримуарами. Некоторым из них много сотен и даже тысяч лет. В каждой из них пишется о необходимости отказа от секса, самоудовлетворения и животной пищи на какое-то время, прежде чем переходить к осуществлению обряда. Более того, при некоторых сверхсложных ритуалах необходимо соблюдать строгий пост на протяжении трех лет. Сейчас обращусь к мужчинам, так как не знаю, как обстоят дела с этим у девушек и женщин. Мужчины, вы замечали, что, когда мы находимся в воздержании, не развлекаем себя сами и не развлекаемся с кем-то, буквально через неделю или даже несколько дней мы чувствуем себя сильнее, собраннее и увереннее? Сейчас все мужчины, даже те, кому абсолютно не нравится, что я пишу, согласились со мной, потому что написанное совершенная правда. Недавно в многочисленных пабликах в различных соцсетях стали проводиться марафоны под названием «месяц без мастурбации». Многочисленные блогеры, у которых в ютубе миллионы просмотров, проповедующие саморазвитие, рассказывают, как они без мастурбации и секса живут по несколько месяцев, и даже предоставляют фото для сравнения, как изменилась их внешность за несколько месяцев в лучшую сторону.

Удивительно, к чему все эти странные детские многочисленные заявления вслух. Неужели есть те, кому так сложно воздерживаться. Но главное, для чего это делать. Почему пост держат постоянный и временный в различных религиях, почему Джим Керри рассказывает о сексуальной алхимии и воздержании в определенный момент месяца, почему сын плотника Иосифа тоже принял участие в подобной практике, почему средневековые теурги вынуждены были держать пост ради способности творить чудеса. И почему дети, в чьих жизнях нет секса и самоудовлетворения, благодаря мелатонину, сдерживающему интимную функцию до определенного момента, тоже без этих вещей вроде как исполняют желания лучше взрослых, а еще их мозг больше, дольше и чаще пребывает в тета-ритме. Тут есть какая-то связь, причина и закономерность? И, может, она чуть больше, чем просто признание церкви о постыдности и срамоте секса и прочих шалостей, а также желание доказывать Богу свою верность через проявление силы воли в подобных процессах. Какая глупость... Нет ничего более прекрасного, красивого и мистически божественного, чем секс в любви. Процесс, который порой приводит к появлению детей, то есть продолжению жизни. И все же, повинуясь канону и требованиям, многие мужчины и женщины вдруг лишают себя физических интимных взаимоотношений с партнером или самим собой. Ну или, скажем так, лишь говорят об этом, на самом деле порой идя на компромисс со своим телом, повинуясь бушующим гормонам. И это важная деталь... ведь несоблюдение каких-либо правил, которые должны дать определенный результат, должно лишить этого результата. Колдуны не колдуют, предсказатели будущего ничего не предсказывают, священники давно не видят бога и ангелов, не отпускают грехов, а гипнотизеры больше не гипнотизируют. Каждое из вышеперечисленных действий превратилось в фарс и ложь, которые в лучшем случае окажут воздействие на человека лишь благодаря эффекту плацебо.

Какой позор, какой стыд загубить целое направление в медицине, дискредитировать его по той причине, что в него ринулись все подряд без должной подготовки. Я о гипнозе, методе лечения в психиатрии, помогавшем когда-то огромному количеству людей в самых жутких ситуациях. Морфий для обезболивания был не всегда доступен в глубинке и губерниях вдалеке от столиц, а вот врач, умевший снять даже самую страшную боль словами, всегда был неподалеку.

В советские времена даже вышел ряд документальных очерков о молодых людях, вызывавших обезболивание в самих себе и мышечный гипертонус благодаря самогипнозу. В этих очерках говорили о чудесах гипноза наряду с прорывами в фармакологии и лечением инсулиновыми комами особо тяжелобольных. Сейчас гипноз, самогипноз и многие другие странные вещи, некогда бывшие нормой, кажутся чистой воды разводняком. Видимо, современный человек умнее своих предшественников, не обладающих нынешними знаниями и данными научных открытий. Но как же так, почему книга величайшего ученого, отца рефлексологии, в сравнении с которым Фрейд и Крик маленькие глупенькие мальчики, Владимира Бехтерева была названа ГИПНОЗ, ВНУШЕНИЕ, ТЕЛЕПАТИЯ? Почему мой трюк с картами работает и почему нейроны, разделенные между собой пустым пространством, все же получают информацию друг от друга? Почему Кашпировский и босоногий священник могли так много, а потом у одного дар вообще исчез, а у другого тает на глазах? Почему в прошлом были чудеса, а теперь их нет... Неужели это все лишь обман? Что же такое было раньше в священнослужителях и гипнотизерах, чего теперь нет?.. Что это за сила?

Конечно же, в определенный момент босоногий священник, до того как его завалили деньгами и дарами, исполнял канонические предписания, касающиеся воздержания и прочих деталей поста. Анатолий Кашпировский, взрослеющий в послевоенное голодное время, мало ел, не ругался, рос в хорошей любящей строгой семье, где мама многое запрещала. Он вставал в пять утра и начинал день с тренировок с гирей. Что-то украсть, обмануть или сделать пакость было чем-то совершенно неприемлемым и недопустимым. И это не мои слова, а его... Видимо, сдерживая себя, не зная чего-то, дети, священнослужители, монахи, и даже гипнотизеры, должны накапливать в себе что-то позволяющее открыть путь в мир, где все уже случилось. Открыть путь и возможность проникать в человека с помощью слова и некой энергии, которую передают друг другу разделенные между собой нейроны. Эта же энергия позволяет делать трюк с картами, являющийся фактически прикладным доказательством результатов исследования, проведенного Домиником Дюрантом. Может, в прошлом медицины есть ответ на этот вопрос? Он есть...

Каковы истоки гипноза и как назывались первые гипнотизеры? МАГНИТЕЗЕРЫ...

Элемент, который мы искали, элемент, который так нужен каждому из нас, Прана, которой наполняют свою спинномозговую жидкость йоги и буддийские монахи. Энергия жизни, пронизывающая всю Вселенную. То, что должно быть в священнослужителях и врачах благодаря манипуляции с собственной биологией. То, чего так много в нас после рождения, в детстве, если мы счастливы и нас любят. Это...

МАГНЕТИЗМ

Вот теперь начинаем жестить по-настоящему...

Признаюсь честно, мне чертовски не нравится употребление этого слова для определения этого элемента. Оно недостаточно красивое, не благородное и не изящное, как для силы, способной все изменить. Когда-то слово «магнетизм» шло в паре с определением «животный», но как раз это меня и коробит. Несмотря на то что это так, во многом слово «магнетизм» неплохо определяет свойства элемента и силы, заключенной в нем.

Как там продавцы волшебными бобами говорят, закон притяжения? Магниты вроде неплохо притягивают некоторые вещи, не так ли? Не оттуда ли возникло слово «магнетизм» как определение свойств.

Когда мы гуглим «магнетизм», прежде всего википедия нам предлагает пояснение о природе взаимодействия движущихся электрических зарядов, то есть физику. Если мы ищем нужный нам магнетизм, то вы получите следующее, дословно...

«Месмеризм (животный магнетизм) — лженаучная теория немецкого врача и астролога эпохи Просвещения Франца Месмера, которая имела заметное влияние на медицинскую теорию и практику в последней четверти XVIII века и в первой половине XIX века.

До конца XIX века в разных странах были выпущены сотни трактатов о животном магнетизме. Лица, практиковавшие месмеризм в медицинских и иных целях, именовались магнетизерами».

Мамочки мои родные, это же как надо было испугаться, чтобы четвертым словом в определении с ходу написать «лженаучная». Но тут такая незадача, не википедией и не теми, кто ее пишет, жив человек, и вот вам выдержка, первые несколько строк из доклада об открытии МАГНЕТИЗМА, который написал сам первооткрыватель Франц Месмер. Перевод с первого издания доклада, сделанного, внимание, в 1781 году. ВНИМАТЕЛЬНО читайте, что пишет этот человек...

«Открытие действующего на нервы принципа уже долгое время назревало, ибо он является очень важным в жизни каждого человека. Этот действующий на нервы принцип способен расширить кругозор и сделать счастливым, может излечить все болезни, которые до последнего времени считались неизлечимыми. Те некоторые особенности учения об этом принципе, которые я передал за последние несколько лет, были восприняты некоторой публикой с большой ревностью, завистью, гордыней и недоверием, переходящими порой в умышленный обман, преследующий цель, чтобы эта теория была забыта».

Постойте, этот человек в 1781 году пишет о принципе, даже не о силе и энергии, как это делаю я, которая воздействует на нервы? Нервы и всякие там импульсы, о которых толкую на протяжении более сотни страниц? Эй, Франц, перестань, ты аферист, а магнетизм, из которого возник гипноз, и с этим фактом вынуждена была смириться даже медицинская энциклопедия и современная наука, — мракобесие.

Двести сорок лет назад человек, врач уже понимал, что суть не в мистике, а в некоем взаимодействии с нервами, нейронами и энергией, которая на них воздействует. Сейчас современная наука, несмотря на все запреты и желание спрятать от человека правду, все равно, вне стремления скрыть лекарство, способное помочь многим, наталкивается на обнаружение элемента, которого так мало осталось в людях.

Вы знаете, что если пересадить яичники обезьяны или семенные железы примата мужчине или женщине, то они сразу помолодеют, будут лучше себя чувствовать, станут более здоровыми. А еще у них не будет проблем с тестостероном или эстрогеном, в том случае если родные яичники у женщины или семенные железы у мужчины были удалены вследствие онкологии. Невежды скажут: да как это возможно, они ведь не приживаются, разные ДНК и т. д.

Семенные железы и яичники настолько важные органы для человека, что при помещении их в брюшную полость они сами обрастают капиллярами и нервными волокнами, начиная поставлять в тело нужные гормоны. Вы знали об этом? Что это — научный и медицинский факт? Нет... А вот Сергей Воронов, французский хирург российского происхождения, знал и спас благодаря таким операциям много людей. Это было в конце XIX — начале XX века. Вы же не думаете, что профессор Преображенский в повести Булгакова «Собачье сердце» сказал: «Я вам, сударыня, вставлю яичники обезьяны!» — потому что автору было нечего делать? В то время это было передовым методом лечения многих болезней.

А теперь объясните, почему подобных операций не проводят тысячам и десяткам тысяч женщин, лишившихся своих яичников после онкологии? Страдающих от последствий? То же касается и мужчин... Ну как зачем?! Нельзя же оставить без прибыли процветающую фармакологическую промышленность, зарабатывающую десятки и сотни миллиардов. Не переживайте… Очень скоро, лет через 20–30, работу Сергея Воронова тоже объявят лженаукой. Но вот чего не могут человека лишить зеркальные нейроны, информационная выгребная яма, льющая свои потоки на нас обильным водопадом, и настоящая лженаука, прикрывающаяся своим страхом признать очевидное, это выбора. Она не может лишить нас тела, организма и разума, которыми можно манипулировать и совершенствовать их в своих целях, для достижения результата. Поэтому каждый из нас просто может опробовать трюк с картами, усложнять и совершенствовать, удивляясь результатам. Каждый может опробовать на себе накопление магнетизма и удостовериться, как после него доска визуализации, дневник желаний и аффирмации наконец впервые в жизни заработают. Ведь теперь вы знаете, что суть не в визуализации, а в энергии, которая способна управлять желаниями и воздействовать на окружающий мир. На людей и сознание. Эта сила, эта энергия, этот элемент — МАГНЕТИЗМ. Знаете, каждому учению, каждой религии или идеологии необходимы миссионеры, которые будут распространять их, навязывая людям мировоззрение, через предложение счастья после смерти, или в общине. Только обязательно постоянно плати деньги, или отдай квартиру, или ты несчастлив, потому что все неправильно делал, или приведи еще друзей или родных. Как же я рад, что Асентии так развиваться и расти не придется. Когда вы увидите реальные, а не липовые результаты, когда увидят реальные изменения в вас и с вами окружающие люди, они сами придут. Я бы даже сказал, прибегут. Потому что двигателю внутреннего сгорания нужно горючее. Самолету, чтобы летать, необходим двигатель, создающий тягу и знание законов аэродинамики. Мозгу для мыслительного процесса нужны ионы. А для чудес и изменений в жизни необходима Асентия. Соблюдение определенных не духовных, не выдуманных, нет, а психофизических биологических правил. Да расшибите себе хоть голову до крови, ставьте любые свечи, молитесь любым богам, пишите любые дневники желаний, делайте, что хотите, без накопленного магнетизма ничего не выйдет. И йоги, буддийские монахи, католические и православные священнослужители, теурги или, скорее, те, кто создавал знания, которыми те теперь пользуются, знали об этом. Они пытались накопить, да и, наверное, пытаются сейчас аккумулировать в себе эту энергию, которая сосредотачивается подобно свету в спинномозговой жидкости. Но сейчас ничего ни у кого не выходит. И причины тому очевидны... Это настолько на поверхности, что даже не хочется об этом писать. Но написать придется...

Конечно же, в связи со временем и техническими возможностями науки, и в частности медицины, Франц Месмер просто не мог знать даже того малого из научных открытий и фактов, что написано в этой книге. Но это не имеет значения. Он прежде всего понял и определил принцип существования некоего элемента, который способен влиять на человека и мир вокруг него. Он определил, что магнетизм можно накапливать в себе, как и энергию в магните. Он писал в своем докладе, которому уже больше двухсот лет, что человек, как и магнит, может накапливать в себе этот элемент и, конечно же, размагничиваться вследствие течения времени или определенных действий, как и магнит. В детях этого заряда больше, во взрослых — меньше... При таком детстве, какое было у Анатолия Кашпировского, он накапливал магнетизм тоннами. Потом, оказавшись в институте, учась в советские времена на психиатра, он просто не мог не изучать историю гипноза и теорию магнетизма. Когда он попробовал применить эти знания, у него получилось. То же самое происходило на определенном этапе у босоногого священника, о котором я писал ранее. Внушение себе каких-то установок или идей — это, конечно же, самогипноз. Самогипноз, который будет более эффективным после того, как в голове вследствие постоянного повторения образуется крепкий нейронный путь, по которому будут синхронно при определенной настройке двигаться ионы, несущие конкретный заряд. Магнетизм.

Без него у священнослужителей не бывает чудес, у человека нет удачи, а гипнотизер не может никому помочь. Именно поэтому в последние годы гипноз стремительно переходит в разряд лженаучных теорий. Однако в этом виновато не знание, а те, кто безалаберно его использует, подходя к чистому изящному искусству с грязными нахрапистыми руками. «Ах, у меня не получилось, значит, это лженаука». Если ты не можешь прыгнуть на семь метров, это не значит, что такого результата никто не достигнет. Такое расстояние преодолеют лишь единицы, которые тренируются больше и усерднее остальных.

Если вы прочитаете книгу великого ученого Бехтерева «Гипноз, Внушение, Телепатия», то услышите, что он в самом начале своего труда упоминает Месмера и выражает несогласие с ним в определенных утверждениях. Бехтерев упомянул о Месмере в книге, изданной в 1911 году. А в википедии утверждается, что магнетизм был важной и используемой медицинской теорией в конце XVIII — в начале XIX века, и все. В начале прошлого века, а именно XX, один из первых торговцев волшебными бобами, Уильям Аткинсон, написал книгу под названием «Сила мысли, или Магнетизм личности». Наполеон Хилл создал свой мегабестселлер «Думай и богатей», с которым «Гарри Поттер» и «Код Да Винчи» рядом не стояли, в 1937 году. Друзья мои, это все идеи и теории Месмера! Они породили такое огромное количество аферистов и паразитов, желающих продать людям чудодейственный эликсир богатства, заставляя свою аудиторию просто верить в хорошее, не обеспечив эту веру никаким потенциалом энергии. У продавцов волшебных бобов прошлого, максимально упрощающих совершенно научную теорию Месмера, доказательства которой есть в современности, оказались прекрасные ученики, катающиеся по миру, призывающие несчастных людей считать, что возможно получить что-то из абсолютного ничего. Но так не бывает, так никогда не было и так никогда не будет. Во Вселенной никакая материя и энергия не появляется из ниоткуда и не исчезает в никуда. Одни формы материи и энергии преобразуются в другие. И этот процесс происходит бесконечно...

Но для всех процессов, в том числе и исполнения желаний, необходимы затраты определенной энергии, отвечающей за выполнение конкретной задачи. Вот есть человек, который вследствие определенных действий, о которых сам не знал, обладает неким количеством магнетизма. Он прочитал книгу какого-то торговца волшебными бобами, сделал доску визуализации, и у него все написанное в книге якобы сработало. А у остальной тысячи читателей нет. Но, смотря и слушая одного очевидца, у которого все хорошо, они не высказываются, считая, что, видимо, делают что-то неправильно. Вселенная не могла оставить человека в беде... Она обязана была и создала выход. Накопление энергии в случае отсутствия еды, дома, денег и прочих преимуществ, дарящих комфорт, для того, чтобы выйти из любого тяжелого положения. Я часто говорю о том, что то, что пишу, не касается людей, которые имеют тяжелое физическое или умственное состояние. Но это не совсем так, думаю, даже человеку с инвалидностью без биологических повреждений мозга это под силу.

Очень плохо, что торговцы волшебными бобами решили все упростить, сделав учение о некоем законе привлечения чем-то максимально легким, практически не требующим физических и ментальных затрат. Однако если вы прочитаете доклад самого Месмера, вы узнаете, что магнетизм — это реальная сила, которую можно ощутить. Конечно же, харизма или, например, сила воздействия гипнотизера, сила убеждения — это прямое воздействие магнетизма и уровня его объема в конкретном человек.

Но помимо этого Франц Месмер писал в своем докладе о том, что магнетизм — это всепроникающий флюид.

Я, когда читал его труд после того, как сделал десятки собственных исследований и выводов, был поражен практически каждым словом. Почти каждое утверждение совпадет с тем, что вы читаете в Асентии. А ведь он из-за времени и уровня науки просто не мог знать то, что могу знать я. Но его вело нечто зовущееся интуицией. Конечно же, речь идет о магнетизме и о так называемом сухом пути Алхимиков. Каждый из вас должен и может пройти этот путь для получения желаемого. Лучшим доказательством или опровержением любой теории будет попытка проверить ее на себе. Я начну с себя. Чтобы быть честным, я должен пройти этот путь и доказать силу сделанных утверждений и правильность схемы. Должен показать результат на себе. С другой стороны, он уже есть. Я не пришел к вам с убеждением, что мое мировоззрение правильное и всем следует поступать так же, ведь я внезапно решил продавать вам удачу, заключенную в книгах. Я пришел к вам, пройдя путь из достижений в виде любви, успешной работы в разных сферах и в разных областях, а главное, у меня была мечта быть писателем. За моими плечами три художественные книги, которые чудесно продаются не в первом издании и очень нравятся людям. Вы держите четвертую книгу, и сразу после ее окончания я начал писать следующую, ведь заказ на нее уже поступил. Я не коуч, не тренер личностного роста, не гуру и не продавец волшебных бобов, я мастер, который делает то, что считает нужным и когда считает нужным. Жестко манипулирующий реальностью и собой так, чтобы все было на его условиях.

Однако я сам уже прохожу и пройду до конца путь по дорожной карте к лучшей версии собственной реальности, потому как человек, который весит 300 килограммов, не имеет права ничего никому рассказывать о диете, преимуществах голодания и здорового питания. Значит, мы все изменим и пойдем нужным путем. Людей так часто обманывают, я не имею права поступить так же. Ведь я один из них, и обманутые надежды мне причиняют боль, как и остальным.

Конечно же, я не совершил открытий, их совершили до меня и при мне масса умных людей. Моя заслуга в том, что после того, как я ощутил действие магнетизма на себе и понял его преимущества, я решил понять его суть и причины появления. Изучая на протяжении 25 лет материалы, копаясь в медицинской, научной и исторической литературе, я смог с невероятной ювелирной точностью соединить утерянные и спрятанные нити в единое учение и единую дорожную карту под названием «Асентия». Моя задача описать, рассказать, облечь в понятную форму, доказать на собственном примере, дать результат и повести свободных людей за собой к персональной, а на самом деле — к общей мечте. К комфортному миру, где люди живут в достатке, обладают знаниями, которыми хотят, и где люди счастливы. Я бы хотел жить в таком мире. Но пусть каждый сам определит для себя, чего хочет, и получит это. Человек должен быть свободен в своей реализации и возможностях. Теперь у вас есть знание, какой элемент нужно накопить, какой силой нужно обладать для того, чтобы изменить жизнь и судьбу. Далее в нашем восхождении нужно переходить ко все большей конкретике, как эту силу накапливать, что для этого нужно делать. Как и почему эта сила есть не у всех и почему мы лишаемся ее с годами. Обо всем этом — на следующих ступенях. Но прежде чем мы шагнем вверх, я хочу привести прямой текст из доклада Франца Месмера. Вы будете шокированы, когда прочтете его. Вы увидите, как сильно написанное мной созвучно с его умозаключениями. Знаете, когда я впервые ознакомился с этим докладом? Сегодня ночью, когда писал ступень, посвященную магнетизму, 25.08.21. Безусловно, до этого я читал много о магнетизме и самом Месмере, однако это были совершенно иные источники. Это не был перевод первого издания, сделанного в 1781 году. Это и шокирует... Какое поразительное сходство. Однако это и радует... Так как указывает на правильность пути. На его безальтернативность для человека в погоне за желаемым.

«Согласно моим наблюдениям нарушенная гармония человеческого организма может самовосстанавливаться благодаря некоему универсальному агенту, в существовании которого я полностью убежден».

«Все тела в той или иной мере способны проводить магнетический флюид так, как это делает природный магнит. Этот флюид наполняет всю материю. Этот флюид может быть аккумулирован и усилен, так же, как и электричество. Этот флюид можно передавать на расстоянии [Здесь речь, безусловно, идет о телепатии. — Авт.]. В природе есть два вида тел: одни усиливают этот флюид, другие его ослабляют».

Франц Месмер, 1781

Магнетизм, мои дорогие друзья, и Асентия — это возможность все полностью изменить... Так, чтобы все было на ваших условиях и решение было лишь за вами...

СТУПЕНЬ 11

«Ровный характер, твердая надежда, мужество и храбрость — несомненно помогут успеху; страх и отчаяние только унижают человека. Парализуют действия других его положительных качеств».

Ментализм, 1906

Ничего, друзья, не напоминает?! Слово в слово то, что сейчас говорят во время своих выступлений гуру, коучи и прочий мусор в индустрии психологии и личностного роста. А этим заявлениям, на секундочку, больше ста лет. То есть паразиты, говорящие очевидные поверхностные вещи, желающие за пару долларов сделать вас богаче и счастливее, существуют уже давно. И люди с удовольствием едят это за обе щеки, постоянно обламываясь. Потрясающие по своей сути советы: нужно себя любить такой, какая ты есть, и получать удовольствие от жизни, ведь жизнь коротка. Ты должен верить в себя. Если ты слаб, будь сильным. Чтобы выглядеть увереннее, будь уверен в себе. Если мучит жажда, попей воды. Если боишься темноты, включи свет. Нужно делать как нужно, а как не нужно, делать не нужно. Боже, когда же люди перестанут это слушать... Когда они уже наконец осознают, что это никак им не помогает. Невозможно найти решение каких-либо проблем на поверхности. Чем серьезнее проблема, тем серьезнее и труднее решение. Ну не поможет при СПИДе подорожник, поймите. И эмоциональный, и психический СПИД тоже не лечится эмоциональным и психическим подорожником и рубрикой «Полезные очевидные советы». Цитата, указанная сверху, между прочим, приведена из статьи «Как усилить магнетизм». Я перечитал несколько десятков книг по этой теме, которые были написаны сто, сто пятьдесят лет назад, а также несколько современных, далеких от той дивной поры. И независимо от срока давности даже в книгах, которые купили и прочитали несколько десятков миллионов человек, все сводится к одному: верьте в себя, соберитесь, делайте правильные вещи. Это шутка?!

Как я уже писал в самом начале, собраться с силами в восемнадцать одно, а в тридцать восемь — совсем другое, и это зависит прежде всего от биохимии. Было бы интересно посмотреть на реакцию пациента, который лечится от депрессии лет пятнадцать, когда доктор дает ему рецепт, на котором написано: соберись и верь в себя. Да невозможно это, просто невозможно...

Глубинные проблемы, приносящие дискомфорт и боль, так же лечатся, в глубине, а чтобы туда добраться, нужно взять в руки лопату и начать копать. Вы когда-нибудь копали яму глубиной хотя бы 3–4 метра? Я копал... И это было очень тяжело и заняло много часов. А все, что нас интересует, золото, бриллианты и прочие полезные дорогостоящие ископаемые, еще глубже. Я знаю и понимаю, что хочется найти решение проблем более легким способом и сделать это быстро. Вот те, кто такие варианты продает, вас и находят. Ну как, помогло? Или пришлось пойти иным путем, купить другую книгу и послушать другого человека, предлагающего более серьезный и пристальный взгляд на решение вопроса? Мы с тобой, дорогой мой читатель, оба знаем ответ.

Однажды я собрал аудиторию из двухсот человек. Мы с партнерами пробовали дать мастер-класс, на котором спикер, то есть я, должен был рассказать конкретные способы и методы обнаружения собственного предназначения. Конкретный вопрос, конкретный ответ. Поскольку это была проба пера, вход на мероприятие был бесплатный, а аудитория, которая совсем меня не знает, собрана лишь благодаря рекламе. Не понимающая, что конкретно я буду рассказывать. Собрался практически полный зал незнакомых мне людей. И вот я начал говорить им о конкретных примерах из жизни, как генетика и наследственность влияют на судьбу, а также о биохимии. Я, человек, который с огромным успехом провел до этого три выступления для больших аудиторий, оставшихся в восторге, вдруг вижу на лицах пришедших непонимание и вопрос: что происходит? Люди были абсолютно точно уверены, что им будут говорить о том, что нужно верить в себя, собраться с силами и действовать, несмотря на все преграды. Как говорил Арнольд Шварценеггер, когда приезжал в наш город и выступал во дворце спорта: «Я человек, который девять раз упал, но десять раз поднялся». После этих слов зал разразился бурными аплодисментами.

Люди пришли ко мне зарядиться энергией уверенности на шару, как это происходит с Тони Роббинсом или Садх Гуру за большие деньги, ее хватит хотя бы на несколько дней, чтобы не чувствовать депрессию, а не чтобы слушать вот эту вот всю умнятину. Какой-то неизвестный нам брюнет начинает рассказывать о каких-то молекулах, спинном мозге и приводить примеры из жизни. Нам нужно, чтобы гадалка сказала: «О, тебя скоро ждет большое будущее и успех, — чтобы настроение сразу улучшилось». Ходишь такой или такая, и на душе какое-то время приятно, ведь что-то в будущем должно хорошее случиться. Вот чего люди ждали, придя ко мне. Да ложить (да, знаю, что класть, но мне все равно) на вас цыганка хотела, как и винно-водочный король, как и все коучи и Шварценеггер. Они говорят то, что люди хотят услышать, потому что им за это платят. Жаль только, что знаменитый губернатор, актер и культурист не рассказал публике, что он пропустил через свое тело огромное количество спортивной фармакологии, которая вся в его бытность была аналогом природного гормона-нейромедиатора тестостерона. А как известно, нейромедиатор влияет на настроение и нашу нервную систему. Мужчина, у которого уровень тестостерона в десять раз выше самого высокого природного показателя, красив, мотивирован, смел, уверен в себе. Мужчина, у которого этот гормон на полу, — чмо забитое, неспособное ни на что. Шварценеггер десятилетиями чувствовал себя богом с запредельным гормоном мужской силы и уверенности в себе. А потом он женился на племяннице Джона Кеннеди, Марии Шрайвер, а далее, когда находишься в политической и социальной элите, дело было за малым. Сомнений в избрании губернатором самого богатого штата Америки не было ни у кого. Но это вам никто не расскажет. Падайте хоть сто раз и вставайте миллион — ничего не будет либо без удовлетворения спроса всем нужным эксклюзивом, либо без магнетизма. Все остальные рассказы для дурачков, которых надо подсадить на крючки и доить.

Никому свободные люди не нужны. Дилерам надежды необходимы постоянно покупающие товар наркоманы.

В какой-то момент во время моего выступления, когда я говорил о молекулах, их значении и, в частности, о ДМТ, один из гостей спросил:

— Вы говорите о веществах и о каких-то преимуществах, которые они дают?

Я ответил утвердительно и привел тогда просто-таки гениальную аналогию. Что делает спортсмен, чтобы гарантированно прийти первым? Конечно же, употребляет допинг, а допинг в спорте — это как раз нейромедиатор, главный мужской сексуальный гормон тестостерон. Так почему при существующей конкуренции, где ты честный, а твой соперник — не всегда, должно быть иначе? Нет, друзья мои, от меня жалости к себе и вещей, которые вам приятно слышать, вы не дождетесь. Я, конечно же, утешу страждущего, но прежде всего сосредоточусь на полном выздоровлении человека, а не ограничусь пустой словесной терапией. Именно поэтому о моментах, связанных с накоплением магнетизма и причинами его потери, многим будет неприятно слышать. Кто хочет безрезультатной легкости и пустых надежд, закрывайте книгу и идите любоваться на вашу доску визуализации, которая много месяцев или лет безрезультатно пылится. Тех, кто хочет, чтобы задуманное и посылаемые в космос аффирмации наконец сбылись, приглашаю со мной в бой. Мои доски визуализации всегда работают.

Помню, как я безумно хотел самоутвердиться после первой презентации книги, пускай и успешной, но проведенной в такой постыдной дыре в промзоне с бетонными стенами. Происходило это в феврале 2018 года. Мне безумно хотелось вторую презентацию провести в красивом и особенном месте, которое могло бы подчеркнуть статус происходящего.

Осенью того же года у меня с моим соавтором была презентация в самом престижном заведении Киева.

Помню, как я мечтал, чтобы мой дебютный роман, триллер с таким скандальным и непростым названием, был хотя бы денек на первом месте в списке самых продаваемых триллеров в стране.

Он находился на первом месте пару месяцев. Мне продолжать?

У меня все доски и дневники работают. Я их, правда, не веду. Просто незачем. Беру из мира, где все уже произошло, идею, думаю, как ее реализовать, создаю схему и иду по ней. Реальность сама способствует реализации задуманного... МАГНЕТИЗМ. Именно он помогает мне на пути, иногда таким чудодейственным образом, что просто нет слов. Чтобы его накопить, чтобы научиться его накапливать, а потом использовать, придется над собой поработать. Но зато результат стопроцентный.

Все источники, кроме нескольких хардкорных, где говорится о магнетизме и о том, как его накопить, настолько упрощали это понятие, что все сводилось, как я и писал ранее, к самонастрою и самомотивации, которая просто невозможна без правильной подготовки биохимии. Да, быть может, есть исключения, но только если все возрастные, эмоциональные, финансовые, личностные, волевые показатели в норме. Но в таком случае вам не до этого, у вас и так все отлично и нужно наслаждаться жизнью.

Месмер писал, что магнетизм — это в том числе и настройка нервной системы. То есть человек за много лет до понимания нейромедиаторов и их влияния на человека, мозг и нервную систему предсказал необходимость биохимической настройки для накопления и использования магнетизма.

Давайте на первое место в наших поисках и разборе явления поставим закономерности в рекомендациях людей, которые предположительно совершают чудеса. По идее, у священнослужителей должна быть крепкая вера, отказ от секса и самоудовлетворения, постоянно глубокая молитва, и в определенное время — пост. По большому счету чудеса продолжаются на протяжении всего года. Таким образом, если положиться на результаты исследования, где говорится, что глубокая молитва и медитация — одно и то же, и энцефалограмма и тех и других показывает работу мозга в тета-ритме, а значит, задняя теменная доля мозга понижает активность, следовательно, эти люди в постоянном контакте с чем-то незримым.

Да, у них этого не происходит, и, видимо, либо я вру обо всем, что рассказываю и предполагаю, или врут они о соблюдении всего вышеперечисленного. Мы уже знаем ответ на этот вопрос. Отвечая на него, каждый из нас слегка ухмыльнулся, вспомнив конкретного священнослужителя или даже нескольких.

Если продолжать о закономерностях, у индийских гуру, буддийских монахов и йогов должны быть такие же действия, и в двух разных религиях мы видим одинаковые правила. Отказ от мяса и прочей животной пищи, отказ от секса, самоудовлетворения, брани и прочих плотских утех.

Переходим к средневековым теургам и мистическим гримуарам. Там тот же принцип. Смотрим на детство и юность очень сильного и профессионального психиатра и гипнотизера Кашпировского, там все то же. Дети... Ну, в идеале, не бранятся, питаются правильно, нет секса, стрессов, зла и много другого. Опять то же самое. Христос, сын Иосифа-плотника, появляясь в тридцать лет после долгого отсутствия, очевидно, научившись чему-то, принимает крещение, то есть помазание на конкретный путь. Он не начинает сразу с чудес, а вначале отправляется в пустыню для сорока дней полного сурового поста, и уже потом начинается его восхождение. Совпадение? Нет, не совпадение.

А теперь о самом интересном и, по моему мнению, подлом. Очередной продавец волшебных бобов, написавший книгу «Сила мысли, или Магнетизм личности», Уильям Аткинсон, выдавая одну за другой рекомендации по повышению этой загадочной силы в человеке, в самом начале своего творения говорит, что некоторые считают, что накопить магнетизм можно, отказавшись от секса и став вегетарианцем. Но далее он же поясняет без углубления в тему, мол, все это фигня, вы многотысячелетний опыт не слушайте, вы слушайте меня. Далее идет нудотина и бред в стиле «постарайтесь вести себя уверенней, чтобы нравиться девушкам». Да неужто вот это — технология и открытие вселенских тайн. А еще нужен уверенный взгляд... Чтобы он у вас был, нужно быть уверенным в себе.

Мне почему-то кажется, если я хоть немного попробую написать нечто подобное, мой читатель и зритель меня просто разорвет на части. Мне даже в голову не приходит, как можно так пошло ездить по мозгам людям. Но непонятнее этого для меня то, что людям это нравится. Волшебные бобы идут отлично...

Выходит, что человек, а именно Уильям Аткинсон, упомянул о правильной схеме, но тут же ее забраковал, понимая как бизнесмен, что нужно упрощать, и тогда человек, полный жалости и лени к себе, с удовольствием возьмет то, что на поверхности, а не в глубине. Мне кажется, так может поступить лишь мерзавец... Ну что возьмешь с индустрии личностного роста. Индустрия, б...ть. Позорище.

Ты, дорогой мой читатель, конечно же, не поверишь, но все-таки это правда. После долгого изучения биологии человека и его нервной системы мне удалось найти взаимосвязь между потерей магнетизма, сексом и мастурбацией. Вот прям связь железобетонная и, главное, понятная по схеме. Мне ясно, почему человек теряет магнетизм в связи с негативными эмоциями, и об этом я тоже напишу. Но мне все еще непонятна связь между потерей магнетизма и едой. Необходимостью отказаться от животной пищи. Я убежден, что суть не в нравственности и человечности, а именно в биохимии. Но понять как пока не могу. Не беда... Значит, надо работать, читать, изучать и искать ответ. Да, все мы знаем о пользе отказа от мяса и кратковременного голода, однако должна быть прямая причина в изменении биохимии. Есть теория, что пост и отказ от животной пищи повышают выработку диметилтриптамина, молекулы духа. Но какой физиологический механизм этого, необходимо еще выяснить.

Парни, все мы знаем ощущение наполненности силой при воздержании, и это факт. Не знаю, как там у девушек, вполне возможно, и с вами, родные, точно так же. Но суть остается неизменной.

В процессе оргазма и в регулировке участвует спинной мозг. Тут уже логически мыслящим людям все должно быть понятно. Итак, цитирую дословно, «половая ветвь очень обширна и состоит из нервов, которые пронизывают области крестца». Это то самое сплетение, которое называется САКРАЛЬНЫМ СПЛЕТЕНИЕМ? Да, совершенно верно. Еще одно подтверждение всему написанному. Нервные окончания собирают электрические импульсы, поступающие от половых органов, и через спинной мозг посылают их в головной мозг. Сигналы суммируются в спинном мозге, и именно там наступает разрядка. Так мы теряем магнетизм, энергию, которая, как сказал сам Месмер, должна быть подобна свету, хранящемуся в спинномозговой жидкости, через сплетение, зовущееся сакральным, то есть священным. Такова биология этого процесса. Именно поэтому после секса с нелюбимым человеком или мастурбации мужчина так себя чувствует.

Такие мемы придумываю не я. Просто я рассказываю и пишу правду, все, как есть на самом деле. Все мужчины так ощущают потерю магнетизма. Это биология, нервы и ваши эмоции, чья природа опять же биология.

Когда мужчина воздерживается, спустя какое-то время он чувствует себя крепче и сильнее, именно потому, что такое действие даже на самом минимальном уровне оказывает накопленный магнетизм. Именно поэтому его должно быть много в ребенке, так как интима в его здоровой, правильной жизни, где его любят и оберегают родители, нет. Когда, ребенок подвергается насилию, сексуальному или физическому, когда он постоянно в стрессе, когда он нелюбим, он просто не может поддерживать правильный эмоциональный баланс, состоящий из серотонина, окситоцина и т. д., для накопления магнетизма. О чудесах и исполнении желаний в таком случае можно забыть. Нравится это кому-то или нет. Поэтому любите своих детей, заботьтесь о них, не позволяйте зеркальным нейронам копировать и создавать нейронные пути, закрепляющие в ребенке плохое и вредное. И тогда, вполне возможно, его мечты и молитвы о вас помогут больше, чем ваши собственные.

Но елки-палки, я как психически здоровый мужчина, любящий и желающий женщин телом и душой, против отказа от секса. Этого делать и не нужно... Мне кажется, что, если говорить о религиозных конфессиях и прочих культовых убеждениях, отказ от секса с противоположным полом — самая большая ошибка. Дело в том, что, когда мужчина любит женщину, то женщина любит мужчину. В процессе секса, оказавшись внутри женщины, мужчина всеми важными органами своего тела оказывается соединен нервными окончаниями, которые называются сакральное сплетение. Как утверждают исследования в области сексологии, секс подобен некоему медитативному трансу. Во время совместного одновременного оргазма, который возможен между двумя любящими людьми, пара становится единым целым, мужчина и женщина передают друг-другу свой магнетизм. Мужской магнетизм перетекает в женское тело, и наоборот. Это как отдать десять единиц, а получить сто. Ничего сильнее с точки зрения пополнения запасов аккумулятора быть не может. Увы, при самоудовлетворении и сексе с нелюбимым человеком это невозможно.

Как организм и мозг понимает, кто любимый, а кто — нет? Легко... После оргазма с любимым человеком вырабатывается окситоцин, гормон трепета, верности и объятий. Значит, будут нежные обнимашки. Если оргазм случился с нелюбимым человеком, вырабатывается гормон, накапливающий жир, поэтому многим после секса хочется кушать. Я не учу вас нравственности, я не говорю, что плохо, а что — хорошо. Делайте как хотите и что хотите, это ваша жизнь и ваш выбор. Лишь говорю, что реальное положение дел и биология неподвластны вашему желанию и представлению о реальности. И даже если это кого-то бесит, все равно реальность имеет маркеры, указывающие со стопроцентной вероятностью, где ты эгоист, а где — альтруист. Сейчас не о морали, а о том, как теряется и накапливается магнетизм в теле человека.

Те, кто изначально создавали канон и правила для священнослужителей во многих религиях, прекрасно знали и о магнетизме, который называли Праной или духом святым, и о сакральном сплетении, и о флюиде, то есть спинномозговой жидкости. Именно поэтому священнослужитель должен воздерживаться, чтобы накопить максимально много магнетизма.

Франц Месмер в своем докладе о магнетизме писал, что столкнулся в Швейцарии с монахом, лечащим нервные болезни, о котором знала вся страна, так как больные съезжались к нему за помощью отовсюду. Наблюдая за монахом, Месмер утверждал, что тот просто пользуется тем же элементом и силой, что была им открыта, а именно магнетизмом, просто не зная об этом. Наверное, следует быть полностью с вами откровенным, мне, честно говоря, наплевать, что это за сила и как ее назвать, но ее существование для миллионов людей в различные периоды истории человечества было очевидным. Мне интересны лишь свойства силы и возможность ею обладать. Конечно же, когда-то многие чудеса из тех, что происходили в религии, вполне возможно, существовали (важное уточнение: возможно). Однако, видя роскошь и жадность, безверие и несоблюдение собственных же правил, которое демонстрирует современная церковь, прекрасно понимаешь, почему духовных просветлений и чудес там нет и больше никогда не будет.

Однажды в одной из телепередач я слышал, как настоятель самой большой православной святыни на территории бывшего Союза, Киево-Печерской лавры, с гордостью рассказывал, как на него жаловались враги, в глаза говоря, что уже несколько человек умерли после того, как он их проклял. Он с невообразимым высокомерием добавил: «Прекрасно, еще несколько умрут, во имя отца и сына и святого духа...» Слова этого религиозного деятеля я повторил почти дословно. Не ищите и не ждите больше в религии и церкви праны, духа святого и магнетизма, которые должны были накапливаться там. Нет в храмах больше отцов церкви, которые должны его накапливать в себе.

Нет сомнений, что человек и историческая личность, сын плотника Иосифа Иисус обладал запредельным количеством магнетизма. Оттуда и чудеса. Оттуда и необходимость отправиться в пустыню на 40 дней поста в целях его накопления. Он все знал, не с религиозной и духовных точек зрения, а именно с биологической и практической.

ИМЕННО ПОЭТОМУ СКАЗАЛ: БУДЬТЕ КАК ДЕТИ. Конечно же, с биохимической точки зрения действительно важно быть как дети. Далее, взрослея, как мы помним, из-за неправильной настройки организма, внешнего вмешательства веществ, из-за зеркальных нейронов мы ломаем собственную внутреннюю вселенную, и она начинает выдавать такой же неправильный результат.

Итак, исходя из многочисленных источников, благодаря знанию биологии и эзотерики мы понимаем, что человек теряет магнетизм, не находясь в воздержании. Именно благодаря воздержанию мужчины чувствуют, как спустя лишь несколько дней после начала они ощущают себя иначе. Значительно лучше. Но я против воздержания, и избежать этого можно, найдя человека, которого любишь, отдавая ему свой магнетизм и получая взамен его. Скажу честно, я проходил когда-то через такой опыт. Это было фантастически. Вот вам и Тантра*, и Кундалини**.

---

* Та́нтра (санскр. तन्त्र, tántran — букв. *ткацкий станок, основа ткани*, перен. *основа, сущность, порядок, правило, учение, свод правил, способ, уловка*) — общее обозначение эзотерических индийских традиций, представленных главным образом в буддизме и индуизме, использующих особые тайные практики и инициации, которые ведут к освобождению и духовному развитию, и считающих данные методы наиболее эффективными.

** Кундалини (санскр. कुण्डलिनी, kuṇḍalinī; лат. *Kundalini — свернутый кольцом, свернутый в форме змеи*) — в йоге и эзотерике название энергии, сосредоточенной в основании позвоночника человека. Существуют различные методы и практики «пробуждения» Кундалини, то есть подъема этой энергии вверх по позвоночнику, по основным семи чакрам.

Однако выбирать вам, и вы имеете право жить так, как считаете нужным: или с чудесами и удачей, или нет. Не забывайте, что в мире есть масса других способов и путей, с помощью которых можно достичь желаемого. Например, красивая мордашка, и это тоже неплохо. Ее можно получить генетически от предков или создать механически с помощью пластики. А еще родительские деньги. Или физическая сила. Вы можете использовать совершенно любой путь и возможность реализации себя. Но никогда ваш путь не будет столь легок, интересен, полновесен и удовлетворителен, как с магнетизмом. Вот в чем суть этой силы.

Нужно написать об этом сейчас, а не в конце, так как я боюсь, что просто забуду рассказать о своих предположениях, которые тоже очень важны. Франц Месмер писал, что магнетизм — сила, которую можно не только накапливать, но и передавать. Мне кажется, что это возможно с помощью манипуляций с генетическим материалом: телом, мозгом и нервной системой — извне. То есть неким хирургическим, механическим, фармакологическим или любым другим научным путем, который пока человеку недоступен, возможно увеличить некие внутренние резервуары для накопления магнетизма. Сделать их больше. От объема магнетизма в человеке зависит не только его возможность воздействовать на нервную систему других людей и окружающее пространство, но и состояние здоровья, продолжительность жизни, молодости, уровень интуиции и умение читать человека с ходу. Но это всего лишь мои логические предположения, которые имеют, как мне самому кажется, недостаточное количество даже косвенных намеков на это. Я полагаюсь на свою интуицию, уровень и качество которой, как я выше писал, зависит от количества магнетизма.

Также Франц Месмер говорил, что поскольку Вселенная и все в ней дуально, то, если существует флюид-магнетизм, чья природа схожа со светом, есть и противоположная сила, разрушающая и губительная, имеющая негативную природу. Это уже его предположение. По этому поводу я ничего не хочу пока ни говорить, ни писать, эта тема мне неприятна, она многое одновременно и проясняет, и усложняет.

Вопрос, который меня мучит после ознакомления с переводами трудов Месмера, звучит следующим образом. Значит ли факт, что магнетизм можно передавать (и именно это мы делаем, проводя эксперимент с картами), что его можно отбирать у человека? Вот-вот... Интересный вопрос и не очень приятный.

Мы теряем магнетизм, когда много говорим, вкладывая в свои слова веру и эмоции. Неважно, будет это мат, ругань, крик или же очень эмоциональное декламирование любимых стихов. Вы же знаете о священнослужителях как в христианстве, так и в буддизме, которые дают обет молчания. Многие из них молчат десятилетиями. Причина вам теперь известна.

У меня есть много очень успешных знакомых с высоким уровнем благосостояния и власти, у каждого из которых какие-то свои проблемы. В последнее время много и часто слышу от них о ретритах*, через которые они якобы прошли. В основном эти так называемые ретриты — это прием напитка южноамериканских шаманов, называющегося айяуаска. Данное варево содержит большое количество диметилтриптамина, после приема которого моих успешных друзей колбасит эмоциональными и зрительными галлюцинациями на протяжении нескольких часов. Далее они становятся будто бы просветленными, очищенными и с меньшим влиянием их собственных эго на принятие решений. Биологию этого процесса мы с вами теперь знаем благодаря книге «Восхождение». Из-за психоделиков про-

---

* Ретри́т (англ. *retreat* — *уединение, удаление от общества*, рус. лит. *затвор*) — английское слово, вошедшее в русский язык как международное обозначение времяпрепровождения, посвященного духовной практике.

исходит перезагрузка мозга, и нейронные связи лишаются старой энергии и могут наполняться новой. Происходит нейрогенез.

Так вот, мои знакомые и даже друзья на этих ретритах помешались, это для них теперь хобби, почти как покер или путешествия. Все они ищут как можно больше информации, касающейся просветления, возможности открытия все более обширных его горизонтов. Недавно они поведали о новых планах на новый ретрит, то есть удаление от людей с некой духовной целью. В общем, в далеких, но отечественных лесных рощах некоторые умельцы предлагают пройти ретрит, связанный с молчанием. То есть там на протяжении нескольких дней или, по-моему, недели люди, находясь без телефонов и связи с внешним миром, заботятся о себе, ежедневно считаясь с дикими природными условиями, проживая в палатках, медитируя и не произнося ни слова. Это ни в коем случае не тоталитарная секта или какой-то разводняк. Это просто некий опыт, который может себе позволить каждый, у кого есть на это средства и время. Многие успешные люди, думающие о чем-то большем, чем свой желудок и тело, просто приобретают новый опыт, приезжают и уезжают.

Меня в рассказанном моими друзьями поразил тот факт, что, сравнивая эту практику с принятием напитка, состоящего из мощнейшего психоделика, применение которого вызывает мощнейшее токсическое отравление и при этом очищение организма, они утверждают, что ретрит, связанный с несколькими днями полного молчания, оказал на них и на остальных, кто проходил через подобное, больший эмоциональный, интеллектуальный и физический эффект, чем любой психоделический, даже синтетический опыт. Трудно в это поверить, но это так. Подобное я слышал от десятка людей.

Магнетизм ежедневно накапливается, как некая энергия жизни, в каждом из нас. В ком-то больше, в ком-то меньше. Один ее накапливает долгое время, другой тут же отдает, причем не на что-то полезное или же какому-либо человеку, а в никуда. Но все равно каждый день магнетизм в каком-то количестве получает каждый из нас. Отказываясь от определенных вещей и, как многие считают, радостей жизни, мы перенастраиваем нашу биохимию и перенастраиваем наш приемник на получение максимально возможного количественного потока магнетизма. Далее каждый из нас сам решает, отдать его кому-то или чему-то на что-то или оставить. Отказываясь от секса или умолкая.

У меня ежедневно очень много разных дел: спорт, работа, написание текстов, — но я никогда не устаю столь сильно, чем когда веду выступления перед публикой или делаю стримы у себя на канале в ютубе, когда мне практически 2 часа приходится беспрерывно говорить. Если бы мне было наплевать на людей и я говорил безэмоционально, все было бы проще. Но в каждое слово, которое должно помочь человеку, я, конечно же, вкладываю и свою веру, и эмоцию, и силу. Так я лишаюсь огромного количества магнетизма. Но, зная, как его восстанавливать, быстро прихожу в норму. Однако все равно два часа тяжелой тренировки в спортзале, когда ты беспрерывно таскаешь железо, весящее больше тебя самого, меня не опустошают так, как речь, наполненная магнетизмом. Моей внутренней энергией. Во мне ее много, поэтому я такой неугомонный и постоянно что-то создаю. Речь, наполненная магнетизмом, харизматична.

Омерзительный пример, но красноречивый. Художник из Австрии Адольф Гитлер. Щуплый, невзрачный, серый. Вы слышали его голос? Вы слышали, какая у человека ревущая глотка. Напоминаю скептикам и тем, кто не знал, Адольф Гитлер был вегетарианцем. В какой-то момент его жизни из нее исчез и секс, и по этому поводу Ева Браун часто жаловалась и писала об этом в дневнике.

Любая эмоциональная речь лишает нас магнетизма — крики, скандалы, пение, брань, рассказ о чем-то завораживающем. С другой стороны, именно такая речь привлекает внимание окружающих. Я не сказал «громкая», я не сказал «истеричная», я сказал «эмоциональная»... вызывающая в нас эмоции.

В данном контексте нужно обязательно сказать про НЛП, теорию нейролингвистического программирования. Теорию того, что, выбрав определенный ритм речи, выстроив слова особым способом, смотря конкретным образом на человека, можно воздействовать на разум собеседника и получить от него то, что нужно. Наверное, взгляд должен быть таким (см. илл.).

Ложь и выдумки различного рода коучей. Пока ваши слова не будут наполнены магнетизмом, можете брать любые уроки риторики и красноречия — человеку ничто не поможет. НЛП в таком случае просто банальный обман с целью срубить денег. Никаких особенных слов и терминов гипнологи прошлого не заучивали. Их гипноз срабатывал благодаря магнетизму. Еще раз напоминаю, что изначально гипноз берет свои корни именно в магнетизме, и гипнотизер назывался магнетизером.

Вам не помогает гипнолог, который должен был избавить от обжорства, алкоголизма или энуреза? Неудивительно... Вы знаете, как он провел предыдущие день, год или десять лет до встречи с вами.

Однажды, когда Анатолий Кашпировский практиковал в Виннице и принимал пациентов, к нему пришла очень полная женщина. Следует даже сказать, тучная. Она стеснялась своего внешнего вида и того, как на нее смотрят люди. Сев на стул у стола, за которым находился врач-психотерапевт, она, видя, что он не отвлекается от бумаг, стала рассказывать, что ее беспокоит. Но врач не реагировал и продолжал просматривать записи. Закончив свой рассказ, женщина почувствовала себя неловко, считая, что доктор не хочет на нее смотреть, так как она безобразная. Настояв на своем, повысив тон, гостья привлекла к себе внимание врача. Тот оторвался от дел и, взглянув с ненавистью, произнес:

— Пошла вон, корова!

Та, конечно же, в слезах, неуклюже убежала. Она, разбитая горем, не отравилась и не покончила с собой другим способом. Она не стала еще больше объедаться, пытаясь заесть стресс. Нет... Она просто похудела и больше никогда не набирала вес. НЛП? Какой детский сад. Магнетизм и посыл, который заключен в нем, тот, что мы отправляем во внешний мир, не может убить человека, если в нем не заключена подобная задача. Поэтому женщина похудела, а не убила себя. Как Месмер сказал, магнетизм воздействует на нервы. А обжорство, конечно же, это нервное.

Молчание — золото, говорят. Устами младенца глаголет истина, говорят. Слово убивает и исцеляет, говорят. Да, все верно... Но только если внутри слов есть главный ингредиент.

В начале книги я приводил аналогию, касающуюся человека и машины. Говорил, что разум — это программное обеспечение, нервы — провода, мотор и прочие детали — внутренние органы, дизайн — это наше тело, а сознание — водитель. Еще я говорил, что для того, чтобы добраться до пункта назначения, необходимо горючее. Просто на желании водителя, чтобы машина двигалась, она никогда не начнет ехать. Для движения нужен источник энергии. Теперь вы о нем знаете. Знаете секрет, что это за горючее, необходимое для жизни по вашим условиям.

Мы теряем магнетизм из-за курения, в том числе и марихуаны. Я неплохо к этому отношусь, но, думаю, одного раза в месяц или двух будет вполне достаточно для положительного влияния на организм. В крайнем случае всегда есть масло, которое дает весь необходимый положительный эффект, без подавления функции быстрого сна. Да-да, а вы думали, там только польза? Увы, нет, и подавление жизненно важной для правильной работы мозга функции быстрого сна — это огромный вред организму. Во всем нужна мера. Мы теряем магнетизм из-за алкоголя и состояния сильного опьянения. Алкоголь также подавляет функцию быстрого сна, и, когда человек находится много месяцев в запое, эта функция начинает высвобождаться наяву. То есть быстрый сон происходит в состоянии бодрствования и опьянения. Это и называется белая горячка. Таково научное определение этого явления.

Мы теряем магнетизм из-за наркотиков, эйфоретиков и опиатов. Из-за различных психостимуляторов, приводящих нашу нервную систему в чрезмерный тонус. Очень много различной психофармакологии тоже лишает нас магнетизма. Если говорить о психоделиках, то я бы сказал, что они точно перезагружают энергетический фон в голове человека и избавляют от привязок собственного эго. Именно поэтому эксперимент с клиническим приемом ЛСД избавил от алкогольной зависимости все сто процентов больных. Мозги стали как бы свежее и новее, а у нового и свежего мозга старых зависимостей и привязок нет.

Насчет лишения магнетизма веществами, от которых нет зависимости, я точно сказать не могу. Да, все верно, психоделики никого еще не убили и не сделали наркоманом, так как это не наркотик в привычном понимании этого слова. Да, мы все слышали истории о том, что какой-то дурачок съел три килограмма грибов, поверил, что может летать, и выбросился из окна. Но суть не в грибах, а в дурачке. Так будет всегда и со всеми дурачками. Могу сказать одно, моя близкая подруга после прохождения ретрита с айяуаской исполнила одно свое заветное желание. А мужчина, бывший героем документального фильма, снятого знаменитым творческим объединением VICE, поведал миру, что у тех, кто занимается микродозированием грибов, исполняются желания, ведь все начинает происходить так, как мы того желаем. Конечно же, это очень много доказывает из того, о чем говорит учение «Асентия», однако здесь суть не в грибах, а в воздействии молекулы псилоцибина на флору человеческого мозга. Мои рекомендации по различного рода веществам и возможности их приема, с целью помочь каждому из вас, напишу позже.

Мы теряем магнетизма особенно много, когда пугаемся. Поэтому даже в шутку, даже в детстве я не рекомендую никому это делать. Мы лишаемся магнетизма, когда злимся, когда ненавидим, когда пребываем в унынии, отчаянии, жалости к себе. Так наш магнетизм просто уходит бесцельно. Мне кажется, что при недостаточном количестве магнетизма человек теряет правильную нервную настройку, некую программу, и начинает болеть. Выскажу личное предположение, что одиночество, несмотря на стремление многих священнослужителей стать отшельниками, лишает человека магнетизма, а вот когда человек находится в кругу соратников, тех, кого он любит, тех, кто любит его, происходит взаимообмен магнетизмом.

Вообще, по большому счету, все лишает нас магнетизма. Наша жизнедеятельность его лишает. Важно лишь, на что мы его направляем и тратим, кому и чему отдаем. Неправильно, если нечто столь важное и драгоценное, быть может, даже самая важная субстанция во Вселенной, будет потрачено совершенно впустую. На ненависть, злость, бухло, постоянные скандалы, наркотики и другие плохие привычки. Я предпочту его отдать кому-то, сказав искренне: «Я люблю тебя». Порой после этого, чтобы вы знали, жизнь становится лучше и успешнее. Когда ты отдал всего себя человеку без остатка. О да, с таким количеством магнетизма можно идти вперед, ничего не страшась, с удачей, наполняющей энергией паруса.

Несколько раз подобное я видел своими глазами и даже проходил через это. Именно поэтому очень важно не быть одному, а найти человека, с которым у вас будет постоянный добровольный искренний обмен магнетизмом. Так он у вас никогда не иссякнет, а будет лишь накапливаться. Человеку нужен человек. И сын плотника Иосифа, пытаясь изменить мир, не запирался от него в темной хижине или пещере в пустыне. Он был рядом с людьми и среди людей. Которым дарил магнетизм и чудеса, на которые эта сила способна, а те в ответ отдавали ему эту же чудесную, способную на все энергию. Без этой энергии и без этого обмена, к сожалению, наша жизнь пуста. Именно поэтому мы не можем накормить наших демонов и достичь точки полного удовлетворения. Постольку-поскольку вещи не являются источниками магнетизма. Так же как и деньги. Ничто из этого не может сделать нас счастливыми. Дать спокойствие на какое-то время — да. Но сделать счастливым — никогда. Так, многие пустые люди в поисках счастья, наевшись деньгами, начинают летать в космос или копать никому не нужные подземные тоннели за миллиарды долларов, вместо того чтобы помочь ближнему. Хотя прогресс и техническое развитие безусловно важны. Но еще важнее цели вопрос: мы делаем это ради друг друга или ради себя и превосходства над другими? В этих направленностях огромная разница и, как следствие, различный результат.

Конечно же, эгоизм лишает нас магнетизма. Эгоист никогда не будет счастлив и удовлетворен. Он будет вечно зависим от удовлетворения своего эго. Для него это превращается в некую беспрерывную наркоманию. Выходит на самом деле достаточно странно, как по мне. То есть существуют вещи, которые когда-то считались порочными и имели некий совершенно негативный характер в смысле поведения человека. Теперь многие из этих вещей считаются положительными или, скорее, нормальными. Мол, можно, если осторожно, ты сам себе хозяин. Но законы, по которым человек может привлечь и накопить магнетизм, против этого. Получается какое-то насилие над простыми людскими желаниями. Как будто реальность берет за шкирку маленького котенка и тыкает его мордой в собственное дерьмо, приговаривая: «Так не нужно, так нельзя, это неправильно». Мы же, неразумные котята, ничего не хотим слушать и перечим, мол, и так сойдет, мы уже почти ко всему привыкли. Не знаю, что или кто пытается нас исправить и сделать почти идеальными, предлагая в обмен на это в награду силу, с помощью которой можно достигать, добиваться, получать и воздействовать, исправлять. Не знаю, зачем реальности это могло понадобиться. Но отчасти с таким принципом я согласен. Ведь несоблюдение и невыполнение многих из выдвинутых условий и требований делает человека несчастным. Вы не верите? Гуглите статистику смертности, болезней, воровства, преступности, депрессии, одиночества, убийств, разводов, абортов, самоубийств, нищеты. Вы будете шокированы цифрами.

Реальность предлагает иной путь и награду взамен на это. Но я не пуританин и не слишком правильный. Порой в моей жизни были периоды, когда я любил, мягко скажем, пошалить. И я отлично помню, как именно в эти периоды становился слабее, теряя магнетизм весь без остатка. Моралистом становиться не собираюсь, от слова «жопа» в обморок не падаю, но грязную речь не люблю. Однако путь и восхождение, описанные в учении «Асентия», прохожу и планирую дальше проходить, дабы личным примером доказать людям, что система, созданная далеко не мной, давно утерянная, раздробленная на миллионы мелких осколков, без которой человечество просто-таки полностью растеряно, работает. Работает, четко и эффективно наполняя наконец силой и горючим все те планы, надежды и мечты, которые есть в каждом из нас. Теперь ты знаешь, дорогой друг, как теряешь магнетизм, почему, и даже в некоторых аспектах понимаешь, как это происходит на уровне физиологии.

Я намеренно тянул до последнего абзаца, для того, чтобы в заключение одиннадцатой ступени рассказать о самом сильном и мощном факторе, условии, при котором каждый из нас теряет магнетизм. Я бы даже сказал, огромные объемы магнетизма. СТРАХ.

Вот ровно насколько ужасно само ощущение, испытываемое человеком, настолько и уродливо слово, которое его описывает. Страх, особенно затяжной, который мы постоянно носим с собой, о котором непрерывно думаем, который все время переживаем, беспрерывным потоком выводит из нас эту волшебную силу. Попутно портя все биохимические настройки в организме адреналином, кинуренином, холецистокинином и кортизолом. Все это гормоны и нейромедиаторы страха, несчастья, тревоги и стресса. Не бояться ничего невозможно, наверное, но порой страх настолько сильно овладевает нами, что просто не дает наслаждаться жизнью.

Современные девушки, женщины, а по большому счету каждый человек, в одиночку не способны чувствовать себя в безопасности поздно вечером в парке или на улице. Это, конечно же, страх. Поправиться — страх, похудеть слишком сильно — страх. Начальник — страх. Оценки в школе — страх. Инфляция — страх. Потерять работу — страх. Очутиться без дома — страх. Заболеть — страх. Старость — страх. За родных — страх. Измена — страх. Остаться без денег — страх. Ситуация в стране — страх. Экология и погода — страх.

Наша реальность будто умышленно сделана и развивается таким образом, чтобы наполнять каждую ее составляющую страхом за все на свете. Конца и края этому не видно. Все только усугубляется. Как будто жить не становится лучше, а мы с вами просто свыкаемся со всем и принимаем новые ужасы за каждодневную норму. Страх правит человечеством. Увы. Это ужасно. Именно страх порабощает людей, полностью лишая магнетизма.

Нашу планету, окружающий мир наполняет настолько много страхов, что я бы сравнил его с фермой по производству магнетизма, который вытягивают из скота с помощью страха и тревоги. Помните, страх — самый главный враг в вопросе накопления магнетизма. Просто посмотрите художественный фильм, снятый по произведению или книге Стивена Кинга «Доктор Сон». А еще можно вновь пересмотреть чудесный мультфильм «Корпорация монстров». Я отнюдь не конспиролог, однако и там, и там речь идет именно о магнетизме и выкачке оного из-за страха и испуга.

СТУПЕНЬ 12

На предыдущей ступени мы с вами выяснили и поняли во многом, почему и как человек теряет магнетизм. Теперь нам нужно разобраться, каким образом человек пополняет запасы этой драгоценной энергии. Как мы уже говорили, мы можем пополнять магнетизм и обмениваться им с любимым человеком, когда занимаемся любовью, а конкретно во время оргазма. Накопление этого элемента также возможно, когда мы держим пост и отказываемся от излишеств и животной пищи.

Помогает накопить магнетизм долгий сон, а также молчание и не растрачивание эмоций на негатив. Безусловно, глубокая молитва и глубокая медитация наполняют нас вожделенной силой. Когда мы приходим на концерт, в театр, на хороший фильм со смыслом и высоким творческим наполнением, мы приобретаем магнетизм. Хорошая беседа, полная поддержки и смысла, дарует нам его. Если перед вами спикер, который желает вам по-настоящему помочь, то он говорит и, конечно же, отдает вам магнетизм. Если он сам по себе человек не пустой и в нем есть нужная энергия.

Я всех вас приглашаю на свои будущие выступления, где вы, конечно же, почувствуете, поймете, о чем я говорю и что это такое, когда мастер отдает магнетизм, рассказывая и одновременно творя изменения в себе и окружающих. Равно как зерно осталось с первого раза, укрепилось и проросло в женщине после того, как психотерапевт сделал выброс магнетизма с нужным наполнением, после чего она похудела. Так же спикер, у которого вы учитесь или узнаете нечто новое, должен оставлять в вас зерна, способные впоследствии прорасти, давая постоянно желанные плоды, те, которых мы так жаждем и к которым стремимся. О да, на таких встречах, при подобном общении человек может получить очень много магнетизма для использования в своих целях. Именно такой смысл был вложен в такой процесс, как проповедь...

Но что бы я ни писал и ни рекомендовал, среди всех очень важных вещей и действий, которые могут помочь нам в накоплении магнетизма, ничто не сравнится с искренней и настоящей любовью, которую испытываем мы и которую испытывают по отношению к нам. Ничто не способно давать вам так много магнетизма, как чувство любви, особенно направленность настоящей любви на вас. Ничто и никогда не сравнится по коэффициенту полезного действия в плане циничного сбора этой важнейшей во Вселенной силы с этим чувством. Именно ему, его силе, сути и важности для каждого из нас мы и посвятим ступень номер 12.

Когда-то я услышал от одного человека: мы изнасиловали слово «любовь». Это было сказано в контексте всего человечества и окружающей нас современности. И во многом это правда. Мне совершенно непонятно, на чем еще держится мир, творчество и прогресс, если огромное количество людей, которых я встречаю, никогда не сталкивались с понятием и ощущением любви. Одни в нее не верят попросту, а другие с любопытством слушают, как об этом рассказывают мастера слова. В людях нет любви не то что к окружающим — даже к самим себе. Быть может, этот мир еще существует лишь благодаря любви к детям и, наоборот, любви детей к родителям, а также к окружающему миру, который так интересно познавать. Быть может, еще существуют немногочисленные романтики, страдающие по утраченной любви, пребывающие в отношениях или же надеющиеся вновь ее обрести в будущем. Видимо, все эти группы, вдохновляющие человечество на создание прекрасных вещей, и являются локомотивом, не позволяющим нам окончательно шагнуть в бездну саморазрушения и тупости. Следует сказать, хотя мы с удовольствием отделяем себя друг от друга, мы все вместе очень преуспели в эмоциональной, интеллектуальной, физической и нравственной деградации. Иногда кажется, что это наше общее хобби, которым мы очень увлечены. Ну а как еще может быть, если зеркальные нейроны нам с удовольствием помогают в этом.

Однажды я ехал с приятелем, очень даже неплохим человеком, который младше меня на 14 лет, в машине, и слушал его откровенный и эмоциональный разговор со своей девушкой по телефону. Или одной из девушек. Речь шла о планируемом сексе втроем и использовании максимально диких для многих людей интимных игрушек. Я не то что был удивлен, как раз совсем наоборот, сейчас очень много подобного со всех сторон, и стало даже скучно от однотипности людей и их желаний. Как я уже говорил, если человек пуст, внутрь ему можно закинуть любой мусор, и чаще всего так и бывает. Меня поразило то, как мой приятель был воодушевлен предстоящим мероприятием, которое, видимо, впервые решил провести с одной из своих девушек. Уже потом, ко всем сюрпризам, кокаину и другим наркотикам, я узнал, что человек еще и бисексуал. Причем со стажем. Со стороны же человек кажется спокойным, приятным, неглупым и социализированным.

Когда разговор был окончен, спутник стал говорить со мной на интимные темы, и, когда настала моя очередь говорить, я ответил, что все это не для меня и при всем моем темпераменте и обожании красивого женского обнаженного тела я предпочитаю прежде всего эмоции, которые делают секс фантастическим. Пусть никто не подумает, что я заигрываю с женской аудиторией и пытаюсь показаться хорошим и правильным, но все-таки скажу очень немодную и непопулярную нынче вещь. Для меня нет ничего более омерзительного, неприятного и никакого, чем секс с человеком, которого ты не любишь. Повторюсь, это то же самое, что целовать по-французски целлофановый пакет из супермаркета и чего-то от этого ждать.

Слушая откровения приятеля, я вдруг перебил его и спросил:

— Ты любишь свою девушку или какую-то из них?

На что он мне ответил:

— Что за любовь? Х...ню какую-то напридумывали.

И это мне говорит парень 25 лет. Однажды я такое слышал и от 18-летних детей. Да, для меня это еще дети.

Когда мне было 18, я мечтал о сексе и любви, которых в моей жизни не было. Когда мне было 25, я четко знал, что такое секс с тем, кого любишь, каждодневный и очень качественный. Это было незабываемо и чудесно. Безусловно, существует набор гомонов, который указывает на влюбленность и окрыленность чувством каждого из нас. Если говорить конкретно о любви, верности и трепете, то тут у нас всего один представитель — окситоцин, и ощущения, подаренные им, распространяются различными оттенками на все объекты. Лучший друг или подруга, любимый домашний питомец, родные и близкие, дети, вторая половинка. Но существует ли любовь, которая находится вне гормонального набора? Это очень интересный вопрос. Да, существует, и у нее есть маркер, очень четкий и красноречивый.

Конечно же, жалко обезьянку, кинувшую вследствие жестокого эксперимента собственного детеныша под ноги, чтобы не сгореть. Однако при всей нелюбви к отделению человека от природы и от всего живого в ней я вынужден согласиться с тем, что мы — это нечто особенное в животном мире. Дело в том, что в природе минимальное количество примеров самопожертвования, своей физической жизнью ради собратьев. Согласитесь, среди людей, многие из которых хуже любых животных, тоже этого мало. Но те примеры, которые есть, невероятно интересны, и уже много лет, если не сказать тысячелетий, на слуху.

Из недавних меня больше всего поразил случай, когда отец отдавал сыну сердце, чтобы того спасти. Я думаю, многие видели это душераздирающее видео, которое папа записал для ребенка, чтобы тот посмотрел после операции. Сильный, мощный, настоящий мужчина, с трудом сдерживая слезы, говорил, чтобы сын любил и берег мать и всегда с уважением относился к женщинам. Не упускал возможности заработать денег, если представится шанс, и помнил, как сильно любил его отец. В теле мужчины в тот момент не было ни магнетизма, ни серотонина, ни окситоцина. В нем из гормонов были лишь те, что формируют горе и отчаяние. Однако отец, отдающий сердце родному ребенку, чтобы тот выжил, в то мгновение очень четко, как никогда, понимал, что такое любовь. Он был полон ею. Но как, откуда?

Самопожертвование — это самый мощный маркер истинной любви. Настоящая любовь заставляет нас жертвовать временем, деньгами, жизнью, здоровьем, интересами ради любви. Не ради объекта любви, а именно ради ощущения. Оно настолько важно для нас, что сильнее всего мы боимся его утратить. Мы даже готовы уйти от объекта любви, покинуть его, оборвать связь с ним раз и навсегда, лишь бы сохранить чистоту или частоту чувства. Любовь — это, безусловно, не то, что получаешь, это то, что отдаешь. Прекрасно, когда эта отдача взаимна. Но даже если сын не любит свою мать, очень часто мать продолжает безумно любить сына, даже не видя его годами. Любовь благословляет нас и отвечает на все вопросы, придавая всему смысл. А еще любовь — это самый сильный источник магнетизма, который человек передает кому-то другому или в окружающий мир. Я говорю вам не о влюбленности, а о том, когда ты готов забрать у себя, но отдать другому. Такая любовь порой излечивает болезни и даже спасает жизнь, если в ее носителе есть хоть немного магнетизма.

Конечно же, и это очень хорошо, любовь — это не только чувство к спутнику, спутнице жизни или к собственным детям. Любовь может быть в принципе к людям, к животным, к любимому делу, к природе, к жизни в целом. Если это чувство не вызывает в вас желание что-либо менять, созидать, совершенствовать и заботиться, то это не любовь. Не обманывайте себя.

Конечно, ужасно, что отцу пришлось отдать сердце ребенку, чтобы тот мог жить и был счастлив. Ведь наверняка именно таким он видел будущее сына — счастливым. Однако многим из нас, а также отцам, бросившим своих детей, забывшим о них, не понять мощь, силу и объем того чувства, которое пронизывало сильного и благородного мужчину. Людей, не способных на подобные чувства и никогда не испытавших их, мне искренне жаль. Такие люди все еще задаются вопросом: а в чем же смысл жизни? Те, кто испытал мощь любви, смеются над подобными вопросами.

Магнетизм не появляется в ребенке в большом количестве сразу после рождения, как некий презент от реальности. Нет, реальность, которая для него целиком и полностью его родители, наполняет ребенка через любовь. Если родителям не до накопления магнетизма, если в их жизни все плохо и преобладает постоянный стресс, они, увы, не наполнят своего малыша никакой силой. Родившееся чадо — это всего лишь идеально чистый сосуд, который нужно наполнять правильными знаниями, правильными эмоциями, правильной едой и, конечно же, магнетизмом через любовь. Именно это и делала моя мама, проводя выдуманный простой ритуал, когда касалась своим лбом моего перед сном. Это была прямая передача магнетизма, от одного любящего человека другому.

В мире, где все люди любят друг друга, все обладают высочайшим уровнем магнетизма. Поэтому сейчас его ни в ком и нет. Какая ужасная и очевидная ирония.

Понимаю и знаю, что сейчас многие люди, читающие эти строки, со снисхождением относятся к смыслу того, о чем говорится на двенадцатой ступени. Но это лишь оттого, что для них сказанное — выдумка человека с романтичным складом мышления. Пусть будет так, мне, честно говоря, не очень интересно, кто что думает по этому поводу. Скажу лишь одно, тот, кто прошел через это чувство, меня прекрасно понимает, что после этого человек не может быть прежним. Я бы сравнил настоящее искреннее чувство любви с самым сильным и вожделенным в жизни наркотиком. Без него, на какие бы высоты не забирался человек, ничто не имеет смысла. Более того, мне даже кажется, что магнетизм необходим для реализации и возможности целиком и полностью проявить и отдать свою любовь, а не наоборот. Если бы я выбирал жить в любви без магнетизма или, наоборот, жить с огромным количеством накопленного магнетизма, но без любви, то, бесспорно, выбрал бы первое. Не только магнетизм, но и все остальные возможности и мечты, которые возможно реализовать и обрести без искренней любви, ничто. Это лично мое персональное мнение. Понимаю людей, которые считают иначе. У каждого из нас свои желания, свой путь, свои надежды и раны, которые каждый будет залечивать по-своему. Пусть так будет. Сейчас необходимо лишь указать на факторы, приводящие к накоплению силы, о которой идет речь. И среди прочих наиболее сильный и продуктивный способ — это любовь. Рекомендую его каждому. У тех, у кого в жизни ее нет и не предвидится, есть еще надежда и вера. Понятия по своей сути очень похожие.

Надежда и вера — это фактически некое эмоциональное проявление визуализации. То есть без картинок и конкретных мысленных схем и форм, а лишь одно ощущение, что все возможно или что все будет иначе. Все обязательно будет хорошо, и нам еще предстоит заполучить те шансы на реализацию и достижение желаемого, которых мы ни в коем случае не упустим. Лично я предпочитаю надеждам и вере труд и действия. Но разве делал бы я хоть что-то без надежды, что это кому-нибудь будет нужно? Сомневаюсь. Мне кажется, даже безнадежно страдающие и больные атеисты, которые вот-вот должны распрощаться с жизнью, на что-то да надеются и хотят во что-то верить. Не рассказывают об этом, пока с ними все хорошо, пока они сильны и уверены в себе, но, когда приближается тот самый момент, все мы становимся словно беззащитные дети, мечтающие, чтобы наша история не заканчивалась, а как-то продолжилась где-то там, где что-то иное, отличающееся от нынешнего мира, все-таки есть.

Ни в коем случае не навязываю своего мнения, но и не дискутирую по этому поводу и не устраиваю дебаты ни с кем. Для меня это вопрос решенный и не подвергается сомнению. Да, вне нашего материального тела реальность есть. Каждый может считать как угодно, это их право. Как и мое — считать иначе.

«Ученые заявили о большей продолжительности жизни верующих людей. Ученые из Университета штата Огайо (США) пришли к выводу, что глубоко верующие люди в среднем живут дольше, чем агностики и атеисты».

Кстати, исследований по данному поводу очень много и проводили их различные институты и статистические службы. Это правда, глубоко верующие люди живут немного дольше, чем все остальные. В среднем на пять лет. Суть, конечно же, в вере и надежде, а также в молитве, которые равны магнетизму. А еще дольше живут люди, которые любят и которым есть ради чего жить: родные, близкие, любимые, дети, важные проекты и цели.

Мне кажется, когда речь заходит о долголетии, суть не только в генетической предрасположенности и правильном отношении к питанию и к своему здоровью, но и прежде всего в том, что вера, надежда и любовь обогащают человека элементом и силой жизни, зовущимися магнетизмом. С определенной периодичностью каждый из нас получает какое-то, пускай самое минимальное количество этого элемента. Чтобы его было как можно больше и чтобы не растрачивать эту драгоценную энергию, необходимо настроить свой организм с помощью биологических изменений. Воздержание, отказ от животной пищи, негативных эмоций, пустой болтовни и т. д.

Йога, без сомнения, способствует накоплению магнетизма. Но тут важно понять и разобраться, является ли йога процессом физическим или все-таки духовным? Или и тем и тем? Если новичок с наскоку прыгает в омут сложнейших упражнений и методик, то, конечно же, ничего, кроме мышечной боли и дискомфорта, он не испытает. Если суть в умеренной физической нагрузке и сосредоточении на ней, то это тоже ничего не принесет, кроме пользы, как и от любого спорта или растяжки.

Знаете, иногда бывает, что сидишь себе на кровати, стуле или диване в неудобной позе и у тебя начинают затекать ноги буквально через несколько минут, после чего возникает продолжительная неприятная судорога, которую ты безуспешно пытаешься расходить, прыгая, бегая и жамкая ступню. А иногда ты можешь провести полчаса или час в самой неудобной позе, сосредоточившись, уйдя в себя, думая о чем-то важном или проживая какое-то внутренне спокойствие и размышление. И ничего, никаких судорог. Хотя вчера после нескольких минут такого же сидения за компьютером человек десять минут в своей конечности ощущал нечто напоминающее белый шум. Еще так бывает

241

с нашим морганием, когда ты не можешь и нескольких секунд не смыкать век, потому что больно, а иногда ты уставился в точку, весь внутренний диалог прекратился, и ты не моргаешь тридцать секунд, минуту, две. Вот такая йога должна быть у вас. Момент фактически динамической медитации и сосредоточения сознания на отсутствии мыслей и внутреннего шума эго. Это, безусловно, процесс психофизический. И доступно это, увы, не многим. Знаю некоторых людей, для которых регулярная йога — это просто спорт.

Плавание не приводит к накоплению магнетизма, но отлично очищает вас от ненужной и негативной энергии, той, что годами и месяцами наполняет нервную систему. Вода — отличный проводник энергии и с удовольствием забирает ее. Если говорить о других физических видах спорта, то они прежде всего, если не переусердствовать, приносят пользу здоровью, внешнему виду, ну и, главное, дисциплинируют.

Пришло время поговорить о втором по своему значению и мощности после любви способу накопления магнетизма. Для меня это самый любимый метод, и я часто к нему прибегаю... Речь идет о творчестве. Это не значит, что сейчас я говорю только об искусстве... Это значит, что в момент делания чего-либо вы испытываете те же эмоции, что испытывали в детстве, когда старательно рисовали милые картинки, высунув язык, аккуратно выводя линии, которые потом все равно оказывались кривыми. Любая ваша работа, где вам приходится напрячь свой мозг и фантазию для создания чего-то нового, чего не было раньше, благоприятно сказывается на накоплении магнетизма. Как я вам уже рассказывал ранее, мне пришлось создать или, так сказать, придумать два сюжета, которые в итоге стали базой для книг, ставших мировыми бестселлерами. Это история, рассказанная в книге Хироси Сакурадзаки, по которой был снят одноименный фильм «Грань будущего», и история Рика Янси, описанная в книге, которая положена в основу одноименного фильма «5-я волна». Один из этих сюжетов мне приснился, второй, я был убежден, я придумал сам. Ведь я каждый день размышлял над определенным сюжетным крюком, с огромным интересом цепляя на него детали и обстоятельства. Это было как смотреть кино в собственной голове. Потом в итоге я увидел мои идеи целиком и полностью в творении под названием «5-я волна». Странно, ведь казалось, что получать сюжеты и идеи во сне — это одно, а придумывать что-то — совсем другое. Но все это глупости. Когда человек способен постоянно находиться на связи с местом, в котором все уже произошло и все книги были написаны, а все фильмы — сняты, каждая его идея приходит оттуда. Как говорил великий Никола Тесла: «Мой мозг всего лишь приемник». Я полностью с ним в данном вопросе согласен.

Во время творения, как мне кажется, в человеческом мозге происходит чистейший хардкор, потому что необходимо придумывать и создавать образы или решения, которых еще никогда не было. Как утверждают ученые, когда человек, например, пишет музыку, у него усиливается нейрогенез клеток мозга и повышается уровень серотонина, гормона счастья.

Предположим, что мир, в котором все уже случилось, было создано и сделано, можно сравнить с коллективным бессознательным, о котором говорил Карл Густав Юнг. Если оно коллективное, то неудивительно, что какие-то идеи могут приходить в голову нескольким людям, находящимся в их поиске. Я не могу сказать, что ищу их. Но мне иногда хочется пережить эмоциональный всплеск и чувство огромного интереса к какой-то сюжетной линии, обстоятельствам или героям. Я иногда жалуюсь мысленно, что давно не придумывал и не видел во сне новых творческих идей, которые могли бы лечь в основу той или иной новой книги. Спустя какое-то время после этих жалоб мне во сне приходится пережить удивительную историю, обычно очень кинематографичную, с началом, завязкой, пиком и удивляющей развязкой. А еще совет мужчинам и женщинам: занимайтесь любовью с теми, кто вас любит, и доводите обязательно их до точки, после которой они с удовольствием отдают магнетизм, даже не подозревая этого. Именно после интима я видел сны с сюжетами к будущим книгам «Обещание», «Ковчег» и EMAIL, надеюсь, вы когда-нибудь их прочтете. Буду много работать для этого.

Процесс творения, когда человек не пытается прибить свою мошонку к асфальту и назвать это перформансом, а создает нечто сокровенное и эмоциональное, это черпание образов, приходящих к нам в виде импульсов, преобразуемых и вызывающих активность в мозге в областях обработки данных пяти органов чувств. Из окружающего мира вы эти образы не берете, а они все равно приходят, так как вы настроились на какую-то волну. Чем лучше настройка, тем ярче и интереснее черпаемые образы. Творение безусловно способствует накоплению в человеке магнетизма, если ему не приходится переступать через свое «я», заставляя себя делать то, что не хочется. Есть люди, которым ничего не хочется, но результат их бездеятельности лишь их личная проблема, пусть наслаждаются тем, что получают.

Но помните, начало — самый тяжелый период. В нашем восхождении с целью накопить магнетизм, который позволит изменить или поправить жизнь и жизненный путь, никогда не будет так сложно, как в самом начале.

Когда вас наполнит магнетизм, вы почувствуете это сразу. Когда эту накопленную энергию вы направите туда, куда вам надо, усилием воли и мыслями, вы сразу увидите или сам результат, или изменение обстоятельств, они вдруг складываются так, что вы получаете возможность достижения цели.

Помните, в чудесной истории под названием «Гарри Поттер», написанной одинокой мамой, которой вроде бы ничего не светило в жизни, но которая в итоге стала самой богатой писательницей в истории литературы, был момент, где описывалась жидкая удача. Когда человек выпивал этот чудодейственный напиток, реальность становилась проще и результат сам шел в руки, нужно было только немного постараться приложить какой-то минимум усилий. С магнетизмом и его воздействием на людей и на окружающий мир дело обстоит точно так же. Главное — не забывать, что величина задачи, величина изменений прямо пропорциональны величине необходимых затрат магнетизма. Нельзя неделю поститься и сидеть в тишине с закрытыми глазами, думая, что это и есть правильная медитация, в полной уверенности в том, что этого достаточно, чтобы ходить по воде. Если не ошибаюсь, сын плотника Иосифа Иисус восемнадцать лет отсутствовал, прежде чем вернуться домой. Хотите ходить по воде? Рассчитывайте на восемнадцать лет жесткой работы над собой, чтобы осуществить это.

Да, Асентия — это немного сложнее, чем просто помечтать о желаемом, и манипуляции с белым ватманом с целью создать доску визуализации. Это дорожная карта, схема, которая после бесконечного количества попыток и поисков наконец сработает и принесет результат.

Каждое слово, которое вы прочитали, находясь на двенадцатой ступени, не стоит и выеденного яйца без практики и конкретных советов по отдельным действиям, которые следует предпринимать каждый день каждому из нас. Догадаться и понять, как человек теряет и накапливает магнетизм, не сложно. Важно понять и знать, чего именно следует избегать и что именно в какое время и как долго нужно делать для получения и накопления магнетизма.

Франц Месмер писал, что есть тела, которые накапливают энергию, пронизывающую Вселенную, лучше, есть те, что делают это хуже. Хорошее оправдание на случай, если у кого-то что-то не получится. Но уверен, суть в биологии и генетике, а это, к счастью, не константа. Увы, оправданий быть не может. Единственный, от кого все зависит, — вы сами, и лишь вы отвечаете за свой путь и то, насколько он был чист.

Самый долгий химический опыт длился, если я не ошибаюсь, шесть лет. С чего вдруг люди считают, что их сложное и уникальное биохимическое и психофизические строение — вещи менее сложные, чем какой-то химический эксперимент, пускай и состоящий из сотни ингредиентов и сотни манипуляций. Ваше тело все равно сложнее.

«Новое исследование, проведенное французскими учеными при участии американских коллег, продемонстрировало, что интенсивная медитация в состоянии изменять гены. Более того, одного дня интенсивной медитации достаточно, чтобы противостоять воздействию стресса и восстановить изменения, вызванные в эпигеноме».

Новое исследование, проведенное в рамках сотрудничества французскими исследователями из лаборатории экоантропологии (EA-CNRS, MNHN, Университет Paris Diderot), Inserm и Университета Висконсин Мэдисон и опубликованное в журнале Brain, Behavior and Immunity.

Вот так вот, друзья мои. Так что оправданий быть попросту не может. Практически никаких. Именно поэтому конкретные советы и техники, как медитировать, как дышать, как питаться, что можно делать и принимать, чтобы изменить свою биохимию, будут ближе к концу нашего восхождения. Как и самая важная часть всего послания, заключительное слово автора.

В конце нашего пребывания на двенадцатой ступени хочу рассказать об интересном эксперименте, который я проводил с подписчиками моего канала по изменению биохимии организма и флоры мозга. Мне было интересно, какое количество людей дойдут до самого конца и насколько они серьезно отнесутся к самим себе. Я предложил им в одном из видео пройти пост в пище, алкоголе, сигаретах, сексуальном воздержании, при этом иногда медитируя, всего по двадцать минут раз в несколько дней. До конца без нарушений путь не прошел ни один человек. Из небольшого количества решившихся отправиться в это путешествие были те, кто благодарили за то, что бросили курить или изменился их взгляд на мир и они действительно почувствовали нечто. Но ни один не выполнил предписанное на протяжении сорока семи дней.

Напоминаю, если хотите получить то, чего у вас еще не было, придется делать то, чего не делали. Во Вселенной нет ни единого гуру, силы или таблетки, способных за вас сделать то, что вам нужно. Помните об этом, мои дорогие читатели. Все в ваших руках и все с магнетизмом возможно.

СТУПЕНЬ 13

Давай, человек, разберемся, кто ты такой после того, как в тебе скопилось огромное количество магнетизма, и что ты можешь делать. Какие способности обретает человек благодаря этой силе. Не все мы желаем пребывать в нирване трансцендентной просвещенности. Многие из нас хотят простого человеческого счастья, любви и возможности, занимаясь интересной работой, просто комфортно жить. Очень даже хорошее и правильное желание. Мне вообще кажется, что счастливый человек, у которого в жизни все хорошо, не очень много внимания уделяет возвышенным материям и вопросам духовности, у него просто на это нет времени. Ему необходимо наслаждаться жизнью.

На страницах книги я уже рассказал и привел много примеров, как магнетизм проявил себя в моей жизни. Как он помогал и удивлял. Скорее, страх и сомнения, присущие каждому здоровому и адекватному человеку, приводили к тому, что я подводил магнетизм, не используя дарованные им возможности, нежели наоборот. Однако существует навык, который дает эта энергия людям, который я использовал и использую на полную катушку. Это личное воздействие на людей. Личное общение и попытка рассказать о моем мнении, знании, выводах, о том или ином явлении или факте. Следует сказать, что разные люди проходят через нашу жизнь и есть те, к кому пробиться очень тяжело, ведь человек сам по себе этого не желает или же он очень негативно настроен к собеседнику или даже ко всему миру. Таких я тоже встречал, и не раз. Таких людей я сравниваю с сухой или же холодной почвой. Одну нужно обильно и часто поливать, чтобы посаженные зерна прижились и пустили корни, другую, прежде чем полить, нужно еще и согреть. При этом одноразовое нерегулярное воздействие может и не дать результата, так как почва всегда может вновь замерзнуть или высохнуть. Тогда росток просто погибнет. С такими людьми коммуницировать в стремлении проникнуть внутрь разума или сердца тяжелее всего, но это возможно. Все зависит от количества магнетизма в человеке, от того, как он им пользуется.

Когда я говорил об интересном и загадочном трюке с картами, то не упомянул, что со временем с одними и теми же людьми он будет у вас получаться все хуже и хуже. Это будет зависеть от того, сколько в тот или иной момент в вас энергии, которую вы можете, как писал Франц Месмер, предавать через нервные окончания. Как и с гипнозом, все больше зависит от силы самого гипнотизера, нежели от техники. Потому сколько книг по гипнозу, уверенности в себе, по древней магии ни читай, даже если вы держите в руках подлинник на древнем языке, у вас ничего не получится, если не наполнить знание и схемы кровью, то есть энергией.

Магнетизм — сила, которая дарует человеку те самые желанные сверхспособности, присущие супергероям. У них есть ограниченный перечень. Давайте с ними ознакомимся, чтобы в итоге никто не остался разочарованным.

Мое персональное убеждение заключается в том, что историческая, бесспорно, бесконечно талантливая и особенная личность, чье имя было Иисус, безусловно, знала тайну магнетизма и его накопления. Однако людям того времени наверняка было крайне сложно что-либо объяснять о спинномозговой жидкости и о квантовом волновом мире. Более того, вполне возможно, что человек, изменивший мир, мог сам попросту об этом ничего не знать. Согласитесь, совсем не обязательно знать все о каждой детали и ее предназначении в автомобиле для того, чтобы ежедневно пользоваться им и наслаждаться ездой. Не каждый, кто рекомендует аспирин для разжижения крови, точно понимает, как он работает на биологическом и молекулярном уровне.

Были знания о физиологической сути магнетизма у сына плотника Иосифа или нет, не имеет никакого значения. Важна лишь суть подаренного учения о силе, о которой тот точно знал. Давайте предположим, что максимально возможный уровень чудес, продемонстрированный человеком, которого сделали богом, это и есть высшая планка при максимальном уровне накопленного магнетизма. Если половина описанных чудес правда, это совсем недурно. Безусловно, случай с кормлением огромной толпы последователей несколькими хлебами и несколькими рыбами вызывает сомнение, а возможность ходить по поверхности воды вызывает вопросы о практичности, остальные чудеса, связанные с исцелением и способностью видеть людей насквозь, безусловно интересны. Да, главная функция магнетизма — это исцеление и исправление. Возврат гармонии физической и эмоциональной всему и всем, кто ее утратил.

Меня бесконечно поразил один из случаев, который описывал Франц Месмер в одном из своих трудов. Он рассказывал, что ему довелось лечить девушку от слепоты. Та ничего не видела уже много лет, и это очень усложняло жизнь, загоняло человека в сильнейшую депрессию. Суть моего удивления заключается в том, что Месмер пишет, что при возвращении зрения девушка испытывала из-за вновь обретенного света такой дискомфорт, что порой казалось, что она уже и не рада, что согласилась на лечение. И вот я вспоминаю документальный фильм, который видел совсем недавно, где человеку, прожившему долгие годы без зрения, спустя много лет благодаря самым современным технологиям после возвращения возможности видеть приходится переживать то же самое. Жуткий дискомфорт и нежелание снова видеть белый свет. Так как мозгу попросту больно. Ведь он должен в авральном режиме задействовать все свои ресурсы для создания новых нейронных связей и возобновлять активность в тех областях, которые давно не были задействованы. За один день или даже за месяц это попросту невозможно. Привычка — страшная вещь, и все наши привычки живут и хранятся, конечно же, в мозге. Мог ли знать о подобной реакции на восстановление зрения спустя десятки лет Месмер, если бы он был аферистом и действительно не прошел бы через подобный опыт? Несомненно нет. Он не мог знать, что мозг после утраты зрительной информации направляет все свои возможности на создание новых нейронных связей на оставшиеся четыре органа чувств. Делая получение и обработку информации, поступающей от них, более совершенной. Человек за долгие годы привыкает и, несмотря на ностальгию по всему тому красочному миру, который он когда-то наблюдал, несмотря на жалость к себе, ему становится удобно и комфортно жить по новым правилам. Настолько, что, вернув зрение спустя десятилетия, он сожалеет очень долгое время о принятом решении. Тут возникает философский и очень интересный вопрос, стоит ли слепых от рождения, глухих или немых людей жалеть, если иного мира они никогда не знали, а о том, что может быть иначе, узнают лишь от тех, кому повезло больше? Слепой от рождения ребенок никогда не будет несчастен, если не дать его фантазии пищу, состоящую из наших рассказов о ярких цветах и звездном небе. В мире, где его окружают такие же, как он, где нет острых углов и он не может пораниться и навредить себе в процессе жизнедеятельности, все хорошо и все находится на пике своих возможностей. Удивительно это осознавать.

Еще удивительнее предполагать, что, быть может, у нас, у тех, кто считает себя физически здоровым человеком, нет некоего органа по причине недостаточной эволюционной развитости, который есть у других существ, позволяющего видеть, понимать и чувствовать мир шире и лучше. Но мы об этом просто не знаем. Ведь существуем в мире, где слеп каждый.

В случае Месмера, где он описывает процесс и результат лечения слепой девушки, самое удивительное происходит дальше. Выздоравливающей пациентке вследствие воздействия на нее прямой силы магнетизма приходится ощущать боль, идущую от глазных яблок к затылку, а также испытывать некие стреляющие болевые импульсы, по ощущениям происходящие там же, в области затылка. Читая об этом, я удивлялся и поражался, так как все больше становится ясно, что магнетизм не выдумка и эта сила способна на чудеса, даже на столь невероятные. Мы же с вами помним, что зрительная кора — это затылок. Слышите меня друзья, затылок! Неужели магнетизм — столь сильная энергия, что способна так быстро построить новые нейронные связи в обход старых нерабочих, направляющих вновь электрические импульсы, ионы, от глазных яблок к зрительной коре. Оттуда и боль, оттуда и ощущения неких простреливающих импульсов, которые несли вместе с собой кратковременные вспышки света. Буду говорить лишь за себя, но я шокирован. Тогда, во времена Месмера, знаний о таких сложных процессах, связанных со зрительной деятельностью, просто не было. Более того, в докладе было написано, что одно из двух глазных яблок девушки было уменьшено и замутнено. То есть либо к нему перестала поступать кровь, либо этот приток уменьшился, а значит, глаз должен был умереть. Ничто не могло ему помочь восстановиться.

Читая подробные строки в докладе Месмера, хочется прыгать, танцевать и обещать миру новую реальность, сотканную из чудес и счастья. Но только не мне. Меня интересует физиологическая и молекулярная составляющая подобных опытов и полученных результатов. Хочу замерить его, подтвердить и поставить на поток, чтобы помочь людям. Это важнее и интереснее всего. Всей вшивой, пустой и фальшивой эзотерики, которую можно приклеить к магнетизму. Магнетизм — это наука... Наука будущего. Если, конечно, мы не перестанем быть слепыми и считать, что эта интеллектуальная незрячесть — естественное и правильное положение дел.

Магнетизм способен лечить болезни. Он может исцелять благодаря работе мастера, обладающего большим количеством магнетизма, лечащего человека извне. Также он способен исцелять человека, который направляет эту энергию на самого себя. Речь идет о самолечении.

Самогипноз, самолечение, аутотренинг — это по большому счету одно и то же. Воздействие и направление силы накопленного магнетизма на себя. Однажды, когда я был ребенком, у меня поздней ночью очень заболел зуб. Невыносимо. Лежа в кровати, не торопился никого будить и просить чудодейственную таблетку. Конечно же, я боялся, что слова о заболевшем зубе приведут к стоматологу. А кто эти визиты особо любит?.. Да никто. Даже не знаю, почему мне в голову пришла подобная мысль, но, закрыв глаза, я представил небольшую темную комнату. В ней ничего не было видно, совсем. Комната была заполнена густым черным пространством, являющимся моей болью. Я очень четко визуализировал это место и то, как эту густую тьму я делю на кирпичики, после чего выношу по одному за пределы помещения. Делая это очень кропотливо и усердно, пришлось максимально визуализировать процесс. То есть мой мозг работал, очень активно создавая образы, с которыми ему не доводилось сталкиваться на самом деле.

Вынося кирпичики тьмы один за другим, пространство освобождалось и становились видны стены, мебель, окно. Спустя какое-то время, именно в то мгновение, когда я вынес последний кусок черноты за дверь, зуб перестал болеть в ту же секунду. Как будто переключатель, отвечающий за боль, перевели в режим ее отсутствия. Это очень хороший пример именно самогипноза и самообезболивания. Подобное в гипнозе, как и внушение холода или, напротив, жары, сытости или голода, неких зрительных образов и запахов, обыденное дело. Так по крайней мере было. Если прочитать старые медицинские книги, в том числе мирового научного светила Владимира Бехтерева, в этом можно убедиться.

Однажды профессиональный психиатр, практиковавший несколько десятилетий, Анатолий Кашпировский провел по телевизору сеанс обезболивания для пациентки, с которой его разделяли тысячи километров. Этот сеанс видела вся страна, несколько десятков миллионов зрителей. Часть из них, как когда-то, так и сейчас, утверждает, что показанное в трансляции было обманом и постановкой.

Однако позвольте вопрос, в чем причина шума? Разве кто-то ходил по воде или вызвал дождь из денег? Это же, елки-палки, был самый простой сеанс обезболивания через внушение, который раньше мог продемонстрировать любой студент медицинского вуза, собиравшийся стать в будущем психотерапевтом. Ничего же сверхъестественного не случилось. Отличие от обыкновенного внушения, проводящегося где-то в кабинете доктора, лишь в телевизоре и том факте, что гипнотизер, которых раньше называли магнетизерами, был виден пациенту на голубом экране. Вот и все различия. Порой реакция людей на то, чего они еще не видели, чего не поняли, просто постыдная.

Как писалось ранее, магнетизм лечит болезни, полный список которых мне пока неизвестен. Можно лечить как стороннего человека, так и самого себя. Главное, чтобы в человеке был высокий уровень магнетизма. Суть не в технике. Ведь, будучи маленьким ребенком, страдая от зубной боли, я никакими гипнотическими техниками не обладал. Просто поразмыслил логично, и все.

На что еще способен магнетизм?

Благодаря возможности человека оказываться в месте, где все уже случилось, конечно же, можно узнавать о будущем. Именно это случилось со мной, когда я дважды за десять минут предсказал зеро во время пребывания в казино. А также когда по желанию мог проговорить текст телеведущего «Джентльмен-шоу» до того, как он его озвучил. Именно побывав в месте, где все уже случилось, некоторые видят вещие сны.

Пускай каждый сам для себя решает, как именно использовать эту силу и ее возможности. В меркантильных и материальных целях или чтобы бегать потом по миру в рубище с криком «Покайтесь, так как конец близок!». Это не мое дело... Важно помнить, самый великий гипнотизер, копивший магнетизм десятилетиями, собиравший перед экранами советских телевизоров миллионы людей, однажды утратил силу. А ведь когда-то студентом он умел внушить паре человек из десяти, что они не могут разомкнуть сомкнутые руки, и с тренировками и годами эта цифра лишь росла. Но в какой-то момент произошел резкий спад, и число внушаемых людей стало уменьшаться.

Сила — магнетизм — покинула человека. Так же происходит с возрастом и с детьми, когда они начинают взрослеть и эгоизм и собственные интересы превращаются не столько в цели, сколько в религию, которая готова подмять под себя интересы окружающих.

В доме у одного известного и сверхталантливого психотерапевта в момент пика его славы и силы, которой он обладал, находились десятки мешков, набитых деньгами, огромное количество коробок с видеомагнитофонами, которые никто не открывал и которые никому были не нужны в таком количестве. Шмотки, деньги, слава, женщины, власть, связи... Сейчас человек в редких интервью рассказывает, что он был первым миллионером, у него был первый «мерседес», а также о том, что его мозг особенный и его следует изучить. «Я, мне, у меня, все самое большое, первое, главное, великое».

О чем ты говоришь, глупец? Такой невероятный великий дар пустить на шмотки. Какой ужас. Поставив себя выше силы, выше смысла, он ее утратил. Это закономерно. Так быть и должно. Богу Богово, а кесарю кесарево.

Доставая информацию из места, где все уже случилось, используя ее в целях обогащения, тратя ее на это, не забывайте делиться материальными результатами с теми, кому нужна помощь. Так страждущие будут отдавать вам магнетизм через благодарность и любовь, и так вы не слишком быстро растратите накопленную силу. Не забывайте об этом, мои дорогие. Комфортная жизнь прекрасна, но она не стоит ничего, ни копейки, если в ней нет любви.

Месмер в своих трудах говорил, что магнетизм не только делает своего обладателя счастливым, но и расширяет кругозор. Эти слова очень интересны, так как неясно, что за смысл они в себе содержат. Кругозор расширяет книга или фильм, любая новая интересная информация, которую мы узнаем. Но разве энергия может расширить кругозор человека?! Да, конечно, может. Так, как это было с Теслой, или Френсисом Криком, или Дали, или происходит со мной.

Прямо как в анекдоте: «Ленин умер, Сталин умер, и я скоро умру». Ни в коем случае не ставлю себя на один уровень с гениями магнетизма, которых перечислил в этой книге, просто ссылаюсь на понятные вам и мне, приведенные в ней примеры.

Расширение кругозора благодаря магнетизму — это получение новой интересующей информации. Я писатель, спикер, контент-мейкер, мастер, мне очень нужна информация, новая, интересная, на которую можно посмотреть с некой иной новаторской стороны. Мне она нужна постоянно, чтобы я регулярно мог нечто новое и главное, существенное, не высосанное на пустом месте из пальца, рассказать людям, слушателям, читателям и зрителям. Я не ищу с помощью магнетизма формулы из квантовой физики. Если их увижу, пусть там даже будет заключен секрет возникновения чего-то из абсолютного ничто, просто не пойму этого. Так же, как Френсис Крик не понял бы сюжета и истории для книги или сценария, который мог бы стать бестселлером. Пережив такую историю во сне или в виде пришедшей в голову идеи, он сказал бы: «Глупость какая. Ему нужно находить ответы на базовые вопросы человеческой генетики, а тут какая-то любовь, еще и с мистикой».

Я испытываю то же самое, смотря даже на дроби, не говоря уже о чем-то более серьезном. В поиске счастья человек не может стоять на месте, ему просто необходимо постоянное восхождение. Ему нужно черпать новое даже тогда, когда он, казалось бы, находится в полном тупике. Всей Вселенной постоянно надо восходить, поэтому она не может допустить никаких застоев. И именно благодаря магнетизму эта информация, расширяющая кругозор, будет регулярно поступать тем, кто ищет ответы. Она придет, если нужно будет, даже в виде цифр, возникающих на темном фоне, при закрытых глазах, когда ребенок врет, что он знает таблицу умножения.

Всегда было интересно, а возможно ли точно так же действительно увидеть формулу, способную решить проблемы человечества, например связанные с уничтожением экологии. Не знаю. Я свой ответ увидел в понятной и четкой форме, сразу, как только был задан вопрос. Быть может, так получится и с человеком, изучающим и знающим химию или физику.

Мне довелось лично испытать силу магнетизма после того, как этим путем прошли Френсис Крик и Дали, поэтому у меня нет причин предполагать, что ее не существует. По вере вашей да будет вам... А вы думали, эти слова все время означали нечто возвышенное и религиозное? Не дождетесь, только практика, только конкретика и прикладной результат, все остальное чушь.

Человек, мечтающий о богатстве или славе, при достаточном количестве магнетизма даже без очевидных конкурентных преимуществ получит желаемое при небольших затратах сил. Нужно лишь визуализировать и предпринять хоть какие-то действия для реализации задуманного. Я часто говорю, что, если лежать дома и визуализировать стук в дверь и внезапный выигрыш в лотерею миллиона долларов, ничего не получится. Но я не знаю этого наверняка, вполне вероятно, что при большом количестве накопленного и правильно расходуемого магнетизма это возможно. Но рисковать так не рекомендую, лучше использовать весь арсенал для того, чтобы получить то, что желаете. Магнетизм лишь один из них, и, вероятно, самый мощный.

Человек, мечтающий о счастье, при наличии энергии, которой посвящена наша книга, обретет очень высокий шанс получить его, даже если раньше казалось, что это невозможно. Для этого придется подготовить аккумулятор, накапливающий энергию, с помощью манипулирования своим телом и мозгом. Иначе никак. Я не говорю, что будет сложно или тяжело, а лишь предупреждаю, что это не будет легко.

Человек, мечтающий о высоких материях и духовно-мистическом просветлении или откровении, получит его. Будда, тот, что дал начало учению, где воздерживаются от мяса, секса, а также регулярно медитируют, желал и получил их. Христос, тот, что был в пустыне сорок дней, соблюдая строгий пост, тоже познал откровения. Как и понимание сути реальности и человеческого естества.

Как он узнал о том, что его ждет, и о том, что ближайший апостол отречется от него? Так же, как и остальные, черпающие информацию из мира волн, квантового мира, где все уже случилось. Прошлое, настоящее и будущее.

Что самое интересное, там оно продолжает происходить вновь и вновь в полной мере, а не в виде сна или фильма, просматриваемого на киноэкране.

Есть группа людей, очень близких мне по духу и по мировоззрению, которым много не надо, чтобы жить. Их не очень сильно влечет материальное. Я говорю о буддистах. Их влекут тайны, сложнейшие вопросы и желание обрести ответы на них. Главная загадка для них, почему все так, а не иначе. Боюсь, многие в итоге обретут желаемый ответ, и он будет таков: реальность — тлен, реальность — пустота. Но если так и мир уходит в небытие, то, значит, он оттуда и приходит. Если все тлен, все пустота, то все и наполненность, и развитие. Это такое же справедливое и правильное утверждение, как и первое. Вам выбирать.

Буду с вами совершенно честным и скажу, что во мне соединяются все типы людей, о которых я написал выше, и меня это устраивает. Тайны и ответы меня интересуют лишь с точки зрения возможности помочь людям и прикладного смысла. Деньги и материальное я рассматриваю как ресурс для заботы о тех, кого люблю, кто мне дорог. Счастье интересует, потому что я его заслуживаю... И вы его заслуживаете, друзья. И вы...

Если говорить о расширении кругозора как о получении новой информации, которая позволяет нам продолжить восхождение, то, конечно же, магнетизм нам с вами в таком процессе огромный помощник, и это одна из его функций вместе с оздоровлением тела.

Конечно же, некий таинственный элемент и сила, пронзающая Вселенную, которую пока не обнаружили физики и академическая наука в целом, способны на многое. Думаю, узнать насколько возможно, лишь много работая над собой, начав изменения и накопление с молодости. Знаю, что многие из тех, кто прочитает эту книгу и возьмет написанное в ней на вооружение, будут поражены достижениями, возникающими в их жизни. Магнетизм и вы, вооруженные им, способны на большое количество удивительных свершений. Следует сказать, меня в основном интересует лишь одна его возможность и инструмент: взаимодействие с людьми и воздействие на них через прямой вербальный, зрительный и тактильный контакт. Мне кажется, это самая большая сила, заключенная в магнетизме. Именно она самый большой и значимый пазл в достижении персонального счастья. Ведь человеку нужен человек. Именно окружающие люди — это по большому счету все то, что так нам необходимо.

Природа, окружающая среда, контакт с флорой и фауной — это прекрасно, однако источник каждой нашей негативной и позитивной эмоции — в основном люди, с которыми мы контактируем изо дня в день. Не важно, будь то наш собственный ребенок или незнакомец, с которым мы сталкиваемся взглядом в общественном транспорте. Среда обитания и извлечение эмоций человека в современном мире — это на 95 % коммуникация с себе подобными. Человек — носитель счастья и всех свершений для другого человека. Бизнес, любовь, гнев, счастье, достижения, открытия, рождение и смерть — это о людях и для людей. Почему человек не должен и не может быть один, я уже рассказывал ранее. Потому как организм — это прежде всего функции, а значит, вербальный аппарат создан для коммуникации, как и половые органы существуют для конкретного взаимодействия с особями твоего вида противоположного пола.

Знаю и понимаю, что мое мнение может не совпадать не только с мнениями некоторых читателей, но и, вполне вероятно, с мыслями большинства из них. Однако органам и их функциям, которые являются признаком здорового биологического развития, наплевать на наше с вами мнение, и меня устраивает подобное положение дел.

Персонально для меня счастье — это люди, как в общей своей массе, так и конкретные их представители. Это значит, что прямая вербальная или опосредованная коммуникация с ними — самое важное в моей жизни и в жизнях мне подобных. Без как минимум еще одного человека, помимо вас, о ваших эмоциях, вашем существовании, ваших надеждах, планах и продукте, который вы создаете, никто не узнает. Мастеру, конечно же, просто необходимы те, с кем он делится мастерством. Здесь важнейшее и стратегическое значение приобретает магнетизм и то, как он способствует взаимодействию с людьми.

Харизма, некий стержень и некая наполненность, которая есть в некоторых людях, их гипнотичная притязательность, сила убеждения усиливаются благодаря магнетизму. Порой даже те, кто вас ненавидит, благодаря этой мощнейшей силе, накопленной в человеке, начинают менять отношение к вам вплоть до обожания и настоящего раболепия, после раскаяния. Такие случаи были даже в жизни вашего покорного слуги, и не раз. А я не самый репрезентативный пример.

Каждый начинающий гипнотизер, осваивающий новое ремесло, будучи студентом медицинского вуза, знает, что результат приходит со временем и вследствие многочисленных тренировок. И пусть он или она просто-таки монахи-отшельники, у которых столько магнетизма, что можно черпать из них ведрами, все равно с техникой придется ознакомиться и не единожды повторить, работая с людьми в поле. Мне кажется, это связано с тем, что повторение, конечно же, создает в голове молодых докторов новые нейронные связи, позволяющие более продуктивно и качественно передавать магнетизм объекту внушения. Получается своего рода лыжня, которая раз за разом накатывается и перемещаться по ней становится легче и быстрее.

Сила убеждения, та самая харизма, возможность влиять на людей без чрезмерного давления и назидания — это все то же самое. Наверное, это можно назвать неким неглубоким гипнозом, качество которого, естественно, зависит от силы гипнотизера или, как раньше говорили, магнетизера.

При большом количестве накопленного магнетизма вам и самим придется пройти через это, общаясь со все новыми и новыми людьми. Те начнут все лучше и лучше реагировать на вас, благоволя, идя навстречу, желая помочь или стать союзниками. Многие из тех, кто вас раньше не любил, будут удивлены внезапному возникновению симпатии, после того как они услышали вашу и речь и то, что конкретно вы говорите. Особенно этот эффект будет силен, если вы будете коммуницировать непосредственно с человеком, который негативно настроен.

Остается задаться лишь одним вопросом: стоит ли на таких людей тратить накопленный магнетизм, который отныне придется собирать периодически до конца наших дней. Не вижу в этом ничего плохого, особенно если учесть, что это благоприятно скажется на здоровье и ежедневном состоянии.

Вам не нужно осваивать техники НЛП и изучать, как именно проводится сеанс гипноза, только если вы не собираетесь получить диплом о медицинском образовании. При наличии той самой энергии, о которой идет речь, все будет происходить само по себе благодаря коммуникации с окружающим миром, в частности с людьми. Если в ваших словах есть эмоция, есть послание, наполненное призывом, они будут услышаны и коснутся сердец людей, даже если вы не мастер красноречия. Хотя мы помним с вами, что древнегреческий Гермес, в руках которого кадуцей, обозначающий процесс путешествия спинномозговой жидкости из головного мозга вдоль позвоночника и обратно, с распределением магнетизма, был именно богом красноречия. Думаю, здесь имеются в виду не замысловатые формы речи, а именно харизма и дар убеждения. Дар касаться человеческих сердец и душ.

Однажды один из самых успешных и несчастных по-своему людей в истории Стив Джобс сказал во время очередного публичного выступления, что касаться человеческих сердец, касаться человеческого разума бесценно. Это самое важное, что только может быть. Этот интереснейший парень был фрукторианцем. А еще он говорил, что прием психоделика ЛСД был одним из трех самых важных опытов в его жизни. Вновь слова, написанные в Восхождении, и указанные взаимодействия подтверждаются конкретным, очень красноречивым примером.

Стива Джобса считали сверххаризматичным человеком. Конечно же, это потому, что он вследствие работы над своим организмом был полон магнетизма, который вел его по жизни. Беда лишь в одном. Как говорил принц Сиддхардха, прежде чем стать Буддой, если натянуть струну слишком сильно, она лопнет, если слишком слабо — не зазвучит. Поэтому важен срединный путь.

Фрукторианство с учетом генетической информации, которая была заложена в усыновленном мальчике с арабскими корнями, — это сверхкрайность. Когда твои предки с утра до вечера едят мясо в десятках поколений, придется считаться с собственным геномом и выставленными им требованиями. Если вдруг ты хочешь сделать внутреннюю вселенную и галактики в ней не дискообразными, а, например, кубическими, ты будешь за это расплачиваться. В том числе, как и в случае со Стивом Джобсом, раком поджелудочной железы.

Ох, как же человек горд от мысли, что он может делать все, что хочет, с собой и собственной жизнью, не считаясь ни с чем, кроме своего эго. Нет, это не так. Незнание закона не освобождает от ответственности. Следовательно, если ты не понимаешь, что ты дурак или дура, это не значит, что ты не заплатишь за это.

Могу сказать по себе, мне всегда получалось привлечь внимание во время разговора, когда я говорил о том, что знаю, что мне небезразлично, о чем-то сопряженном с искренними эмоциями. Иногда доходило до удивительного, когда сотрудники, с которыми я работал на различных предприятиях, во время некоего небольшого перерыва просто облепляли меня и каждый мой рассказ со стороны выглядел будто проповедь. Я ни в коем случае не прилипала и не пристаю к людям, постоянно внушая каждому свое мировоззрение, это совсем не так. Во многом я такой же человек, как и многие другие, и у меня просто нет времени на каждого, и вообще предпочитаю говорить только тогда, когда меня спросят. Помимо этого, есть миллион интересных тем и случаев, кроме нейронных связей и незримых миров, о чем можно поговорить как с отдельным человеком, так и с компанией. Но как-то так всегда выходило, что порой простой рассказ об интересном случае в жизни или энциклопедическом примере превращался в общение сенсея с окружающими паломниками. Люди слушали с интересом, молча, испытывая заинтересованность. Так бывало и в случае моих выступлений во время презентаций книг, где меня окружали по несколько сотен человек, внимание которых важно было уметь удержать на протяжении часа или полутора часов.

Я убежден, что я такой же человек, как и ты, мой дорогой читатель и читательница, поэтому причина моих высоких вербальных навыков, красноречия и некой харизмы, о которой говорят люди, — это, конечно же, не врожденная гениальность, а магнетизм. Порой, особенно в подростковом возрасте, моя среда обитания была столь неказистой, что общаться и вести себя с людьми по идее я мог бы, как Бивис и Баттхед. Не забывайте, ваш покорный слуга двоечник, и в детстве во дворе улицы, полной самый простых хрущевок, меня окружали далеко не доктора наук. Но магнетизм, его сила, его суть и спектр просто не дадут никому утратить путь к гармонии и к возможности идти правильной дорогой. Это просто не предусмотрено смыслом разбираемой энергии. Даже если в вас ее совсем немного, она будет вам постоянно напоминать о себе ощущением того, что многое неправильно, многое изначально должно было быть не так. Значительно лучше и прежде всего гармоничнее.

Эта сила никогда не даст вам успокоиться в желании погрузиться в болота отчаяния. И это очень хорошо и правильно.

У меня часто бывали моменты, когда я опускал руки, впадал в уныние и неверие, но всегда где-то внутри, несмотря ни на что, оставалось ощущение, что это лишь временно и подобный период только некая перегруппировка для нового рывка. Я не идеальный человек, и в различные периоды жизни, когда я вел себя по-разному, порой просто неподобающим образом, магнетизма во мне оставалось совсем немного. Но все мы люди, и все это допустимо. Конечно же, нельзя допускать падения в крайности.

Хотелось бы думать, что я красавчик, что не старею и все без ума от меня. Но адекватность не покидает мою голову, и я прекрасно знаю, что это совсем не так. Меня устраивает все как есть, и то, что могу исправить, исправляю и работаю над собой. Но друзья мои (о боже, говорю это абсолютно серьезно и откровенно!), вы не представляете, сколько раз после моих разговоров на работе, именно после вербального контакта, некоторые смазливые представительницы противоположного пола пытались дать понять, что я их привлекаю. До этого данные особы не выражали никакой симпатии, а порой даже совсем наоборот, испытывали не то что безразличие, а даже некую неприязнь. Все менялось после искреннего разговора или общения в компании.

Однажды мне пришлось это пережить даже от бармена в ночном клубе, где я работал арт-директором. После очередного интересного рассказа по конкретной теме десяток сотрудников, с интересом слушавших мою историю, стали расходиться, готовясь к ночной смене и приходу гостей. Бармен остался наедине со мной во втором внутреннем зале клуба. После того как я сказал, что ко мне сегодня придет в клуб девушка, которая нравится мне, он с улыбкой и неким негодованием сказал: «Эй, ты смотри мне, какие девушки?» Я был удивлен, задав вопрос, гей ли он. Он ответил «нет», но суть не в этом, а в человеке. Конечно же, это магнетизм, сила, способная проникать в людей и касаться их сердец, как говорил гениальный и по-своему несчастный Стив Джобс.

Человек, полный этой великой силы, может многое в плане воздействия на людей. Вот вам и суть слова «магнетизм» — притяжение, привлечение, притягивание. Вот вам и мистическая притягательность спикера и его привлекательность. А ведь слово «привлекательность» — это отнюдь не о внешности. Вам так не кажется?

Каждому, безусловно, свое, но меня в магнетизме привлекает больше прочего именно этот момент. Возможность забраться внутрь человека и починить там все, что было поломано за долгие годы коммуникации с людьми, которые живут в холодном, порой очень циничном мире без любви. Я не мессия и не собираюсь им становиться, но видит реальность и знает источник, как сильно мне хотелось бы быть лекарем человеческих душ, человеческих тел, человеческого разума. Помогая достичь глубинных изменений в корне и сути всего. Не леча, до бесконечности привязывая к себе, а исцеляя полностью, позволяя человеку быть свободным.

Помните, все люди разные, как и почва. Одни настрадались, и они холоднее, другие — бесчувственные и сухие. Но любую почву можно согреть и сделать ее более пропитанной влагой. Тогда ваши семена, проникающие внутрь благодаря сказанным словам, эмоциям и магнетизму, лучше приживутся. Важно не забывать регулярно поливать и согревать почву, до того момента, пока не вырастет крепкое сильное дерево, полное энергии и силы, способной сделать почву плодородной.

С магнетизмом эти процессы и ваша возможность воздействовать на людей будут проходить стремительнее, легче и эффективнее. Главное — используйте эту силу, этот навык, это умение во благо. Иначе, погрузившись в глубокий эгоизм, вы утратите магнетизм, так же как и многие другие, прошедшие данным путем. Это лишь ваша ответственность, и вы можете поступать как хотите, не забывая, что за все нужно обязательно платить.

СТУПЕНЬ 14

Итак, дорогой друг, ты проделал непростой долгий путь и вот наконец-то, дочитав книгу «Восхождение», познав суть учения Асентия, добравшись до самой высокой ступени, выполнив все необходимые предписания, наполнился магнетизмом. Таким его количеством, что теперь ты реально можешь влиять на свою судьбу и окружающий мир не только с помощью труда и принятых тобой решений, но и за счет чего-то большего. Благодаря самой сильной козырной карте, способной помочь одержать победу в любой, даже наиболее сложной и конкурентной игре. Кем ты стал благодаря этой энергии? Как ты себя чувствуешь? На что ты способен? А главное — зачем тебе это было нужно вообще?

Среди десятков тысяч слов, написанных в этой книге, между сотен строк, конечно же, можно увидеть скрытый ответ на все эти вопросы. Но все-таки конкретный ответ, да или нет, значительно лучше и понятнее, нежели попытки выудить скрытый смысл в океане слов.

Мы часто слышим в современном мире слова о необходимости эгоизма и любви к себе. При всем моем желании быть альтруистом и делиться тем, что у меня есть, дабы помочь людям, даже для меня существует граница, за которой я буду думать прежде всего о себе. Надеюсь и верю, что никогда судьба не поставит меня в такие условия, в которые ученые поставили обезьяну и ее детеныша в жестоком эксперименте с нагреванием пола. Надеюсь и верю, что мое эмоциональное и сознательное победит физическое. Однако если не говорить о крайностях и о людях, не во всех из которых я влюблен сильнейшей любовью, есть моменты, и их много, где я у себя буду, конечно же, в приоритете. Ну что же, пришло время, мои дорогие друзья, поговорить о нас самих, о здоровом эгоизме и себялюбии. Если такое, конечно, вообще возможно. Наверное, сейчас речь пойдет все-таки об адекватной последовательности и реализации собственных интересов, которые, безусловно, не всегда являются каким-то животным негативным эгоизмом, это просто правильно расставленные приоритеты.

Однажды я беседовал с привлекательной молодой особой — дипломированным психиатром, окончившим государственный медицинский вуз. В разговоре она упомянула такое понятие, как ИДовские потребности*, необходимость их удовлетворения. Не знаю, придумала ли она сама этот термин или он научный, но, думаю, он происходит от английского слова Identification — «идентификация» или «отождествление».

Молодой доктор сказал, что люди с развитыми ИДовскими потребностями и удовлетворением оных более успешны в личном, профессиональном и прочих жизненных планах, чем люди без них. Для меня этот вопрос в свое время стоял очень остро, потому как я человек как раз без ярко выраженных ИДовских потребностей и желания их удовлетворить. Хотя ситуация меняется, и меняется стремительно, без позволения впадать в крайности.

Что же это за потребности такие интересные? Это желание и возможность послать человека, как правого, так и неправого, просто того, кого ты считаешь нужным,

*   Традиционно под ИДовской частью структуры личности понимают все, что имеет отношение к инстинктам, влечениям, первичным импульсам желаний.

по тем или иным причинам в грубой форме на три буквы, не испытывая при этом никаких угрызений совести, ни в момент рекомендации отправиться в пешее эротическое путешествие, ни впоследствии, через неделю или год. ИДовские потребности — это желание переспать с кем-то для себя, не думая о том, получил ли наш партнер удовольствие. На это просто наплевать, и угрызений совести никто испытывать не будет. Это потребность и желание поесть на ночь и не париться по поводу возможных последствий в виде лишнего веса.

Думаю, продолжать дальше не нужно, так как понятно, что речь идет об удовлетворении собственных желаний и интересов, без возможности особо считаться с теми, за счет кого мы достигаем целей. Например, есть девушка, красивая и сексуальная. Ну прямо очень хороша собой. Очень хочу с ней секса, а отношений не хочу. Тем более что жена, сидящая дома, этого не одобрит. Мне все равно, что думает по этому поводу как особа, к которой у меня лишь физический интерес, так и моя жена. Я вешаю лапшу девушке о любви и сплю с ней, получая что хочу. Прихожу домой и ничего не говорю моей благоверной, так как она сидит с детьми, освобождая мне время для моих дел, содержит дом в порядке, а также вкусно кормит своего якобы верного мужа. То есть со всех сторон молчание и недосказанность мне выгодны. И меня не мучит совесть, как перед девушкой, так и перед женой. Меня не интересуют их чувства и переживания по этому поводу. Вот что такое ИДовские потребности. Необходимость жить для себя и ради своих интересов. Максимальное удовлетворение этих интересов без траты времени на размышления об этичности подобного обращения с людьми.

И вот доктор, с которой я общался, говорит о том, что люди, следующие таким принципам, значительно более успешны и удовлетворены жизнью, нежели такие лопухи, как я. Очень важно понимать, что ее слова не передают некие собственные убеждения, а констатируют нерушимый факт, представленный в психологии. После этой беседы, размышляя над сказанным дипломированным медицинским специалистом, лечащим человеческие души, я вспомнил две очень красноречивые истории о людях с суперяркими проявлениями ИДовских потребностей.

Один мой старый друг, однажды рассказывая, как на руках его девушки умирал ее отец, болевший неизлечимой болезнью, обмолвился, что рад, что подобное случилось, ведь все устали от заботы, оказываемой тому, кто уже много месяцев назад полностью утратил жизнеспособность и возможность обходиться без посторонней помощи. Еще старый приятель, который, как по мне, гнида, а не человек, упомянул в этой же беседе, что он у себя на первом месте. Все его счастье, возможности, радости — это прежде всего он, и, по его убеждениям, логично, что у каждого человека на первом месте он сам. Я, конечно же, задал лоховской, по мнению людей с ИДовскими потребностями, вопрос, мол, а как же мама, папа, дети... Мне ответили, что да, это все очень мило, но без него и его существования они, эти слова, за которыми скрываются живые люди, ничего не значат.

Был другой приятель, который на протяжении дня взволнованно напоминал мне об ожидании результатов анализов на венерические заболевания. У молодого человека было 26 разных женщин за месяц, и он очень гордился этим фактом. Он переживал, не болен ли он чем-то смертельным или какой-то болячкой, которая очень испортит качество его повседневной жизни. Удивительно, но этот человек, не знакомый с приятелем из первого примера, сказал слово в слово, что он у себя на первом месте. Я опять, как непробиваемый хорошо и правильно воспитанный лох, с интересом задал вопрос о родных и близких, неужели они не дороже. Ответ привожу дословно: «Да, они важны, но своя задница все-таки ближе».

Эти два человека с фантастически выраженными ИДов-скими потребностями, внимание, очень успешны. Им, конечно, иногда нужны люди вокруг себя, но лишь для того, чтобы получить от них эмоции или нечто иное, что им нужно.

От одного из этих людей я услышал однажды фразу: «Ты знаешь, Петя, а я ведь не люблю людей». Подобные слова мне доводилось слышать в жизни не менее шести раз от разных людей, и вот что странно, эти личности не просто успешны, а очень успешны. У них все есть: и молодость, и семья, и дети, и деньги, и дело, которое приносит прибыль. Жизнь, каждая ее деталь, будто крутится вокруг них. Конечно же, в их жизни тоже случаются обломы, но они не слишком сильно на них сосредотачиваются и идут дальше, получая удовольствие. Смотря на таких людей, вспоминая их поведение и слова, особенно когда находишься в некой эмоциональной яме и отчаянии, думаешь, а почему ты так не можешь. Даже когда ты по глупости решаешь стать таким же и пытаешься вести себя как они, ничего не получается. Вдруг начинает чувствоваться фальшь и какая-то наигранность. Ты словно на уровне ДНК не способен быть сволочью, топчущей людей и их эмоции. С возрастом вокруг тебя всегда появляются люди, у которых стоило бы искренне попросить прощения. И вот странность, им это давно не нужно, но почему-то очень нужно тебе.

Конечно, совесть — это удел неудачников, нытиков и страдальцев, которые сами делают такой выбор. Совесть, безусловно, одна из граней любви, а любить — это прежде всего отдавать, а не получать. Несмотря на само значение слова «магнетизм», эта сила прежде всего отдача, а не получение. Некое воздействие на другого человека и на окружающую реальность.

Следует сказать, что лично я при всем при том, что не забываю о себе, являюсь человеком с подавленными ИДов-скими потребностями или с почти отсутствующими. Так было всегда… Буквально до последнего времени. Во мне произошли изменения, которые стали возможны благодаря общению с большим количеством людей.

Когда твои книги читают десятки тысяч человек, а ролики на просторах ютуба посмотрело более четырех миллионов, ты сталкиваешься с массивным потоком критики. Если на нее обращать внимание и реагировать, ты никогда больше ничего не сделаешь. Именно после этого я научился посылать людей, не испытывая при этом никаких угрызений совести. Я открыл в себе дар безразличия к негативному мнению о том, что я делаю. И вы знаете, что изменилось? Ничего плохого не случилось. Я не потерял ни зрителей, ни читателей, наоборот — объем потребления создаваемого мной продукта только увеличился. То есть это значит, что идти к своей цели, не обращая внимания на негатив и несогласие людей, очень важно. Видимо, порой важно быть немного эгоистом, необходимо подумать о себе, иначе ты запутаешься в паутине чужого мнения и собственных сомнений. Это приведет к тому, что ты останешься на месте.

Помните: сколько бы в вас ни было магнетизма, насколько бы вы ни обзавелись эксклюзивными конкурентными преимуществами, насколько бы высокий ни был нас вас спрос, насколько бы вы ни были красивы и талантливы, будь вы даже богами, творящими настоящие чудеса, всегда найдутся те, кто, увидев и услышав вас, скажет «дерьмо, чепуха, ерунда, уродина, бездарь…». Насколько бы ни был глубоким и правильным смысл того, что написано в книге «Восхождение», насколько бы удивительным образом ни работало в реальной жизни рассказанное здесь, всегда будут те, кто скажет об этом труде «чушь, треп, автор — аферист». Так будет всегда. И не важно, что тридцатитрехлетний мужчина говорит о чистой любви, самопожертвовании и даже показывает чудеса исцеления. Будут те, кто скажет, что он обманщик и врун, после чего захочет распять ни в чем не повинного человека, который просто был лучше тех, кто постоянно брызжет слюной по любому поводу.

О да, друзья мои, быть лучше тех, кто даже не стремится быть лучше себя, — это страшное преступление в современном мире, и за это вас будут ненавидеть. Прежде всего те, кто не хочет ничего делать. Вот и вы просто сидите, не дергайтесь и будьте никем, тогда многие будут довольны.

В связи с вышесказанным вот вам мой завет и программа для просто-таки генетического усвоения. БУДЬТЕ СЕБЯЛЮБИВЫМИ ЭГОИСТАМИ С ИДОВСКИМИ ПОТРЕБНОСТЯМИ ПО ОТНОШЕНИЮ К ТАКИМ ЛЮДЯМ И ПОДОБНОМУ МНЕНИЮ О ВАС. Сосредоточьтесь на цели на вашем пути и на каждом человеке, который дует вам в спину и наполняет своей энергией ваши паруса. Будьте благодарны им, любите их, живите ради них, заботьтесь о них. И в итоге вы получите от них столько магнетизма, что можно будет покорить мир.

Шлите смело на все четыре стороны тех, кто отбирает ваш магнетизм, заставляя чувствовать неуверенность в себе, испытывать страх и уныние. Пункт назначения на вершине восхождения больше и важнее, чем весь негатив, который ставит вам подножку на протяжении пути. Там, наверху, где солнце, а иногда яркие звезды, где свежий чистый воздух и белоснежные облака, не слышно и не видно всего того дерьма, которое хочет коснуться вас и оставить на вашей судьбе свой неизгладимый след. Пусть в вас разовьются ИДовские потребности по отношению к носителям несправедливого негатива на вашем пути.

Люди, о которых я вам рассказывал, которые в современном мире почему-то считаются успешными, время от времени чувствуют себя неплохо, самоутверждаясь за счет тех, кто рядом с ними. Но (и это очень важное «но»), глядя на них со стороны, можно сказать, что эти потребности, эти внутренние демоны заставляют их быть постоянно голодными и неудовлетворенными. Поиск физической и эмоциональной пищи для желудка и души, конечно же, предоставляет возможности, дающие материальные блага, без которых ты никто в современном мире. Но как известно, переедание очень вредно, в том числе при нематериальном «обжорстве», кормя демонов, можно получить эмоциональное ожирение и отравить все, что отвечает за эмоции.

Когда находишься на вершине, на пике, в одиночестве, жить становится скучно и бессмысленно. Настоящее счастье — это любовь и люди, которым ты эту любовь отдаешь. Поделитесь местом на вершине с теми, кто отдал вам магнетизм, вместо того чтобы потратить его на себя. И ваша жизнь станет значительно интереснее и теплее.

Франц Месмер писал, что, скорее всего, существует сила, подобная магнетизму, но она негативного свойства, разрушительная и злая, и ее тоже можно накапливать и передавать. Видимо, она имеет возможность воздействовать на нас и окружающий мир каким-то деструктивном способом. Быть может, среди людей, в этом пестром и разноцветном мире, где все так запутанно и порой очень несправедливо, многие являются носителями подобной негативной силы. Не удивлюсь, если эта энергия способна давать своему носителю некую разрушительную силу с целью увеличить негативное влияние на все вокруг. Все мы порой встречаем в процессе нашего восхождения таких людей. Некоторые из нас такими являются, даже не догадываясь об этом. Испытывая агонизирующее неудовлетворение, они мечтают изменить реальность, самоутвердившись и подмяв под себя мир, а не пытаясь взойти на вершину вместе с остальными. Там, сверху, полно места, и его каждому будет достаточно, чтобы построить собственный мир счастья, не вторгаясь в личное пространство других.

Есть граница, за которой есть только я и мои желания, но они — проявление силы, ведущей человека к цели, заставляющей ни в коем случае не обращать внимания на негатив и несогласие людей с тем, к чему я иду и зачем. Сила стремления к цели — это мой кусок эгоизма. В вас он тоже должен присутствовать. В нем не должно быть крайностей, заключающихся в желании перекормить собственных демонов до состояния, когда они будут столь сильны, что просто поглотят носителя. Но понимание чего и для чего вы хотите, на что вы способны, чтобы этого достичь, и, главное, энергия для достижения цели должны быть у каждого. Они только ваши, и никто не вправе у вас это отобрать, даже носители сомнений по поводу вашей способности добраться до вершины. Будьте по отношению к этому совершенно смело эгоистами, не думающими о карме и угрызениях совести. Нет благодарности больше той, чем та, что я испытываю по отношению к людям, прочитавшим мои книги и давшим положительную обратную связь после путешествия по написанной истории. Люди пишут отзывы на сайтах, у меня в соцсетях, в комментариях на канале в ютубе. Кто-то просто пишет «понравилось», кто-то слагает огромные тексты, которые поместятся на страницу формата А4 мелким шрифтом. Готов этим людям целовать ноги, они вдохновляют меня, дают силы двигаться дальше и создавать нечто новое. Таких отзывов среди тысяч, которые я уже получил, около 98 %.

И нет большего безразличия, чем то, которое я испытываю по поводу негативных отзывов. Видя, что отзыв негативный, по первой паре слов, я перестаю его читать. Таким людям могу сказать лишь одно: «Купили книгу? Спасибо за денежку, остальное меня не заботит». Кто-то скажет: «Эй, а как же правильное и спокойное отношение к критике?» Отвечу: «А чего вы хотели? Чтобы я разбирал каждое слово мнения, с которым не согласен, мирился со всем, мучился от каждого из десятков тысяч отзывов и сообщений, которые получаю? Не дождетесь, у меня нет времени на это». Время — самый дорогой ресурс в физическом теле после магнетизма, мне нужно рационально его использовать, чтобы творить реальность, которая, как мне кажется, будет правильной для каждого человека. Кто-то может быть с этим не согласен. Прекрасно, пусть творит свою реальность. А я буду свою... Если чужая реальность будет прекрасной и люди в ней будут счастливы, любимы и свободны, готов принять такое положение дел, даже если все было сделано не мной. Важна лишь цель и стремление к этой цели. Это самый высокий пик моего эгоизма. Желаю вам такой же силы и убежденности в восхождении. Такую силу человеку дарит именно магнетизм, уверенность в собственном пути. Вслед за ними приходит все, что вам было нужно: и дар убеждения, и свершения, и харизма. Магнетизм сам прокладывает максимально короткий и правильный путь к поставленным целям. Более того, у него тоже есть цели и, скорее всего, на протяжении пути он будет манипулировать вашими желаниями, корректируя путешествие, параллельно достигая того, что лишь ему необходимо. Добавляя к общей картине больше деталей, делая ее как можно более прекрасной и совершенной.

Мы даже не замечаем, что, становясь более счастливыми, получая то, чего хотим, принимаем параметры и условия магнетизма, соглашаясь с правильностью положительных изменений. Человек и магнетизм — союзники, если того пожелают, или враги — и тогда человек будет несчастен. Ему будет значительно тяжелее идти по жизни, а энергия останется незадействованной. Не удивлюсь, если окажется, что количество магнетизма ограничено во Вселенной и за него, как за самый дорогой ресурс, идет постоянная борьба. Его накапливают, тратят — и снова накапливают. Он постоянно перетекает от одного человека к другому.

В желании творить, менять, достигать должен быть здоровый эгоизм. Человек обязан иметь самоуважение и любить себя с точки зрения веры в собственные силы и в то, какими мы можем быть и какие мы есть. Не должно быть эгоизма, который причиняет людям боль, подминает их под себя, который существует за их счет. Все остальное допустимо. Магнетизм знает это. Магнетизм — это исходный базовый код материи и энергии, с помощью которого можно вносить правки в реальность. Предполагаю, что в руках других биологических форм магнетизм способен даже на большее, чем в руках человека.

Кто же ты, мой дорогой человек, который полон магнетизма, прошедший путь Асентии, поднявшийся на вершину собственного восхождения?..

Прежде всего ты стал эмоционально здоров, и для того, чтобы справляться со стрессом и тревогой, тебе уже не нужны стимуляторы и седативы, такие как алкоголь, сигареты, наркотики, антидепрессанты и прочие вещества. Энергия, которую ты накапливал, привела в порядок твое эмоциональное состояние и сделала тебя сильнее и увереннее. В тебе есть энергия, и это отображается прежде всего в каждодневных человеческих эмоциях. Чем меньше в тебе магнетизма, тем быстрее ты возвращаешься в прежнее несбалансированное, негармоничное состояние.

Магнетизм ведет тебя к целям, и, когда возникают желания, мысли подкидывают многочисленные варианты и идеи их реализации. Эти варианты удачны и полноценны, взявшись за них, ты сможешь пройти путем до необходимого стопроцентного результата. Это выражается как в глобальных задумках, так и в жизненных мелочах.

Твоя интуиция стала очень сильной, практически сверхъестественной, она очень четко сигнализирует как о предстоящих событиях, так и о людях, о том, какие они внутри на самом деле. Желание рисковать, а не играть в тебе усиливается, и в этом тоже помогает именно интуиция. Она становится союзником, заставляя уверенно ставить на зеро. Однажды ты, конечно же, рискнешь и сделаешь ставку на нечто, что не должно было сыграть, — и получишь желаемое. Не утони в этом, не иди вслед за окрыляющими возможностями, дающими превосходство над другими. Делись этой силой, или она рано или поздно тебя покинет, ведь ты ее потратил на то, что не дает магнетизма взамен. Невоодушевленные предметы, если их не зарядить энергией, его не накапливают.

Твое здоровье стало значительно лучше, ты стал привлекательнее и как будто светишься изнутри. Ты стал (стала) более харизматичным, окружающие тебя больше слушают, и твоя сила убеждения многократно возросла, иногда до невероятных высот. Сила воздействия зависит от того, какое количество магнетизма было вложено в произнесенную речь. Люди тянутся к тебе, ведь они бессознательно получают то, что хотят: твою силу, твой магнетизм. Придется научиться фильтровать собственный круг общения, отсекать тех, на кого просто нельзя впустую тратить столь ценный ресурс.

По мере возрастания силы и активности в вопросе реализации поставленных задач возникают проблемы, многие из которых раньше казались неразрешимыми, но теперь ты можешь смотреть на их преодоление, как и короли Силиконовой долины — миллиардеры, с новой, неожиданной стороны. Их преодоление превращается в творческий процесс, доставляющий удовольствие, являющийся дополнительным толчком к достижению цели.

Личная жизнь изменилась: если ты один или одна, благодаря активности и изменению среды обитания появляются люди, мужчины и женщины, желающие ответной симпатии. Отнесись к этому серьезно, не смей манипулировать и потакать эгоизму, упивающемуся превосходством и самодовольством. Иначе сила быстро покинет тебя, а новая просто не будет накапливаться, ведь базовые биологические нейронастройки вернутся в прежний неподобающий вид. И это будет лишь твоя вина, а не мира, который вновь к конкретному человеку несправедлив. Если ты желал или желала благосклонности некоего объекта, то после личного взаимодействия, направив на человека накопленный магнетизм с помощью слова или прикосновения, ты получишь желанную симпатию.

Не забудь, человек может быть полон не меньше твоего и у него могут быть иные интересы и цели. В таком случае сила объекта будет сопротивляться твоей и вести его своей дорогой. Проще будет с теми, у кого нет магнетизма, кто по той или иной причине пуст внутри, таких людей вы целиком и полностью можете заполнить и получить то, что хотите. Если ты уже находишься в отношениях, то они становятся лучше, крепче и эмоциональнее, а секс напоминает мистический гипнотический ритуал обмена магнетизмом, дарящий неизведанное до этого трепетное удовольствие, полное огня и нежности одновременно.

Может случиться такое, что в отношениях с человеком вы давно утратили былую химию и ничего, кроме усталости и привычки, не осталось. Выбраться из этого возможно, перезагрузив нейронные пути новой энергией, наполнив их магнетизмом. Тогда многое будет как будто впервые. Но стоит ли это делать в одностороннем порядке? Не думаю. Магнетизм не позволит человеку быть несчастным, он найдет выход для получения любви. В том числе и столь радикальный, как расставание с человеком, с которым ничто уже не объединяет. Не нужно бояться боли и изменений. Ваша сила вас одних не оставит, она поддерживает человека во время жизненных потрясений.

После того как ты скопил (скопила) силу, пронзающую Вселенную, твои взгляды изменились, ты иначе стал смотреть на многие вещи. Раньше хотелось массы вещей и денег, сейчас они по-прежнему нужны, но это больше не приоритет. Все это лишь средство. Теперь больше интригует и привлекает взаимодействие с людьми. Хочется создавать, творить и, главное, реализовывать подобные желания при помощи людей. Теперь творения и созданный продукт существуют не только для тебя, но и для того, чтобы их видел и использовал мир. У всего должна быть цель и предназначение. Тебе нравится играть по этим правилам со Вселенной и источником реальности. Теперь вы союзники, теперь вы единое целое и существуете в едином ритме.

Конечно же, о собственном комфорте и об уверенности в завтрашнем дне забывать не надо, и с каждым днем благодаря действиям, подсказанным магнетизмом, тому, что Франц Месмер называл расширением кругозора, новые возможности материального обогащения возрастают. Растрачивай себя на это с осторожностью, ведь можно увлечься и потом будет очень тяжело пополнять запасы.

Накопление магнетизма подразумевает время от времени достаточно сосредоточенный и во многом аскетичный образ жизни. На что тут особо тратиться. Все деньги мира при таком образе жизни тебе не нужны.

Одной из основных целей в жизни человека является поиск спутников и соратников, не важно, будь то амурная сфера или же ремесло. Необходимо регулярно находиться в круге людей, а еще лучше — жить с человеком, обладающим высоким уровнем магнетизма, для того чтобы постоянно обмениваться им и пополнять запасы.

Вселенная и источник реальности во всех вопросах ведут свою игру, и, когда тебя наполняет их сила, ты становишься частью единой цели, суть которой — гармония. Прислушайся к ним, заглуши шум собственного эго — и ты станешь частью самой мощной энергии всего, что нас окружает, и всего, что только можно представить. Частью силы, перед которой отступает любой негатив и любая тьма. Могу сказать по себе, приятно быть пускай и крошечной, но все-таки одной из составляющих этой сверхмассивной лавины.

Все без исключения существа, населяющие Вселенную, которая наполняет сознание, симбионты. Несмотря на то что нас разделяют триллионы километров, ничто не может существовать само по себе. Все взаимосвязано. Каждый из нас должен решить, он хочет существовать сам по себе или взаимодействуя полноценно со всем тем, без чего существование было бы невозможным.

Да, человек, с магнетизмом ты силен, мудр, успешен, счастлив, ты любишь и ты любим, харизматичен, здоров, мотивирован и добр к окружающим. Ты понимаешь и ощущаешь истинную суть жизни. С магнетизмом ты превратился практически в идеальную версию самого себя согласно биологическому возрасту.

Ты ни на кого не давишь и никого не донимаешь разговорами о том, как изменилась жизнь благодаря учению Асентия. Ты не сектант, ты не надел на себя белые свободные наряды и не побрил голову в знак принадлежности к некоему новому культовому движению. Ты не молишься каждый день некой особой молитвой. Нет. Ты свободен от этих условностей. Ты свободен в принятии решений. Над тобой, кроме источника реальности и Вселенной, никого нет. У тебя больше нет богов и хозяев. Теперь ты союзник той силы, которая может все. Ты ее часть, а не подчиненный или раб. Ты равен ей. Она без тебя не справится, как и ты без нее. Вы симбионты, вы единое целое. Магнетизм циркулирует между всеми составными частями окружающей реальности в целях порождения и умножения жизни и форм, руководствующихся гармоническими правилами, создающих лишь прекрасное. Теперь сквозь тебя идет этот поток. Пользуйся им, пожинай желанные плоды и передавай остальным. Тебе некогда заниматься агитацией и промывать мозги человечеству, с удивлением наблюдающему внезапные положительные изменения в том, кто накопил в себе магнетизм. Ту самую манну небесную, позволяющую творить чудеса без чудес. Ведь если чудо можно объяснить, разве это чудо? Да какая разница, важен лишь результат и счастье каждого из нас.

Никакой популяризации идей не нужно, но если спросят, можно ответить. Но зачем внушать больному, что ему необходимо лекарство, пока он сам не придет к врачу. Асентия — первое учение, которому это не нужно. Видя изменения в каждом из вас, люди спросят, что произошло, почему вдруг вы так счастливы и успешны. Почему все стало получаться и неудачи покинули вас. Люди захотят, чтобы в их жизни тоже произошло нечто подобное, что позволит изменить реальность к лучшему. Рано или поздно они пройдут тот же путь, что и вы, и смогут убедиться, что сказанное вами правда. Так вокруг вас появятся соратники. Общность индивидуальностей, существующих с единой целью — созидание гармоничного мира, считающегося с базовыми биологическими и вселенскими правилами. Живущего синхронно с ритмом, пронизывающим реальность. Ритмом, способным подарить человеку долгожданное счастье и удовлетворенность, без напрасных многочисленных тревог и страхов, отнимающих у человека магнетизм. Рядом с людьми, понимающими, что вы чувствуете и о чем говорите, вы всегда будете полны силы, которая будет перетекать от вас другому и наоборот.

После того как людей, идущих путем, покорившимся вам, взбирающихся на вершину, будет становиться все больше, возникнет вопрос: «А кто главный? За кем мы идем? Давайте напечатаем его морду на деньгах и построим во славу его кучу храмов». Да кому они, к черту, сдались! Забудьте. Теперь вы на верхушке пирамиды, у вас нет хозяев и предводителей. Вам не нужно никак декларировать вашу систему убеждений. Ходите куда угодно, будьте любого цвета кожи, трудитесь на разных работах и слушайте любую музыку. Вы и есть суть, вы и есть смысл всего, вы и есть цель. И ЭТО НОРМАЛЬНО, ТАК И ДОЛЖНО БЫТЬ.

Теперь с магнетизмом и Асентией у вас есть инструменты и строительные материалы, которые позволят создать именно то, что вы желаете. Вперед, созидайте то, что считаете нужным. Помните, у вас есть выбор лишь между гвоздиками и пионами, фиалками и розами, а также десятками тысяч других цветов и растений. У вас нет выбора между добром и злом, между насилием и созиданием. Иначе магнетизм покинет вас и вы окажетесь один на один с прежними проблемами, у разбитого корыта. Окажетесь заслуженно. Поэтому я спокоен за мир, который построят люди, наполненные магнетизмом и любовью, позволяющей множить силу. Этот мир будет чудесным, полным достатка, счастья и открытий, создающих новые горизонты.

Утопия — это легенда о процветающем мире, который ко всем одинаково справедлив, но который, увы, невозможен. Я в этом не уверен, а иные мнения на этот счет меня не заботят совершенно. Вот такой вот я эгоист по отношению к созданным мной целям. Автор этой книги не желает, чтобы читатели строили для него совершенный мир. Он хочет, чтобы каждый для себя построил свой счастливый, интересный, наполненный радостью мир, где человек будет счастлив, где у него будут возможности честно реализовать имеющийся потенциал. Всеобщее счастье и успех никогда не случатся без личного счастья и успеха. Идите к ним. Теперь у вас есть все необходимые знания для этого. У вас все получится. Вы именно для этого были рождены, чтобы быть счастливыми...

СТУПЕНЬ 15

В эру глобализации, благодаря бурному развитию информационных технологий, люди узнали все обо всем. Наверняка именно оттуда ты, дорогой читатель, уже знаешь о таком социальном понятии, как теория ведра с крабами. Если нет, то я с удовольствием объясню, что скрывается за этим термином.

Дело в том, что, если поместить одного краба в ведро, он с легкостью сможет из него выбраться благодаря длинным конечностям и сильным клешням. Если в то же ведро поместить еще нескольких его собратьев, то о спасении можно забыть, так как крабы, желая как можно быстрее выбраться из ловушки, в панике цепляются друг за друга, не давая ни одному из них выбраться из ловушки. Если экстраполировать сказанное на общество и, в частности, на каждого отдельного человека, то можно привести следующие примеры. Если вы хотите бросить курить, вам тяжелее будет это сделать в окружении курильщиков, нежели если вы будете один. Сбросить лишний вес и избавиться от переедания практически невозможно, если «крабы» вокруг вас объедаются вкусностями и страдают от тех же проблем, что и вы. Речь идет о среде обитания и о ее влиянии на каждого из нас.

А еще существует понятие «социальное заражение». Оно отображает распространение идей, взглядов, мнений и моделей поведения в обществе, как негативных, так и позитивных — любых.

Совсем недавно я читал об исследовании, проведенном в Норвегии, согласно которому совсем скоро одной из основных проблем в мире станет одиночество. Странные люди эти скандинавы, недаром относительно них существует стереотип, касающийся медлительности. Мне кажется, с данным утверждением они опоздали минимум лет на десять-двадцать.

Для чего я рассказываю вам в начале этой ступени о социальных и психосоциальных понятиях и результатах исследований? Потому что сейчас пойдет речь о всеобщем унынии и неверии многих в то, что ситуация, как персональная, так и в общем, может быть совершенно иная, значительно лучше.

Депрессия, лень, прокрастинация, неверие в собственные силы, отсутствие надежды на завтрашний день, желания человека что-то делать и что-то менять, страх перемен — огромные беды для каждого из нас. Они заставляют застыть на месте, вследствие чего мы теряем самый важный ресурс в материальном теле — время. Я далеко не живчик и не веду себя ежедневно так, как будто нахожусь постоянно под действием психостимуляторов. Мне, как и каждому живому, думающему и чувствующему человеку, доводилось сталкиваться с многочисленными проблемами, которые, казалось, невозможно преодолеть. Вслед за ними приходило то самое безверие и нежелание что-либо делать ввиду бесполезности каких-либо действий. Сейчас, спустя годы, вспоминая былые времена, я бесконечно сильно жалею об утраченном времени, которого с каждым днем становится меньше. Если бы у меня получилось использовать все впустую потраченное время хотя бы на 50%, я к настоящему моменту написал бы и выпустил уже книг десять и, быть может, даже снял художественный фильм, о чем давно мечтаю. Однако, увы, огромное количество мгновений, каждое из которых является реальным шансом что-то начать делать и менять, безвозвратно утеряно. Но, пока я жив, время еще есть, значит, его нужно использовать для достижения изменений, которые мне так необходимы.

Безусловно, всеобщая и персональная депрессии, а также одиночество — ужасные эпидемии, приводящие к огромному количеству проблем и даже к многочисленным смертям. Этот мор расползается по миру огромными черными щупальцами, поглощая все больше и больше людей. Именно поэтому сейчас речь пойдет о том, как выбраться из долговременного уныния, отчаяния, неверия в себя, одиночества и рутины, не дающей очнуться. Каждому просто необходимо это сделать, чтобы однажды собраться с силами и наконец-то начать идти путем, описанным в Асентии. Путем, ведущим к результату, о котором мечтает каждый психически здоровый человек. Речь идет о желании быть счастливым. Жить, а не выживать. Жить, а не прозябать и безвольно плыть по течению, с каждым днем неумолимо приближаясь к водопаду, сбрасывающему в темный омут безысходности все живое.

Каждый человек — каждый из нас, вы и я, все мы — имеет право иногда поныть, побездельничать и пожалеть себя. Это совершенно нормально и допустимо в случае, если вышеперечисленное — признак очередной перегруппировки и накопления сил для нового жизненного рывка. Если это страдания и слезы по умирающему, которого можно спасти, но он сам этого не хочет, то избавьте мир от этого и лейте слезы молча. Вы жалки настолько, что просите о жалости к себе не ради спасения, а ради самой жалости. Не отнимайте у людей сил, времени и, конечно же, магнетизма просто на то, чтобы занять хоть чем-то свою никчемную жизнь, в которой ничего не хотите менять.

Понятие ведра с крабами работает и применимо не только к негативным социальным явлениям, но и к позитивным. То есть достаточно тяжело перестать заниматься спортом или не начать этого делать в компании из восьми человек, где им не занимаешься лишь ты один. Твои друзья и подруги, постоянно говоря об этом, демонстрируя потрясающие результаты своих усилий, стопроцентно заставят пойти с ними в спортзал. Это касается каждого позитивного момента. Несмотря на частые заявления многих людей о том, как хорошо им одним, человек не должен и не может быть одинок. Как я уже говорил, огромное количество биологических деталей свидетельствует об этом. Для кого-то одинокий волк — это таинственный образ с интересной историей жизни, для меня же это некоммуникабельный эгоист, который не способен найти элементарного общего языка с такими, как он, людьми.

Человек, в жизни которого совсем нет общения и стремления к чему-то, однозначно рано или поздно начинает страдать психическими болезнями. Пустоту можно перенести, только общаясь. Мне не нравится идея создания закрытого обособленного комьюнити, которое воспринимает вторжение и любопытство относительно него как акт агрессии, вызывающий впоследствии желание сопротивляться, в результате еще большей обособленности. Я отлично знаю, насколько люди эмоционально изранены и как они желают отстраниться от других, если на своем пути повстречали группу единомышленников, с которыми можно создать некое закрытое сообщество. Мне довелось ознакомиться с огромным количеством учений, культов и религий, которые поначалу казались безобидными, но затем под влиянием харизматичного деспотичного лидера все портилось, превращалось в ад на земле. Такого допускать ни в коем случае нельзя.

Но увы, без соратников, без единомышленников, без «ведра с правильными крабами», многим, кто пребывает в унынии, депрессии и безверии, избавиться от этих проблем и обрести силу, чтобы идти дальше, просто не удастся. Человек для человека, его доброта, его поддержка и вера —

самые лучшие лекарства от вышеперечисленных препятствий при восхождении.

Однажды, когда я был значительно моложе, я проводил много времени с несколькими знакомыми психологами, беседуя о жизни, и в том числе своей, о проблемах, которые в ней есть. В одном из разговоров знакомый психолог сказал: «Как только у тебя вновь появится девушка и к ней возникнет взаимная симпатия, все проблемы испарятся. Мне казалось, что я очень умный и все понимаю в этой жизни, а значит, человек с высшим медицинским образованием говорит мне очевидную чушь. Так было до того момента, пока не появилась одесситка. Речь идет даже не о любви, а просто о взаимной симпатии и приятном общении с очевидными приятными последствиями. Все проблемы исчезли в течение нескольких минут. Они просто испарились, будто их никогда и не существовало. А ведь у меня были не то что эмоциональные проблемы — перебои с ритмом дыхания. Чушь несусветная.

Одинокий и депрессивный человек находится постоянно наедине с собой и все время внутри себя. Это и есть весь его мир. Такой человек не способен решить свои проблемы, не может двигаться вперед, он абсолютно немотивирован, он не в силах накапливать магнетизм, потому как его организм полон кинуренина — гормона несчастья. Тот, кого такое положение дел устраивает, смирившись с этим, однажды просыпается «мертвым». В его теле, конечно, все работает исправно, но жизнь и радость покинули слабака, пожелавшего сделать себе эмоциональную эвтаназию при абсолютно здоровом мозге и нервной системе.

Тот, кого такое положение дел не устраивает, пытается найти выход, в том числе и посредством потребления информации с помощью интернета, телевидения, радио. Так и появляются все те, включая меня, кто стремится решить ваши проблемы. С одной разницей: одни мечтают лечить и продавать волшебные бобы до конца вашей жизни, а другие немногочисленные желают вылечить страждущего раз и навсегда, чтобы он дальше двигался по жизни самостоятельно.

Как я уже писал, начало — самый тяжелый период... Особенно если человеческий разум тотально закоренел в неправильных настройках и его необходимо вытаскивать из них, будто из застывшего цемента. Это так. Кто-то извне способен и может взять в руки отбойный молоток, с помощью которого будет вызволять вас из эмоционального заточения. Но никто никогда не узнает, как глубоко под цементом находится человек, и, неаккуратно надавив, тот самый специалист извне может вас очень сильно поранить. Границы вашего чистого «я» знаете лишь вы, и именно вы сами себе лучший лекарь. Знайте это... Помните это всегда. Наше угнетенное эмоциональное состояние, наше одиночество во многом свидетельствует о том, как работает наш организм, как работает его биохимия и мозг. Изменив их, вы выберетесь из всех своих эмоциональных проблем, лишающих мотивации и желания отправиться в путь.

Помню, как на портале всевозможных форумов и обсуждений Reddit я наткнулся на тему, которую предложил для обсуждения человек, впервые в жизни рискнувший попробовать так называемое микродозирование. Это особая практика введения препаратов, когда человек начинает регулярно употреблять минимальные дозы психоделиков, не вызывающих негативного галлюциногенного эффекта, но оказывающих благоприятное влияние на человеческий мозг и эмоциональное состояние. Еще раз повторяю и настаиваю, что я против приема веществ, тем более психоделиков, не ввиду их вреда, а ввиду бесполезности. Дело в том, что в вашем теле уже есть собственные эндогенные психоделики и с ними просто надо научиться работать. Но мы слегка отвлеклись от главной темы, ведь суть в истории, описанной мужчиной на портале Reddit, а также, что самое важное, в схеме и работе молекулы.

Итак, мужчина лет сорока — сорока пяти, как раз находясь на том отрезке жизни, когда у многих случается кризис среднего возраста, охарактеризовал свою повседневность как ад, состоящий из обыденности и рутины. Ему казалось, что жизнь окончена и нужно только потерпеть несколько десятков лет, до наступления смерти. Каждый день он делал и переживал одно и то же: мастурбация, просмотр порнографии, вредная пища, сладости, походы на нелюбимую работу, одиночество, телевизор, отсутствие личной жизни, депрессия, плохой сон, тревожность, изредка панические атаки. В настоящее время очень много мужчин и женщин живут такой жизнью.

Оказавшись в подобной ситуации, мужчина спустя какое-то время, не желая мириться с таким положением дел, стал размышлять о самоубийстве. От работы над своими проблемами с доктором или с помощью антидепрессантов он отказался, считая, что это может навредить. И, по моему мнению, напрасно, но об этом позже. Лазя по различным форумам, пытаясь найти решение имеющихся проблем, он так же, как и я, наткнулся на тему, связанную с обсуждением микродозирования психоделиками, а именно псилоцибиновыми грибами. Переборов страх, он взял некую минимальную дозу сухих перемолотых грибов и принял ее перед сном. На следующее утро он впервые за много лет проснулся с ощущением, будто наконец-то выспался и отлично отдохнул. Далее, сам не понимая почему, он вдруг захотел убрать дома, навести порядок. Одиноким на протяжении дня он себя уже не чувствовал. В просмотре порнографии и мастурбации не нуждался. Не смотрел телевизор, не пялился в интернет, а приготовил впервые замысловатый салат, который с удовольствием съел. Вечером того дня, даже забыв, когда это было в последний раз, он сел на веранде своего дома с бутылкой пива и без тревоги с умиротворением и наслаждением смотрел на закат, неторопливо потягивая янтарный напиток.

В интернете на различных форумах и ютубе вы найдете очень много информации о микродозировании. И в большинстве своем она будет не только положительная, а просто-таки хвалебная. Более того, в некоторых городах и штатах Америки декриминализовали галлюциногенные грибы, и теперь их можно употреблять в лечебных целях. На данном этапе галлюциногены, их эффект на мозг и нервную систему человека — передний край методов лечения многих ранее неизлечимых болезней. При этом без негативных побочных эффектов, которые наблюдаются в фармакологии. Удивительно, но это правда.

Дело, конечно же, в молекуле, в ее основе и в том, как на нее реагирует наш мозг. Я уже писал, как психоделики перезагружают мозг, избавляя от старых привязок и зависимостей. Именно поэтому мужчина, написавший историю своего внезапного исцеления с помощью микродозирования, не хотел мастурбации, порнографии и вредной пищи, полной сахара и искусственных усилителей вкуса. Все они влияют на выработку дофамина, своего рода натурального героина, от которого мы становимся зависимыми. Молекула триптофана, который является основой псилоцина — вещества, содержащегося в псилоцибиновых грибах, а также мелатонина — гормона сна и биологических ритмов, серотонина — гормона счастья и мотивации и диметилтриптамина — натурального психоделика, практически идентична молекулам всех этих веществ. Ну конечно же, после приема подобного вещества, после даже самой минимальной перезагрузки мозга мужчина просто не мог быть больше несчастен и одинок, так как у него начался нейрогенез, создающий новые нейронные пути, а также повысился серотонин. Вот и все — ни депрессии, ни зависимости, ни одиночества. Вот тебе и мотивация, хорошее настроение и стремление что-то делать. Например, убраться в доме или в своей жизни, а также приготовить вкусную и здоровую пищу.

Мы не рождаемся несчастными и не становимся такими за один день. Реальность нас делает такими и наша реакция на нее. Мы постепенно вместо накопления магнетизма и восхождения тратим его остатки каждый день на всякую ерунду и спускаемся вниз, внутрь себя, окутывая наш разум отчаянием, одиночеством и неверием в возможность изменений к лучшему. Это неправильно. В данной ситуации речь идет о биохимии и о закоренелых глубоких нейронных связях, отвечающих за негативное восприятие себя и реальности.

Однако, как сказано в книге «Винни-Пух и все-все-все», никто не может грустить, когда у него есть воздушный шарик, в нашем случае это предмет или человек, поднимающий настроение. Я вам говорю то же самое. Не существует одиноких, немотивированных, несчастных людей с высоким уровнем серотонина. Это непреложная истина. И никакая психология и поверхностные советы повысить его уровень вам не помогут.

Убежден, что читатели «Асентии» уже достаточно хорошо мотивированы и желают отправиться в путь, узнав о новой интригующей информации. Однако есть те, кому тяжело решиться на какое-то новое дело или им просто хочется выбраться из болота уныния, а не вот это вот все. Ну что же, держите наконец советы, как приобрести желанный гормон счастья и мотивации, способный решить огромное количество человеческих проблем.

Первое и, как мне кажется, самое интересное — это солнце, его воздействие на нас. Считается, что в регионах мира и странах, где существуют так называемые полярные ночи или постоянно мрачная пасмурная погода, большое количество людей совершают самоубийства. Как предполагают многие ученые, это связано с недостатком солнечного света, так как под воздействием солнечных лучей синтез серотонина увеличивается, а при их нехватке данного нейромедиатора становится меньше. То есть если вы хотите изменить ситуацию с вашим настроением и мотивацией, как минимум придется выйти из дома или хотя бы посидеть какое-то время на балконе в солнечную погоду.

Далее, по-моему мнению, не менее интересный способ — это инфракрасная сауна. Нахождение в ней позволит вам поднять уровень серотонина на тридцать процентов, что очень неплохо. При этом вам не придется принимать синтетические препараты, несущие огромное количество побочных эффектов.

Серотонин и мелатонин синтезируются в организме человека из базовой аминокислоты триптофана. Его очень много в различных продуктах, прежде всего в молочных, а также в черном шоколаде, бананах и орехах. Можно также принимать различные бады, то есть фактически чистый триптофан или даже то, что находится всего в шаге от серотонина, 5-HTP (гидрокситриптофан). Существуют разные мнения относительно действия и эффективности этих бадов, однако у меня сомнений в том, что они работают, нет. Так как люди, принимающие их, отмечают, насколько они стали спокойнее и как изменился их сон в лучшую сторону. Сами сны становятся ярче и интереснее. И это естественно, так как, попав в организм, триптофан просто обязан со временем превратиться в мелатонин — гормон сна, который по строению молекулы практически полностью повторяет психоделик псилоцибин. Вот вам и яркие сны, и улучшение качества сна. Триптофан вначале превращается в серотонин, а уже потом — в мелатонин. То есть одно без другого просто невозможно.

Британский список сыроделов провел опрос клиентов и выяснил, что 75 % женщин и 85 % мужчин, употребив 20 граммов сыра «Стилтон» за полчаса перед сном, видят яркие необычные сны. Конечно же, причина в триптофане и в плесени, которая по сути своей и есть гриб. Хотите первый в жизни необычный психоделический трип во сне, без риска для здоровья? Ешьте сыр «Стилтон» в небольшом количестве перед сном.

А как вам старая добрая и многими забытая традиция выпивать стакан молока, прежде чем лечь в постель? Да, и здесь речь идет о триптофане, серотонине, мелатонине и диметилтриптамине.

Пришло время поговорить о вашем кишечнике. Удивительно, но 95 % всего гормона счастья и мотивации выделяется именно там. Так что обязательно необходимо привести роботу кишечника в порядок, и не засорять в будущем его всяким дерьмом, как бы это забавно ни звучало в контексте кишечника.

Массаж вызывает рост собственного родного серотонина, скорее всего, благодаря сокращению после данной процедуры количества гормона стресса кортизола. Соответственно, когда уровень кортизола высок, синтез серотонина ухудшается. Все, как я и говорил: одна биохимия влияет на другую. Избегайте стресса максимально старательно. Хотя я и понимаю, что в современном мире это практически невозможно.

Витамины B_{12} и B_6 участвуют в синтезе серотонина, так что не забывайте о них.

Занятия спортом положительно влияют на выработку серотонина.

Наконец-то мы переходим к тяжелой артиллерии, а именно к медитации. Как я уже писал, регулярные занятия ею могут влиять на ДНК человека, а также способствовать нейрогенезу, то есть появлению новых клеток мозга. Однако, помимо этого, происходит масса других полезных процессов в организме во время медитации, таких, например, как снижение гормона стресса кортизола, а также повышение уровня основного метаболита серотонина. Медитация — как и глубокая молитва, где вместо тебя говорят твои эмоции, происходят процессы, содержащие в себе лишь плюсы. И о них мы более подробно поговорим ближе к концу книги, где будут описываться техники медитации и глубокого безмолвного погружения в себя, а также накопления магнетизма.

Еще, друг мой, выработку серотонина, как и нейрогенез, повышают некоторые антидепрессанты, в употреблении которых я не вижу ничего плохого, если речь идет о скорой помощи.

Бывают случаи, когда человек настолько на грани, что его эмоциональные проблемы отображаются на физическом состоянии. Да, такое бывает. Когда человеку кажется, что он просто сейчас сдохнет, причем очень мучительно, и ничто этому не помешает. При приеме антидепрессантов эти проблемы и ощущения прекращаются буквально через 10–14 дней. Тот, кто постоянно страдал, в один день вдруг ощущает, будто пробудился ото сна и с глаз спала туманная пелена. Если вам кто-то скажет, что антидепрессанты — это очень опасно, не верьте. Опасны врачи, которые, не желая уделять время психотерапии, от всех проблем и бед выписывают таблетки. Причем иногда сразу хардкорные, тяжелые, побочные действия которых — внимание, депрессия, потливость, набор веса, головная боль, обмороки, тошнота, импотенция и понижение либидо, гинекомастия, то есть рост молочных желез у мужчин, диарея, бессонница, склонность к суицидам и убийствам. Вот такая вот история, друзья. Хотел избавиться от одной проблемы, но, усугубив первую, приобрел еще с десяток иных, еще более жутких. Но дело в том, что фармакологическая отрасль не стоит на месте и появляются все новые и новые препараты, очень щадящие, даже более того — совсем не вредящие людям. Не вызывающие привыкания, повышения индекса массы тела или снижения либидо, а также многой другой жути. Я, честно говоря, вообще не понимаю, для чего врачам выписывать с ходу тяжелейшие препараты, еще и в паре с седативами, в момент, когда проблемы только начались и носят не слишком сложный характер.

Необходимо помнить, мой друг, если ты начал принимать антидепрессанты, это навсегда. У тебя, конечно же, будут перерывы и моменты ремиссии, но даже спустя пять лет спокойствия ты вернешься к ним, родимым. Единственный способ победить проблемы, которые устраняют антидепрессанты, это медитация и создание новых нейронных связей. На это понадобится от полугода до года, и больше антидепрессанты никогда в твою жизнь не вернутся. Но на это способны лишь единицы. Значительно проще кинуть в рот таблетку и забыть обо всех проблемах, которые при этом на самом деле не лечатся, а лишь на время теряют остроту. При низком уровне серотонина и проблемах, которые они несут с собой, антидепрессанты — это скорая помощь, но, если неправильно отнестись к ней, она может навредить. Поэтому, раз уж вас жизнь поставила пред выбором и вопрос необходимо решать быстро, а также вы уверены, что сможете потом прекратить принимать эти лекарства, занявшись медитацией, может быть, это и не самый плохой выход из ситуации. Главное — помните, суть всегда в молекуле, то есть в конкретном препарате. Все они отнюдь не одно и то же.

Чем дальше, тем хардкорнее. Теперь поговорим о нелегальном.

Псилоцибин и диметилтриптамин быстро и очень сильно поднимут ваш уровень серотонина. Но если говорить о правовом статусе этих веществ, это противозаконно и карается лишением свободы. Никто, конечно, за употребление никого не сажает, но, если найдут даже совсем небольшое количество вещества, сразу же могут обвинить в распространении при превышении определенного веса в граммах. Помимо этого, если говорить о псилоцибине в грибах, всегда есть опасность бэдтрипа — не путешествия в хороший мир ярких впечатлений, а переживания жутких галлюцинаций, имеющих сверхнегативных характер. Да, даже это принесет мозгу пользу с точки зрения перезагрузки, и, видимо, человеку просто был необходим именно такой опыт. Но в шоке после этого вы будете полном, после чего желание переживать психоделические приключения

покинет вас на долгое время. От принятого диметилтриптамина бэдтрипа быть просто не может. Можно говорить
и о курении кристаллов или, например, о приеме аяуаски.
Но в любом случае, как и с псилоцибином, в нашей стране
это незаконно.

Если говорить о микродозировании психоделиков
и их регулярном приеме, то это совсем другой разговор,
и, буду с вами откровенен, я отношусь с симпатией к такой практике. Но это не меняет того факта, что это все же
незаконно. Кроме того, у вас уйдет масса времени на определение граничной дозировки, той, от которой нет трипа
и галлюцинаций, но биологически позитивный эффект
есть. Постоянно покупая галлюциногенные грибы у ба-
рыги или находя их в лесу, правильной дозы вы никогда
не определите, и есть шанс словить тот самый трип, вполне
возможно, не совсем позитивный. Это значит, надо купить
споры грибов, что вполне законно, и выращивать самому.
В собственном урожае всегда будет одинаковая доза вещества, следовательно, подобрать ее будет легко. Но, ребята,
о чем мы говорим, о выращивании галлюциногенных грибов дома?! Это чревато серьезными проблемами с законом.
Вам прицепят благодаря доброжелателям и выращивание,
и распространение. Будет вам и медитация, и дзен, и магнетизм на нарах. Поэтому я категорически против. Нужно
ждать запроса общества с последующей легализацией, когда фармакологические корпорации сами будут выпускать
пилюли с одинаковой дозировкой вещества. Так же, как
сейчас это происходит с марихуаной по всему миру.

Но самое главное заключается не в законе, а в том, что
энцефалограмма буддистского монаха, пребывающего
в глубокой медитации, идентична той, что получили от человека, переживающего сильнейший галлюциногенный
трип после приема напитка аяуаски, полного диметилтриптамина. Зачем при этом психоделики, не могу понять.
В глубокой медитации люди могут путешествовать в мирах

тех же, что доступны благодаря принятым синтетическим и несинтетическим веществам. Зачем при таких обстоятельствах вливать в себя неизвестно что, неизвестно кем приготовленное, неизвестно в каких условиях, я не понимаю. Таково мое мнение. Поэтому в вопросах повышения серотонина рекомендую прибегать к многочисленным и менее травматически опасным методам, описанным выше.

Запомните, друзья мои, если у вас все в порядке с мотивацией, настроением и ощущением одиночества, значит, ваш серотонин на должном уровне. Не повышайте его слишком активно, так как можно столкнуться с серотониновым синдромом. Не знаю никого, у кого это произошло бы даже при одновременном приеме антидепрессантов и триптофана, но все же должен вас предупредить, что такую возможность нельзя сбрасывать со счетов. Полагайтесь прежде всего на питание, медитацию, солнце и т. д. Мягкие и природные методы. Тогда никакие проблемы вам не грозят, друзья. Без фанатизма, крайности — это очень плохо, но еще и нелегально.

Поверьте, услышьте меня, прислушайтесь, того, что я написал здесь, на пятнадцатой ступени, целиком достаточно, чтобы полностью избавиться от лени, отсутствия мотивации, уныния, одиночества, отчаяния, депрессии и прочих моментов, приводящих к жизненному застою и процессам эмоционального некроза. Поймите, с высоким уровнем серотонина человек просто не может быть одинок, так как это гормон-нейромедиатор, отвечающий за мотивацию. Вы сами не поймете почему, но вы захотите действовать, все ваше тело будет стремиться к этому. Действуя, человек меняет свою среду обитания. То есть после недолгих поисков вы «попадете в ведро, наполненное правильными крабами». Это просто неизбежно. Важна лишь молекула и тот самый элемент. С их помощью вы сможете колдовать и менять свое тело, разум и жизнь.

Нужное знание — это орудие, с которым мало какое может сравниться. Теперь оно у вас есть, действуйте и не унывайте.

Вы беспричинно грустны и печальны? Бегом на улицу, на лавочку, под солнце или в инфракрасную сауну. То есть вы сидите на месте, а ситуация уже меняется. Под лежачий камень вода не течет. Придется все-таки что-то делать.

Если вам очень жалко себя и печальненько, это нормально. Каждый имеет право побыть какое-то время плаксой. Я даже готов сесть рядом и искренне вам посочувствовать, зная, что это нужно для передышки и восстановления, дабы сделать новый рывок. Я первый, кто вас в этом поддержит. Но если вы печалитесь по упущенным возможностям, времени и о жестоком окружающем мире, ничего при этом не делая, чтобы изменить ситуацию, хотя время у вас еще есть, идите вы к черту.

Нужно творить, свершать, достигать, помогать и впитывать. Я все это могу. Вы все это можете.

СТУПЕНЬ 16

Ох уж эта глубокая медитация, ох уж эта глубокая молитва. Процессы, после которых ты не совсем хорошо понимаешь, достаточно ли хорошо и качественно сделал то, что должен был. Сосредоточение — очень непростая штука, особенно в сегодняшней действительности. Постоянный непрекращающийся шум в голове очень тяжело унять, только если ты не ложишься спать и вот-вот через пару минут не окажешься наконец-то во сне. Именно это состояние, между расслаблением и сном, и есть момент, когда мозг и нейроны синхронно пульсируют в тета-ритме. В таком состоянии я порой очень четко осознаю себя, чувствую, что мое тело мне подконтрольно и находится в тонусе. Но я даже не слышу и не чувствую, что, например, приняв не очень удобную позу, немного похрапываю. Мне об этом обычно сообщают те, кто в тот момент находится рядом со мной. Удивительно, но я могу точно сказать, что ничего подобного не было и близко, так как я далеко был от сна. На самом деле это не так.

Суть в том, что в такие моменты в человеческой голове практически полностью прекращается мысленный шум и остается лишь чистое сознание, которое перестает обращать внимание на тело и начинает стремиться в волновой мир, где все уже случилось и где можно добыть любую важную для нас информацию.

Прежде чем подняться на вершину, взойти на последнюю, самую высокую ступень, необходимо наконец-то рассказать о конкретных действиях и техниках по изменению биохимии собственного разума и, как следствие, о накоплении магнетизма. Сейчас мы научимся работать с нашим телом и мозгом...

Шум нашего мозга — это то, что нам больше всего мешает пробиться к желанной цели. Многие из нас не воспринимают аудиокниги, потому что постоянно отвлекаются на собственные мысли. Одно из самых раздражающих видео, с которыми я сталкивался в интернете, заключалось в том, что мужчина, сидящий за столом в кадре, в самом начале говорит, мол, ты, то есть зритель, не сможешь выдержать трех минут и не досмотришь ролик до конца. Далее главный герой ничего не делал, лишь просто сидел на месте и иногда смотрел на часы. Очень четко помню раздражение, ведь мне действительно хотелось найти новое видео, так как это неинтересное, да что там неинтересное, оно меня бесит! Современная социальная сеть «Тик-Ток» стала безумно популярна по той причине, что там основное количество роликов очень короткие.

Шум в нашей голове — это шум мыслей, порожденных неправильными настройками собственного эго. Да, современный человек далек от спокойствия и сосредоточения. Это факт. Однако если говорить о работе с собственным разумом, с попытками все перезагрузить и перестроить, то первым делом нам придется вступить в схватку с мысленным мозговым шумом и, главное, победить. Меня удивляет лишь одно: когда я был ребенком и по моим нервным волокнам тек свет, то есть магнетизм после молитвы, никакие особенные техники и особенные способы, с помощью которых можно было погрузиться во внутренний мир, мне были неизвестны. И это странно, ведь зачем человека чему-то учить, если, видимо, в нем уже все есть на определенном базовом уровне. Конечно же, в детстве мне проще было сосредоточиться на желаемом, в голове было меньше шума и мне лучше удавалось созерцать. Созерцание — это как раз то, что нам нужно.

Итак, приступим. Начнем с медитации, правильных техник, которые позволят нам заглушить собственное эго и накопить магнетизм.

Каждый практикующий медитацию, черпающий базовые знания из различных древних восточных и юго-восточных источников, знает, что самое главное — это чтобы вам было удобно. Еще очень важно, чтобы спина и, следовательно, позвоночник были ровные, это значит, можно и прилечь. Но я против этого, так как, если вы легли, будь то дома, на природе или на пляже, значит, ваш разум понимает: нужно спать. Знаю сотни людей, которые прилегли помедитировать и проснулись через пару часов, чудесно подремав. Поэтому, оказавшись дома или в любом другом месте, где тихо и спокойно, мы садимся. Садимся на стул, на удобный коврик на полу, на кровать или диван и держим спину ровно.

Вас не отвлекают шумы. Вы уверены, что никто не постучится вам в двери на протяжении ближайших 10–30 минут. Рекомендую начать с 10–15 минут в день, понемногу увеличивая время по мере достижения нужного результата. Ничего не ждите, друзья, от первых попыток погрузиться в медитацию. Не думайте о том, что вы делаете что-то неправильно или правильно. На начальном этапе это не имеет ровным счетом никакого значения. Самое важное — начать. В первые разы мы будем с вами учиться отключать мысли и выбрасывать их из головы. Это все, что нам необходимо. Именно поэтому во многих техниках для начинающих речь идет о созерцании, то есть наблюдении за дыханием, пламенем свечи или сосредоточении на каком-то объекте. В гипнозе при введении человека в транс тоже порой практикуется сосредоточение на маятнике или крутящейся уводящей вглубь спирали. Это делается для того, чтобы заглушить ваш мысленный шум, сквозь который гипнолог проникает внутрь сознания. Я против свечей и прочего. Я за закрытые глаза и, конечно же, контроль собственного дыхания, а еще за приглушенный свет или даже темноту. Причина в шишковидной железе и мелатонине, а также диметилтриптамине, которые она вырабатывает в темноте. Оба этих нейромедиатора — ваши натуральные психоделики. Они нам нужны для расслабления нервной системы, без которого невозможно полное физическое расслабление.

Вы сели, удобно устроились, закрыли глаза. Вы стремитесь максимально расслабить ваше тело, каждую мышцу. Если это получается не сразу, вы можете будто внутренним зрением скользить по телу, каждой его части, и по отдельности мысленно полностью расслаблять руки, ноги, живот, плечи и т. д.

Наконец-то мы расслаблены. Но в голову все равно лезет всякая ерунда о насущных делах и проблемах. Тут нам на помощь приходит дыхание. Мы начинаем его контролировать. Мы не сосредотачиваем на нем наше внимание, а именно созерцаем его. Мы сопровождаем каждый наш вдох и выдох. Поверьте, невозможно думать обо всем на свете и четко следить за дыханием одновременно. Так, мы начинаем переключать внимание сознания с эго на некий объект или процесс. Безусловно, секрет успеха медитации — это дыхание. Различные специалисты в данном вопросе очень сильно расходятся в своих мнениях и высказываниях. Одни говорят, что дыхание должно быть неторопливым и глубоким, брюшным, другие — что оно должно быть для начала совершенно обычным и повседневным, третьи утверждают, что дышать надо коротко и поверхностно. Одним словом, Тянитолкай.

Постольку-поскольку никто из вас с первого раза не станет буддой, мы не будем слишком много внимания уделять технике дыхания. Не насилуйте себя. Не ускоряйте его и не замедляйте. Лишь порекомендую сделать его немного глубже и задействовать живот. То есть речь идет о брюшном дыхании. В остальном будьте спокойны и провожайте сознанием каждый ваш вдох и выдох от начала и до конца. Продержитесь так первый раз хотя бы 3 минуты, не отвлекаясь на мысли, — вы молодцы. Попробуйте считать. Если у вас получится сделать десять вдохов и десять выдохов, и вы ни разу не отвлечетесь на какие-то посторонние мысли, с меня медаль. Пишите мне, вам ее вышлют по почте. Шучу, никаких медалей...

Вы не поверите, но на начальном этапе это и есть медитация. Постепенно сосредотачиваясь на дыхании, приглушая мысли, после окончания этого процесса вы начнете чувствовать себя лучше. Будто вы прошли через некий ритуал, который помог вам и благоприятно на вас действует. Далее биохимия, вторгающаяся в ваш мозг, а именно мелатонин и диметилтриптамин, будут делать свое дело. Со временем, когда вы будете увеличивать время медитации, когда созерцание дыхания отойдет на второй план, в вашей умной голове появится новая нейронная связь, знающая, что, как только дыхание изменилось, как только мы начинаем внимательно наблюдать за ним, значит, мысли мы отключаем.

Далее появятся образы, плавающие перед глазами пятна, изредка даже вспышки света. Все это работа ваших натуральных психоделиков. Плавающие пятна, вы не поверите, это те самые фракталы, которые видят люди во время приема различных интересных веществ. Но пока они далеки от вас, количества ваших психоделиков, вырабатывающихся телом, недостаточно, чтобы окунуться в незримые миры полноценно. Ничего страшного, мы на пути к этому. Профаны утверждают, что в медитации ничего мистического нет и это просто чудесный процесс, который позволяет оздоровить тело и мозг. Только вот те, кто придумал этот процесс и рассказал о нем людям, так не думают и не думали. Значит, мы с вами идем дальше.

Как только мы понимаем, что пробились через некий мысленный барьер, победили шум в голове, мы меняем дыхание. Теперь мы с вами вдыхаем животом, потом наполняем наши легкие грудью и в конце — ключицами. Выдыхаем мы так же. Мы сопровождаем этот процесс нашим сознанием, каждую его деталь. Со временем мы начинаем видеть и чувствовать, как мы вдыхаем свет, наполняющий наши легкие, после чего тот распространяется по всему телу. По всей нервной системе. У нас по-прежнему нет шума в голове и мыслей, мы лишь созерцаем и чувствуем происходящий чудесный процесс. Изменив дыхание, все глубже погружаясь в себя, мы увидим, как плавающие пятна обретают четкие черты. Многие из вас начнут видеть священную геометрию — треугольники, квадраты, фракталы. Это не значит, что вы помешались и у вас начались галлюцинации, это значит, что вы на правильном пути. Если этого не происходит, ничего страшного, продолжайте медитировать и правильно дышать. Помните, я наполнял свое тело светом в детстве, ничего не зная о медитации и дыхании.

Однажды ваше созерцающее «я» настолько отделится от тела, что им, как и во сне, озаботится вегетативная нервная система, надежная, как швейцарские часы. Она далее будет управлять дыханием, сердцебиением и многим другим. Все это значит лишь одно: по венам растекаются эндогенные психоделики, разум работает в тета-ритме, и вы одной ногой в мире, где все уже случилось. Из этого состояния очень просто попасть в так называемый астральный мир, это может произойти и случайно — вас просто выкинет. Не пугайтесь, вы вернетесь. Еще никто там не остался навсегда против своей воли. Если такое вдруг случится, попробуйте насладиться возможностями, открывающимися для вас там, в астральном мире. Там вы можете рисовать и преобразовывать материи и сущности в любые формы. Именно поэтому у многих первое время в астрале отдается сексу. Любая форма разумной жизни, состоящая из волн и субатомных частиц, может приобретать ту форму, которую желает видеть наблюдатель. Так, мужчины и женщины могут заниматься там сексом с тем образом, который был столь желанным и недоступным здесь. Но неужели вы думаете, что астральный мир — это мир бесполых, превращающихся во все что угодно, простите, добрых давалок? Занялся сексом, получил удовольствие, спасибо за магнетизм, возвращайся обратно, лошара. Вам его в ответ никто не даст. Причем можно нарваться на настолько сильную сущность, что она заберет у вас все и будет долго отбирать даже после того, как вы вернулись в мир материи. Но все это, быть может, будет рассказано в другой книге...

Благодаря тета-ритму, созерцанию дыхания, внутренним психоделикам и снижению активности задней теменной доли мозга вы наполовину оказываетесь в мире волн и мире, где нет времени. В этот момент связь установлена. Ну что же, можете наконец просить, словесно, эмоционально и образно визуализировать, молиться и создавать аффирмации. Вы будете услышаны.

Но Харону надо дать что-то взамен. Вы можете кормить магнетизмом как негативное, так и позитивное, благодаря этому и то и другое будет становиться сильнее. Оно, возможно, даже будет питаться лишь вашей силой. Так возникают те, кого называют ангелами-хранителями. Значит, постарайтесь сосредоточиться на благе, а не на разрушении и злобе.

Я вспоминаю себя в казино, вспоминаю себя маленьким ребенком, когда врал, что знаю таблицу умножения, вспоминаю, как смотрел «Джентльмен-шоу». Помните, я говорил вам об особом состоянии, в котором оказывался, когда получал ответы. Точно, это было оно, отключение мыслей и чистое созерцание. Эмоции были, был страх и опасение, что еще совсем немного — и чудо закончится. Но были ли мысли? Нет, их точно не было. Я позволил мыслям, то есть информации извне, войти в мой разум.

Теперь вы знаете о состоянии, до которого нужно добраться, и знаете как. Это трудоемкий каждодневный процесс. Помните, вашему мозгу нужно всего семь дней, чтобы создать пускай и самый ветхий, но уже существующий намек на нейронную связь. Далее нужно минимум 40–66 дней для создания привычки. Это самый краткий путь, который придется пройти в медитации для того, чтобы стало легче справляться с нежеланием тратить на это время. Хотя если вам лень и вы не хотите этим заниматься, закройте книгу. Пока, всего хорошего. Вы никому, кроме себя, одолжений не делаете. Мне ваши чудеса не нужны, они необходимы вам.

Теперь давайте разберемся с оплатой Харону за доставку из незримого мира того, что нам нужно.

Начнем с самого простого и одновременно сложного: дарите и отдавайте свою искреннюю любовь. Любите, не ожидая ничего взамен, безусловной любовью, как любят нас наши родители, наполняя своим магнетизмом. Такая любовь — это забота, нежность и ласка, и это отдавать, а не получать. Если вас так не любят в ответ, подобные люди в окружении вам не нужны, так как вы все отдадите и высохнете. Платить за желаемое будет просто нечем.

Высыпайтесь, спите хотя бы 8 часов. Отличная цифра, чтобы восстановить небольшие запасы магнетизма. Сможете спать больше, спите, если это не навредит вашему циркадному ритму. Перед сном принимайте мелатонин, или 5-HTP (гидрокситриптофан), или L-триптофан либо выпейте стакан молока. Не кричите, старайтесь больше молчать. Если получится, пару раз в месяц, день или два, не произносите ни слова. Предупредите об этом ваших родных, близких, друзей, пусть отнесутся к этому с пониманием. Не тратьте свои эмоции на созерцание плохого и негативного: кровь, грязь, скандалы, интриги, расследования, ужастики. Запомните, теперь все эмоции вы должны отдавать только тем, кто этого заслуживает, кто вам дорог или же вашим самым важным целям.

Если вы выбрали путь регулярных постов, о мастурбации и сексе с тем, кого не любите, в этот момент забудьте. Если говорить о мастурбации, то если не хотите растратить магнетизм впустую, чем меньше ее, тем лучше. Не тратьте свое сексуальное возбуждение на порнографию, лучше направьте его на известную личность. (Читая эти строки, я шестнадцатилетний посылаю самого себя нынешнего к черту в нецензурной форме.)

Занимайтесь любовью с любимыми людьми, получайте обязательно оргазм и доводите до него партнера. Обменивайтесь магнетизмом. Магнетизмом самого высочайшего качества из всех возможных.

Меньше животных продуктов, меньше мяса, меньше крови. Их во время поста вообще необходимо исключить. Допустима лишь молочная продукция, богатая триптофаном, в которой мало жиров.

В период накопления магнетизма мы с вами смотрим правильные позитивные фильмы, дающие нам надежду и радость, такую же слушаем музыку и такие читаем книги.

Забудьте о выражении эмоций посредством мата. Навсегда забудьте. С помощью ругани и гнева. Лучше колотите боксерскую грушу или займитесь другим видом спорта. Обязательно гуляйте, желательно под прямыми солнечными лучами. Общайтесь только с теми людьми, которые дарят те же хорошие эмоции, что и вы. Остальное — пустая трата времени, которое можно использовать более эффективно.

Просите перед сном или после пробуждения. Пока вы еще немного там, в мире волн и субатомных частиц.

Помимо молитвы и медитации, используем наш суперкозырь — ФЛОАТИНГ*. Во время нахождения в каме-

---

* Флоатинг, также камера сенсорной депривации или флоутинг-капсула (англ. *isolation tank, flotation tank; float* с англ. — «*свободно плавать, держаться на поверхности*») — камера, изолирующая человека от любых ощущений.

ре сенсорной депривации мозг человека (угадайте что?), да, работает в тета-ритме. Использовать флоатинг в вопросе накопления магнетизма — это как иметь заряженный дробовик во время боксерского поединка с разрешением его использовать.

В процессе накопления магнетизма забудьте об алкоголе, сигаретах, наркотиках и голоде.

Отказ от животной пищи не значит голод. Голод — это стресс, стресс — это кортизол. Кортизол — это разрушение положительной биохимии. Пост и накопление магнетизма — это не истязание себя. Это возвращение к базовым правильным настройкам и перезагрузка мозга.

Ищите новое и позитивное. Новую музыку, которая вам нравится. Мозг просто кайфует от этого. Новые фильмы, книги.

Творите. Если есть время, особенно в моменты, когда вы молчите, сочиняйте стихи, рисуйте, пишите музыку, лепите, создавайте формы и вещи, которых еще не было. Для этого мозгу нужны новые клетки, то есть нейрогенез, то есть материал для новых нейронных связей.

Развивайте нейропластичность. Иногда читайте вверх ногами, пишите левой рукой, а левши пусть это делают правой. Поменяйте руку при чистке зубов. Учитесь новому. Языки, игра на пианино, игра в шахматы, запоминание стихотворений. В старости, когда болезнь Альцгеймера испугается и убежит от вас, вы скажете себе спасибо за эти простые действия.

Помогайте людям, способным на искреннюю благодарность. Это стратегически важно...

Играйте с детьми, шутите с ними, уделяйте им время, рассказывайте им интересные истории, читайте вслух книги, дурачьтесь. Вся их любовь и магнетизм в этот момент уходят к вам через эмоции. Не думайте, что вы у них его забираете. При детской чистоте они быстро его пополнят и, когда им нужно будет это сделать, просто заснут чудесным крепким сном, который возможен только тогда, когда ты ребенок.

В заключение должен рассказать, дорогой мой друг, об очень важном, что удивило меня. Мне довелось читать и труды Месмера, и книгу, посвященную священной секреции. Так вот, Франц Месмер предполагал, что магнетизм, будто флюид, проникает в наше тело благодаря взаимодействию нашего мозга с космическими светилами. То есть мы, люди, и те самые священные жидкости в нас реагируем, например, на луну так же, как моря и океаны во время прилива. Благодаря этим циклам наш очищенный определенными манипуляциями с едой, сном, сексом и так далее организм наполняется в определенный момент магнетизмом. Хм... Интересно, это то, о чем говорили Джим Керри и Джо Роган.

Или автор труда о святой секреции читал труды Месмера, или становится совсем интересно. Я не знаю, правда ли это. У меня нет никаких доказательств и исторических примеров, как это было в остальных случаях, о чем я вам рассказывал. Но почему бы не попробовать. А значит, минимум раз в месяц, когда луна находится в нашем знаке зодиака (сам не верю, что пишу это), мы соблюдаем жесткий пост. Посмотрим, что из этого получится. Я точно буду пробовать и рассказывать об этом на моем канале в ютубе, а также во время выступлений.

Наверное, это все. Основное количество средств и способов, как собрать дань для сил, отвечающих на все вопросы, я перечислил. Уж простите, что в подробностях не написал, в какой позе спать, сколько в секундах точно медитировать и какое именно мясо не есть. Те, кто действительно чего-то хочет и начнет восхождение, все прекрасно поняли.

Следует добавить, пост в форуме «не есть и не пить до заката солнца и после восхода» бесполезен совершенно. Организм не сможет даже начать хоть какие-то значимые изменения и перенастройки в течение короткого светового дня. Тем более когда с наступлением темноты все вновь возвращается с утроенной силой.

Возникает вопрос, как часто и как долго нужно поститься или проходить подобные периоды воздержания и чистки. Всю жизнь, друзья. Мне кажется, не ругаться матом, заниматься сексом с любимым партнером, не есть мяса, хотя я пока еще мясоед (пошли последние недели моего мясоедства), или сократить его потребление, не говорить без надобности, пребывать раз в день на протяжении 20–30 минут в глубокой молитве или медитации, можно всю жизнь. Ничего страшного в этом нет, напротив, очень даже здорово. Иногда, конечно, можно себя баловать. Я делаю это раз в три месяца, и делаю с удовольствием. Можно немного чаще. Ни меня, ни вас никто за это не осудит. Знаю точно, что минимум раз в год такой режим на протяжении 50 дней нужно точно проходить. Сбились слегка? Ничего страшного. Выпали на пару дней? Это ваши проблемы. Значит, так вы хотите изменений в жизни. Как можно действительно чего-то желать всем сердцем и умом и не быть способным хоть раз пожертвовать привычной жизнью всего на 50 дней? Мне кажется, это такая мелочь, пустяк. Если не получается пройти через такие сроки по всем правилам, поздравляю, у вас в жизни, видимо, все хорошо.

Величина изменений, которых мы желаем в нашей жизни, пропорциональна объему магнетизма, которым мы должны заплатить за это. Чем больше изменения, тем больший период накопления нужной на них энергии.

Что дальше, вы спросите. Просите и дано будет вам. По вере вашей да будет вам. Но для этого будьте как дети. Все те, кто давал намеки, все те великие необыкновенные люди, говорящие нам о срединном пути и многих других вещах, ничего не говорили просто так, сберегая свой магнетизм для конкретных задач и целей. Каждое их слово и завет имеет прикладной, а не философский смыл.

Я много всего просил, когда был маленький, во время молитвы перед сном. Все это у меня было. Когда мы дети, мы чисты, наш мозг работает в тета-ритме и нам легче накапливать магнетизм и, соответственно, исполнять желания. Для этого нам даже не надо делать ничего специально. Когда я был юношей, я по-прежнему ничего не делал специально, и у меня тоже получалось. Мне помогала любовь и безумная взаимная влюбленность. Конечно же, самый легкий путь — это любовь. Но как мы видим, есть и другие способы накопить магнетизм. И это хорошо, шанса заслуживают все.

Есть ли у меня сомнения, что при восхождении по представленным правилам и схемам, при полном исполнении приведенных в книге действий на протяжении нескольких месяцев вы добьетесь своего? Нет, у меня нет ни единого сомнения...

Сделайте все, о чем я написал в этой книге, с конкурентными преимуществами, с нейронными связями, с магнетизмом. Лишите возможности реальность сказать вам «нет». Заберите у нее такую привилегию, и она вам этого не скажет. Обещаю...

СТУПЕНЬ 17

Согласись, мой чудесный друг, кем бы ты ни был, мужчиной или женщиной, пожилым или ребенком, бедным или богатым, мы с тобой прошли чудесный и во многом необычный путь, на протяжении которого очень многое узнали. В том числе и о самих себе.

Стоя здесь, на вершине, рядом со всеми вами, я оглядываюсь по сторонам и любуюсь мирами, которые вы способны создать. Я любуюсь тем, насколько все оказалось очевидным и правильным. Тем, насколько вы спокойны, счастливы и успешны. Людям, знающим о взаимодействии кремня и огнива, не нужен человек, который до этого якобы единственный, кто обладал секретом разведения огня. Асентия — не попытка создать нового учителя, но попытка сделать людей настолько наполненными, грамотными и глубокими, что каждый из них будет способен стать учителем. Своим детям, близким, друзьям. Учителем и опорой, источником магнетизма, любви и доброты, которые исцеляют и исправляют все израненное, поломанное, страдающее.

Самое главное — начать с себя. Все изменить в себе, убедиться, что восхождение и схема работают. Удостовериться, что Асентия способна изменить человеческую жизнь и сделать ее лучше. Речь идет не только об эмоциональном состоянии, нет. А о том, чтобы изменить к лучшему все аспекты жизни. В том числе и материальный. В этом нет ничего плохого. Наоборот, это очень даже хорошо и естественно для всех земных видов. Желать и стремиться к уверенности в завтрашнем дне и к комфорту. Главное — не забывайте, ничто так не наполняет волшебной энергией и элементом под названием «магнетизм», как любовь, которую дарят вам люди. А значит, если вы достигли определенного уровня, делитесь вашим комфортом и возможностями с теми, кто это оценит, кто этого на самом деле заслуживает.

Мне по-настоящему очень повезло, в отличие от многих остальных, ведь, создавая Асентию, рассказывая вам о ней, мне не пришлось врать. Не пришлось выдумывать ни в одном из примеров или фактов. Это огромное удовольствие рассказывать о столь необычных вещах и при этом никому не врать. Я безусловно рад, что моя жизнь почему-то сложилась таким образом, что мне повезло лицезреть необыкновенные мистические и загадочные вещи. А еще мне повезло, что моему мозгу хватило сил не принимать все за чистую монету, а зародить во мне желание понять, как все это происходит на базовом биологическом и молекулярном уровнях. Конечно же, я многого не знаю и не понимаю еще, так же, как и многие другие люди, однако Асентия — это путь, дорожная карта, которую можно бесконечно совершенствовать, создавая все новые и новые оптимальные пути, упрощающие процесс достижения цели для каждого из нас. Уверен, что у кого-то это может получиться лучше, чем у меня. Пусть так будет. Я хочу, чтобы так было. Ни у кого не может быть монополии на истину, она принадлежит каждому из нас в равных долях. Так же как и магнетизм, именно поэтому эта сила всегда стремится к кому-то другому, бесконечно путешествуя по Вселенной, поощряя созидание и процветание всех видов.

Знание, мои друзья, — это ответственность. Эта ответственность лежит лишь на вас и ваших решениях. Как я говорил еще в самом начале, каждый из нас может использовать ядерную реакцию для извлечения энергии, которая либо способна спасать жизни и подталкивать прогресс, либо может уничтожать и разрушать. Точно так же и с силой, таящейся в магнетизме. Кто-то потратит все ее запасы на собственное обогащение и самоутверждение за счет унижения окружающих, а кто-то для того, чтобы создавать сады, дающие плоды всем. Это только вам решать, мои дорогие друзья, я не вправе приказывать кому-то и чрезмерно убеждать в чем-то, я могу лишь давать рекомендации. Главная моя рекомендация заключается в знании, что не существует более сладкого, желанного и сильного наркотика, чем любовь. Я знаю это по себе. Знаю, прокативших на частном самолете с мультимиллиардером — и сидя без копейки дома. Знаю, общаясь с большим количеством близких чудесных друзей — и находясь долгие годы в полном одиночестве. Знаю, будучи знакомым со многими знаменитыми, влиятельными и богатыми людьми — и дотягивая грязного алкаша по дождливой улице до его парадного. А его старенькая мама потом кричит мне через форточку: «Спасибо большое!» Царствия ей небесного...

Я знаю, что любовь — это самое важное и сильное в жизни, и когда привожу крупные суммы денег детям в онкологический диспансер, и когда при возможности поделиться не делюсь со слабым, потому что трус. Знаю это несмотря на то, что порой я сам пытаюсь себя обмануть, считая, что это не так. Но однажды пройдя через это чувство, однажды наполнившись этим меганаркотиком, однажды почувствовав, как каждое нервное окончание наполняется светом изнутри, а именно магнетизмом, понимаю: ничто не будет таким, каким было прежде. Все материальное теряет смысл, и ты готов отдать все, что у тебя есть, чтобы вновь наполниться этим наркотиком до краев.

Я желаю вам жить в мире, где все наполнены светом изнутри. И суть не в ванильной атмосфере всеобщего пацифизма и всеобщей любви, хотя, наверное, в этом нет ничего плохого, а в стремлении, в открытии чего-то нового, в совершенстве всего. И форм, и чувств. Магнетизм даст вам понимание и ощущение того, о чем я говорю. А потом появятся дети и молодые люди, которые начнут раньше меня, и вдруг окажется, что это новое поколение, этот новый вид может, понимает, чувствует больше. Так мир начнет меняться наконец-то к лучшему. Ведь сейчас он просто погибает, он дохнет, сотрясаясь в жуткой агонии, сопровождающейся диким всеобъемлющим несчастьем и одиночеством. Это катастрофа, которую можем остановить лишь мы, все вместе и каждый по отдельности. Я категорически против создания каких-либо общин или коммун, сама мысль об этом отталкивает меня. Но разве невозможно, чтобы миллионы, сотни миллионов и миллиарды человек, продолжая жить своими жизнями, улучшая себя и мир вокруг, были объединены одной идеей. Идеей процветания, счастья, взаимопомощи и понимания красоты природного миропорядка и ритма, по которому живет Вселенная. Безусловно, Асентия несет в себе желание стать глобальным проектом позитивных изменений и в тот же самый момент очень личным и сугубо персональным орудием достижения изменений.

Теперь слушайте мой завет и наставление, дорогие мои странники, восходившие со мной на протяжении всей книги. Берите знание, рассказанное вам в книге, и становитесь эгоистами. Эгоистами по отношению ко всем тем и всему тому негативному, что стоит у вас на пути. Выполняйте четко предписания, схемы и техники, которые должны позволить вам накопить магнетизм. Накапливайте его и достигайте не всеобщего, а именно персонального успеха. Становитесь красивыми, здоровыми, гармоничными и умиротворенными, успешными, богатыми, реализованными в своих персональных сферах, наполненными новыми мыслями и идеями, любящими и любимыми. Живите своими жизнями, и пусть вас видят люди. Когда они спросят у вас, почему и как вам удалось все так изменить, я знаю, вы скажете правду. И этим путем пройдут остальные...

Еще совсем немного — и в книге, которая посвящена всем тем, кто ее прочтет, я поставлю точку. Знаете, что будет сделано сразу после этого? Я, как и вы, вновь буду проходить этим путем, однако уже более глубоко и серьезно, не позволяя себе сомневаться в силе, которая отвечала за меня на такое количество существенных и важных вопросов, которые, конечно же, ценны для всех одинаково. Я отправляюсь вновь в этот интересный и удивительный путь вместе с вами. Да, мне пришлось пройти много дорог и быть разным человеком для того, чтобы постичь суть того, как все работает. Мои пути были разными по сложности и по чистоте, но я просто не мог их не пройти. Я должен был, потому что кто-то обязан был это сделать. Человек, полный магнетизма, не боится брать на себя ответственность за свою жизнь, и вы не бойтесь. Вас отныне наполнит сила, которая будет вести и помогать вам.

Да, мне пришлось пройти сотнями разных дорог, чтобы вернуться к маяку, в котором отныне вновь горит яркий мощный свет, освещающий все вокруг. Теперь ты видишь все возможные дороги и знаешь, куда они ведут. Теперь ты можешь сам решить, по какой из них тебе идти. Асентия — это ключ от двери, за которой лестница, ведущая наверх. Бери ключ — и начинай свое восхождение. Всегда в каждом твоем путешествии, на каждой ступени в каждом восхождении я буду рядом с тобой, человек. С тобой будет моя сила и магнетизм, который я передаю и отдаю тебе без остатка. Я делаю это с удовольствием, зная, что смогу вновь его накопить — и получить от всех вас обратно с каждым новым отзывом и каждой новой вершиной, которая вам покорится.

Да, мы все с вами тертые калачи и знаем, что жизнь — очень непростая штука, порой очень жестокая, перемалывающая и выплевывающая в небытие самых сильных из нас. Но это только потому, что знание, которое было так важно, знание, которое нес Будда, которое нес сын плотника Иосифа, которое нес Франц Месмер, было скрыто, спутано и дискредитировано силами, желающими тянуть из вас магнетизм вечно. Будто из скота, вначале молоко, а потом и мясо. Нет, теперь каждому из вас будет немного легче, и все негативные явления судьбы поломают о вас зубы. Теперь вдруг молитвы будут работать более эффективно, а визуализация наконец-то начнет отображаться в материи и событиях. Теперь аффирмации будут выполняться Вселенной и всеми, кто ей подчинен и играет по правилам. Тот, кто не играет по этим правилам, не существует. Теперь желаемое придет в вашу жизнь, и вы расправите крылья, которые некоторые ее представители пытались у вас отобрать. С магнетизмом все возможно. Так пусть же он наполнит ваши вены...

Отсюда сверху, когда я стою рядом с вами, такими, о которых вы мечтали, современный пестрый и непростой мир кажется иным — спокойным и красивым. Я знаю, я уверен, что благодаря вам, благодаря вашим действиям он обязательно таким и станет. Мне и вам часто действиями, отношением и даже словами не раз давали понять, что у нас ничего не получится. Ну что же, таковы они, слабые люди без фантазии, их можно лишь пожалеть, ведь они такие только потому, что их никто никогда не любил, даже они сами себя. Но пойми, мой дрогой человек, всегда наступает день, момент или событие, когда будет предпринята попытка, после которой все получится, все изменится, несмотря на все сомнения и негативное отношение к нам. Так должно быть. Так будет справедливо. Многие люди, живущие чужими дискомфортными жизнями, о которых они никогда не мечтали, заслуживают иного. Заслуживают хорошего.

Вот он, вот тот самый момент, вот то самое событие, вот то самое знание, которое вы искали и ждали. Я протягиваю вам руку, в которой лежит ключ от дверей, что предательски всегда были заперты. Идите, начинайте свое восхождение, у вас теперь все выйдет. Вы это знаете, вы это чувствуете. Теперь все будет иначе, реальность на вашей стороне. Главное — выполнить все предписания и соблюсти параметры. Если каждое из предписаний будет четко выполнено, вы лишите реальность возможности ответить вам «нет» на любую вашу просьбу.

Есть правила спроса и предложения, есть правило конкурентного преимущества и того, что вы считаетесь с рынком и его запросом. Есть правило магнетизма и того, на что он способен. Вооружитесь по максимуму всем, что вам доступно, и тогда вы, конечно же, превратитесь в машину, которую просто невозможно остановить, которая проламывает без особых усилий все стены и преодолевает все препятствия.

В самом конце я просто обязан попросить прощения у всех вас, потому что не рассказал о том, что знаю, раньше, за то, что так долго тянул и сомневался, разыскивая все более и более максимально авторитетные и значимые доказательства. Однако, видимо, так было нужно, видимо, именно так хотели магнетизм, Вселенная, источник и мои многочисленные союзники, чтобы я шел. Всем им я благодарен за поддержку и за то, что направляли, через понимание процессов, а не через становление перед фактом. Я благодарен и вам, за то, что прочитали эту книгу. Для меня и для проекта «Асентия» это самая лучшая поддержка. Деньги от продажи книги пойдут лишь на развитие и рост проекта. Ведь для мастера нет ничего интереснее, чем создавать нечто новое и смотреть, как оно живет и развивается, становясь с каждым днем все сильнее. Вы питаете силой Асентию, а она — вас.

Я всегда буду рядом, я всегда буду дополнять, объяснять, корректировать, тренировать, вести с помощью роликов, книг, выступлений на моем канале в ютубе, через книги, через выступления. Не могу дождаться наших встреч и общения. Всех и каждого приглашаю на них.

Я верю в вас и знаю, что задуманное благодаря магнетизму и процессу его накопления, благодаря перенастройке разума и тела наконец-то исполнится. Это неизбежно. Это безальтернативно.

Ну что же, мой дрогой человек, в путь. Теперь ты свободен. Теперь ты сможешь все. Твое восхождение началось...

Посвящается всем вам.

Выражаю благодарность
за поддержку в создании данной книги
и учения Асентия другу и партнеру
Виктору Мигдисову

Наші книги ви можете знайти тут:
«Книгарня бестселерів Yakaboo»

м. Київ, вул. Хрещатик, 22,
1-й поверх (Головпоштамт)

Популярне видання

КРИЖАНОВСЬКИЙ Петро

Сходження
Актуальна дорожня мапа до ідеальної версії
щасливого та успішного себе

Директорка *Юлія Лактіонова*
Наукова консультантка *Лариса Хамідова*
Літературна редакторка *Алла Кравченко*
Коректорка *Олена Сильна*
Технічна редакторка і верстальниця *Наталія Коваль*
Художня редакторка *Оксана Гаджій*
Дизайнер обкладинки *Дмитро Школьний*
Відповідальна редакторка *Світлана Андрющенко*

Підписано до друку 22.11.2021 р.
Формат 60x90/16
Цифрові шрифти More Pro
Друк офсетний
Зам. № 2686

Видавець ТОВ «Якабу Паблішинг»
Свідоцтво суб'єкта видавничої справи
ДК №5243 від 08.11.2016
04073, м. Київ, вул. Кирилівська, 160, літ. Ю
Адреса для листування: 04070, м. Київ, а/с 88
publishing@yakaboo.ua
www.yakaboo.ua

Друкарня «ДЕОНИС»
01135, м. Київ, вул. Жилянська, 101а